Studienkreis Prof. Dr. Meller

Grundlagen und organisatorische Möglichkeiten der Datenerfassung

Betriebswirtschaftliche Beiträge zur Organisation und Automation

Schriftenreihe des

Betriebswirtschaftliches Institut für Organisation und Automation an der Universität zu Köln

Herausgeber: Professor Dr. Erwin Grochla, Universität zu Köln

Band 16

Studienkreis Prof. Dr. Meller

Grundlagen und organisatorische Möglichkeiten der Datenerfassung

Ergebnisse eines Studienkreises
des Betriebswirtschaftlichen Instituts
für Organisation und Automation
an der Universität zu Köln

Springer Fachmedien Wiesbaden GmbH

ISBN 978-3-409-31222-6 ISBN 978-3-663-06886-0 (eBook)
DOI 10.1007/978-3-663-06886-0

Ursprünglich erschienen bei Betriebswirtschaftlicher Verlag Dr. Th. Gabler GmbH, Wiesbaden 1972
Softcover reprint of the hardcover 1st edition 1972

Studienkreismitglieder

Dr. Fritz Fischer, Wuppertal
Dr. Helmut Garbe, Köln
Karl-Heinz Haddenbrock, Köln
Hermann Dietrich Lewe, Köln
Dr. Werner Maaß, Düsseldorf
Dieter Mann, Brombach
Heinz Mecklenburg, Frankfurt a. M.
Prof. Dr. Friedrich Meller, Düsseldorf
Dr. Richard Nowak, Frankfurt a. M.
Dr. Alfred Peichert, Köln
Theodor Spiering, Herne
Rudolf Steinbock, Marl
Dieter Tillmann, Dabringhausen
Eberhard Zywietz, Haan

Geleitwort

In der Erkenntnis, daß die betriebswirtschaftliche Forschung eine sehr enge Kommunikation zwischen der Wissenschaft und der Praxis voraussetzt, besteht eine der Zielsetzungen des Betriebswirtschaftlichen Instituts für Organisation und Automation an der Universität zu Köln (BIFOA) darin, die notwendigen Kontakte zwischen Theorie und Praxis anzubahnen und durch gemeinsame Forschung zu fördern.

Als konkrete Möglichkeit, in gemeinsamen Bemühungen bestimmte Sachgebiete analytisch zu durchdringen, bestehen an unserem Institut mehrere Studienkreise. Mitglieder dieser in meist monatlichen Abständen tagenden Studienkreise sind eine Anzahl erfahrener Praktiker sowie einige Wissenschaftler. Da jeder Studienkreis ein spezielles Thema bearbeitet, sind die Teilnehmer je nach den speziellen Erfahrungen und der Interessenlage für eine Mitarbeit gewonnen worden.

Die Initiative zur Analyse der Datenerfassung und ihrer organisatorischen Möglichkeiten hatte Prof. Dr. Friedrich Meller, der bereits mit einem ähnlich besetzten Studienkreis das Thema "Die Gliederung der Datenverarbeitungsstelle und ihre Einordnung in die Organisation der Unternehmung" bearbeitet hat und zu einem erfolgreichen Abschluß gekommen war; das Ergebnis wurde 1967 als Band 3 in dieser Schriftenreihe veröffentlicht. Ausgangspunkte für die vorliegende Untersuchung waren einerseits sehr starke Engpaßprobleme in der täglichen Arbeit der Datenerfassung und andererseits die Erkenntnis, daß die zukünftige organisatorische Entwicklung zunächst an den technischen Möglichkeiten der automatischen Datenerfassung und/oder der Direkteingabe ausgerichtet sein wird. Zur Lösung der damit verbundenen organisatorischen Probleme im Vorfeld der maschinellen Datenverarbeitung ist jedoch ein allgemeines Konzept Voraussetzung. Dieses Konzept zur organisatorischen Beurteilung fehlte aber bisher noch vollständig.

In rund 3 Jahren wurde auf ca. 25 Arbeitssitzungen ein derartiges Konzept entwickelt. Dabei wurde zunächst besonderer Wert auf eine Systematisierung derjenigen Teilfunktionen im Vorfeld der maschinellen Datenverarbeitung gelegt, die entweder isoliert neben der Datenerfassung stehen oder mit der Datenerfassung integrierbar sind. Darauf aufbauend wurden die möglichen Datenerfassungsverfahren abgeleitet und die Basis zur Beurteilung der vorhandenen Lösungswege und der zukünftig denkbaren Lösungsmöglichkeiten gelegt. Die hier vorgelegte Arbeit will - ausgehend von der theoretischen Analyse - eine Brücke schlagen zwischen dem allgemeinen Konzept und anderen, bereits vielfach publizierten maschinenbezogenen Zusammenstellungen potentieller Konfigurationen.

Allen Mitgliedern des Studienkreises, insbesondere aber Herrn Prof. Dr. Friedrich Meller, der die zusätzliche Mühe und Arbeit der Studienkreisleitung übernommen hat, möchte ich meinen herzlichen Dank für ihre Mitwirkung aussprechen. Ich tue dieses in der Hoffnung, daß die hiermit vorgelegte Konzeption in der Diskussion aufgegriffen wird und daß sie in der Praxis zur Lösung der aktuellen Probleme oder zur Entwicklung langfristiger Zielvorstellungen und deren Überführung in die Realität beitragen wird.

Erwin Grochla

Vorwort

Die vorliegende Arbeit des Studienkreises entstand in der Erkenntnis, daß die organisatorischen Möglichkeiten der Datenerfassung einer intensiven analytischen Betrachtung wert sind. Der Datenverarbeitungsfachmann ist gewohnt, Verarbeitungsprozesse bis in die Details zu analysieren und nach logischen und rationellen Gesichtspunkten zu gestalten. Der Studienkreis ist der Meinung, daß im Vorfeld der Datenverarbeitung derartige Methoden vernachlässigt worden sind.

Von einigen Praktikern mag der Abstraktionsgrad der Ausarbeitung zunächst als störend empfunden werden; ihnen würde vielleicht eine Fallsammlung, in der für konkrete Aufgabenstellungen beispielhafte Lösungsvorschläge oder Anhaltspunkte zur Beurteilung realer Erfassungsprozesse zu finden sind, willkommen sein. Der Studienkreis war aber der Meinung, daß die Bedingungen der Einzelaufgaben so vielfältig sind, daß eine befriedigende Fallsammlung gar nicht erreicht werden kann. Ebenso ist zu vermerken, daß die Aktualität der Ausarbeitung - nicht zuletzt durch die schnelle Entwicklung auf dem Gebiet der Datenerfassungsgeräte - bei sachmittelbezogener Textabfassung leiden würde. Daher empfahl sich keine Nennung einzelner Datenerfassungsgeräte, sondern eine Beschränkung der Ausführungen auf Gerätetypen.

In der vorliegenden Arbeit wurde zunächst versucht, das Vorfeld der Datenverarbeitung analytisch zu untersuchen und die Arbeitsvorgänge in Methoden zu typisieren. In einem zweiten Teil werden dann praktische Lösungen angesprochen, die jeweils auf den methodischen Teil Bezug nehmen.

Je nach Neigung des Lesers erlaubt die Arbeit, mit der Lektüre der praktischen Fälle zu beginnen und dann die Abstraktion nachzuvollziehen oder aber das Studienkreisergebnis in der vorgesehenen Form zu erarbeiten.

Es ist mir eine angenehme Pflicht, den Mitgliedern des Studienkreises - und vornehmlich den Herren Dr. Helmut Garbe, Dieter Mann, Dieter Tillmann und Eberhard Zywietz, die sich im Redaktionsausschuß der Aufgabe der vereinheitlichenden Berichtsabfassung unterzogen haben - für ihre wertvolle Mitarbeit sehr herzlich zu danken.

Inhaltsverzeichnis

Seite

Seite

Verzeichnis der Abbildungen

Seite

Verzeichnis der Tabellen

1. Die Entwicklung der Kommunikation zwischen Mensch und Maschine

Die Geschichte des wirtschaftenden Menschen ist gekennzeichnet durch das Bemühen, sich Erleichterungen durch die Benutzung von Werkzeugen und Maschinen zu verschaffen. Dabei ist festzustellen, daß sich die Aufgabenverteilung zwischen Mensch und Maschine vor allem im Produktionsprozeß stark verschoben hat. Der Mensch, der die Maschine bedient, steuert und überwacht, wird mehr und mehr von ausführenden Arbeiten entlastet. Die Materialzufuhr, der Transport der Zwischenprodukte sowie die Lagerhaltung der Fertigprodukte werden in den Automationsprozeß eingeschlossen, es entsteht die automatische Fabrik.

Diese Entwicklung wurde ermöglicht durch die Lösung der kommunikativen Probleme - in der ersten Stufe zwischen Mensch und Maschine, später auch zwischen Maschinen -, durch die Kenntnis der Regelsysteme und die Lösung der Rückkoppelungsprobleme (feedback). Entscheidungsprozesse werden aufgrund der vom Menschen vorgegebenen Programmierung durch Maschinen durchgeführt. Die Ergebnisse dieser Prozesse beeinflussen als Steuerungsimpulse den Arbeitsprozeß.

Die ersten Versuche, geistige Tätigkeiten des Menschen auf maschinelle Hilfsmittel zu übertragen, z. B. das Rechnen, liegen im 17. Jahrhundert (Schickard, Pascal und von Leibniz). Der Technisierungsprozeß im Bereich geistiger Tätigkeiten, auch in ihrer Ausprägung als Büroarbeit, hat sich anfangs nur langsam entwickelt, ist aber in den letzten Jahrzehnten mit Riesenschritten vorangekommen.

Bei der Bürotätigkeit handelt es sich im Wesen um die Überführung von Fakten und Ergebnissen geistiger Prozesse in Informationen durch Gewichten, Bewerten, Sortieren, Kombinieren und Selektieren. Diese Ergebnisse bilden die Grundlage für Entscheidungsprozesse.

Auch beim Einsatz einfacher maschineller Hilfsmittel, z. B. manuell betätigter Rechenmaschinen, handelt es sich bereits um Mensch-Maschine-Systeme, die sich bis zur automatisierten Datenverarbeitung fortentwickelt haben. Die Maschine übernimmt dabei immer mehr Funktionen des Menschen. Die Rechenmaschine konnte nur rechnen, die Datenverarbeitungsanlagen sind heute in der Lage, Bewertungen, Gewichtungen, Selektierungen und Zusammenfassungen von logischen Ergebnissen zu vollziehen. Im deterministischen Bereich können sie eindeutige Entscheidungsprozesse, bei probalistischen Problemstellungen mit definierter Wahrscheinlichkeit gültige Aussagen (1) nachvollziehen, nachvollziehen deshalb, weil die Maschine aus sich heraus nichts tun kann, sondern des Programmimpulses bedarf.

Damit ergeben sich auch bie diesen Systemen die Fragen nach der Steuerung der Maschinen bzw. nach der Kommunikation Mensch-Maschine. Ursprünglich war die Maschine eine Einzweckmaschine, die nur ganz bestimmte Aufgaben erledigen konnte, z. B. maschinelles Zählen. Der Impulsgeber war der Mensch. In einer weiteren Stufe wurden Mehrzweckmaschinen entwickelt, die aufgrund von Steuerschienen auch unterschiedliche Aufgaben auszuführen vermochten. Das Steuerprogramm war vom Menschen erdacht, die Steuerschienen wurden nach der Aufgabenstellung eingerichtet und auswechselbar eingesetzt. In der Entwicklung folgten die schalttafel-programmierten Lochkartenmaschinen oder auch konventionellen Datenverarbeitungsanlagen (2). Hier wurde die Steuerung der Funktionen durch Schaltung entsprechender Stromkreise erreicht. Die zu verarbeitenden Daten wurden nicht mehr über eine Tastatur vom Menschen direkt eingegeben, sondern auf einem Datenträger fixiert und meistens auf einen zweiten Datenträger transformiert, der den Eingabebedingungen der Datenverarbeitungsanlage entsprach. Damit war auf der Eingabeseite die Direktkommunikation Mensch-Maschine unterbrochen und die Kommunikation erst nach einem Zwischenarbeitsgang (Transformation) möglich. Auf der Ausgabeseite dagegen blieb die Maschine in der Lage, kommunikationsgerechte Informationen auszudrucken. Diese Fähigkeiten haben auch die elektronischen Datenverarbeitungsanlagen auf der Ausgabeseite behalten und erweitert.

Bei den Versuchen, die Kommunikationsprobleme vom Menschen zur Maschine zu lösen, ist einerseits die Entwicklung festzustellen, daß der Mensch versucht, sich der Maschine anzupassen und möglichst schon bei der ersten Aufzeichnung maschinenlesbare Datenträger zu erstellen. Die andere, jüngere Entwicklung aber geht den umgekehrten Weg; die Maschine wird in die Lage versetzt, die Schrift des Menschen zu lesen. Die Bemühungen gehen weiter dahin, auch akustische Äußerungen des Menschen für den Computer aufnehmbar zu

---

1) Vgl. Grochla, Erwin: Die Bedeutung der automatisierten Datenverarbeitung für die Unternehmungsführung. In: IBM-Nachrichten, 18. Jahrgang 1968, Heft 188 April, S. 86.

2) Zu den Begriffen der konventionellen und der automatischen Datenverarbeitungsanlagen vgl. Studienkreis Dr. Meller: Die Gliederung der Datenverarbeitungsstelle und ihre Einordnung in die Organisation der Unternehmung, Wiesbaden 1967, S. 25 f.

machen (3), wennschon sich für diese Eingabetechnik zur Zeit erst wenige wirtschaftliche Anwendungen finden lassen. Auch die Kommunikation von Maschinen untereinander ohne Einschaltung des Menschen gewinnt immer mehr an Bedeutung.

Mit der Lösung dieser Kommunikationsprobleme durch Ausweitung der Fähigkeiten der Maschine sind zunächst nur Möglichkeiten rein technischer Art (4) geschaffen. Ob von den Möglichkeiten auch in jedem Falle Gebrauch gemacht werden kann, ist eine Frage der Organisation. Es ist zu untersuchen, ob eine Art der Datenerfassung generell oder unternehmungsindividuell angeraten werden kann oder ob Prinzipien festgestellt werden können, nach denen in dem einen oder anderen Fall ein adäquates Datenerfassungsverfahren zu wählen ist.

---

3) Zwicker, E.: Funktionsmodelle des Gehörs. In: Kybernetik, Brücke zwischen den Wissenschaften, hrsg. von Helmar Frank, 3. Auflage, Frankfurt a. M. (1964), S. 136 f.

4) Eine Gegenüberstellung der Erkennungsverfahren gibt Kazmierczak, Helmut: Automatische Zeichenerkennung. In: Kybernetik, Brücke zwischen den Wissenschaften, hrsg. von Helmar Frank, 3. Auflage, Frankfurt a. M. (1964), S. 143 f.

2. Das Vorfeld der automatisierten Datenverarbeitung

In der Vergangenheit haben die automatischen Datenverarbeitungsanlagen und die durch sie realisierbaren Verarbeitungsprozesse mit ihren Möglichkeiten und den durch sie aufgeworfenen Problemen im Mittelpunkt des Interesses gestanden. Die einzelnen Problemstellungen wurden primär unter dem engen Aspekt der maschinellen Verarbeitung gesehen. In der jüngeren Zeit hat sich jedoch in der Praxis gezeigt, daß eine optimale Lösung der Aufgabe Datenverarbeitung beim Einsatz automatischer Datenverarbeitungsanlagen nur erreicht werden kann, wenn auch die vor der maschinellen Verarbeitung liegenden Arbeitsprozesse, d. h. das Vorfeld der maschinellen Verarbeitung, in die Überlegungen zur Lösung der Probleme einbezogen werden.

Je mehr der Forderung, das Vorfeld der maschinellen Verarbeitung in die Überlegungen einzubeziehen, entsprochen wurde, desto zahlreicher wurden die Auffassungen und Ansichten zu bestimmten Problemen in diesem Bereich. So wird sowohl in der Literatur als auch in der Praxis für unterschiedliche Begriffsinhalte, die für mehr oder weniger umfassende Aspekte dieses Bereichs stehen, der Begriff der Datenerfassung verwandt.

Zunächst kann der Begriff "Erfassung" bzw. "Erfassen" - in Übereinstimmung mit dem allgemeinen Sprachgebrauch - verstanden werden als "Registrieren" oder "Sammeln" von Fakten wie auch als verstandesmäßiges "Erkennen" von Gegenständen des realen oder ideellen Bereichs. Gemäß der zeichentheoretischen Erkenntnistheorie (5) geht dabei der Vorgang des Erkennens dem des Registrierens oder Sammelns logisch voraus. Demnach kann "Erfassung" zeichen- und erkenntnistheoretisch präzisiert werden als Wahrnehmung (Perzeption) von Zeichenträgern (Signalen oder Zeichen niederer Ordnung) sowie deren Identifikation bzw. Interpretation (Apperzeption) als dem Erkennen und Vermitteln der codierten Bedeutung.

Wird diese nach wie vor allgemeine Definition auf das Untersuchungsobjekt der vorliegenden Arbeit eingeengt, so sind unter dem Begriff "Datenerfassung" alle die Vorgänge bzw. Arbeitsprozesse zu verstehen, durch die Daten für eine - meist nachgelagerte - maschinelle

---

5) Vgl. hierzu Bense, Max: Semiotik. Allgemeine Theorie der Zeichen, Baden-Baden 1967, S. 43 ff.; Klaus, Georg: Erkenntnistheorie und Kybernetik, 3. Auflage, Berlin 1969, S. 189.

(Daten-) Verarbeitung sowohl perzipierbar als auch apperzipierbar gemacht werden.

Unter diese weitgespannte Begriffsbestimmung lassen sich noch sämtliche in der Literatur zu findenden Begriffsinhalte (6) subsumieren, als deren gemeinsames Kriterium die Kennzeichnung bestimmter, vor der maschinellen Verarbeitung zu erfüllender Aufgaben hervortritt.

Da nur solche Prozesse zur Datenerfassung zählen, die die maschinelle Perzepierbarkeit bzw. Apperzepierbarkeit herstellen, wird schon hier klar, daß das Vorfeld der Datenverarbeitung nicht identisch ist mit dem Bereich der Datenerfassung, die Datenerfassung vielmehr nur ein Ausschnitt des Vorfeldes ist.

Es soll nun untersucht werden, durch welche Prozesse diese Per- bzw. Apperzeption realisiert werden kann, um so aus dieser umfassenden Definition die des Studienkreises zu entwickeln. Dazu soll zunächst eine Analyse der Aufgaben vorgenommen werden, die vor der maschinellen Verarbeitung zu erfüllen sind, mit dem Ziel, die Elementarfunktionen, d. h. die nicht mehr weiter zerlegbaren Funktionen, im Vorfeld der Verarbeitung aufzudecken.

21. Die Elementarfunktionen im Vorfeld der maschinellen Verarbeitung

Vor der maschinellen Verarbeitung können zwei Gruppen von Arbeitsprozessen unterschieden werden.

---

6) Vgl. z. B. Heinrich, Lutz J.: Die Datenerfassung - ein ungelöstes Problem. In: Der Betrieb 1965, S. 1369: "Datenerfassung - darunter ist die Gewinnung maschinenlesbarer Belege in Form von Lochkarten, Lochstreifen usw. zu verstehen."; Hoffmann, P.: Was heißt eigentlich ... Stichwort Datenerfassung. In: BTA 1967, S. 33: "Datenerfassung - das Sammeln und Umsetzen von Daten an einem oder mehreren Punkten für die Verarbeitung in der EDV-Anlage." Diebold European Research Program, Developments in Data Capture Devices 1965-1975, Document No. E 33 Technology Report, February 1967, S. 3: "The data capture process is the activity which presents data to a computer system for processing."; Christodoulopoulos, A. F.: Zentrale oder dezentrale Datenerfassung im Großhandel. In: BTA Nr. 3, 1969, 10. Jahrgang, S. 112: "... die Datenerfassung (ist) so zu gestalten, daß sie sachlich fehlerfrei, zeitlich günstig und maschinengerecht ausfällt."

Die erste Gruppe umfaßt die Teilaufgaben, die die anfallenden oder bereits vorliegenden Daten aufbereiten und verändern, d. h. auf den Inhalt der Daten Bezug nehmen. Durch die Arbeitsprozesse der zweiten Gruppe werden dagegen weder Inhalt noch Reihenfolge oder gleichbedeutende Merkmale der Daten verändert, sondern nur ihre Darstellungsform. Diese zweite Gruppe von Arbeitsprozessen ist Gegenstand der nachfolgenden Analyse. Dabei soll zunächst dargestellt werden, welche Elementarfunktionen bestehen, die entweder isoliert oder miteinander kombiniert vor der maschinellen Verarbeitung liegen können.

Neben diesen Elementarfunktionen kann eine weitere Funktion festgestellt werden, die nicht als spezifisch für das Vorfeld der Datenverarbeitung angesehen werden kann: Die Funktion des Datentransports. Transportprobleme treten in praktisch allen Phasen auf, sowohl vor als auch während und nach der Verarbeitung. Ihre Lösung soll daher in diesem Rahmen nicht erörtert werden, auch wenn Datentransportprobleme häufig in unmittelbarem Zusammenhang mit der Datenerfassung stehen.

211. Die Datenfixierung

Die erste Elementarfunktion, die Datenfixierung, kennzeichnet zunächst die Stelle, an der das Vorfeld der Datenverarbeitung beginnt. Dazu ist zunächst zu prüfen, auf welche Weise die Daten - hier verstanden als die (logisch) fixierten Denkinhalte (7) - entstehen. Dabei stellt sich heraus, daß die Daten nur auf zwei inhaltlich unterschiedliche Arten entstehen können:

(1) als Ergebnis von Abbildungsprozessen entweder zur Kennzeichnung von Zuständen oder Veränderungen des realen Bereichs oder zur Darstellung von Gegenständen des ideellen Bereichs (Denkinhalten) und

(2) als Ergebnis eines vorangegangenen personellen oder maschinellen Datenverarbeitungsprozesses.

Unabhängig von der Art der Entstehung bekommen die Daten erst mit der materiellen Aufzeichnung, d. h. mit der Fixierung in oder auf einem Datenträger, eine eigene Existenz. Damit beginnt ein Speicherprozeß, der entweder mit Vernichtung des jeweiligen Datenträgers oder mit Vernichtung der Symbolkombinationen auf dem Daten-

7) Studienkreis Dr. Meller: Die Gliederung der Datenverarbeitungsstelle und ihre Einordnung in die Organisation der Unternehmung, a. a. O., S. 23

träger, z. B. durch Überschreiben mit anderen Daten auf denselben Speicherstellen, endet. Während dieser Speicherung sind die Daten beliebig oft für die verschiedensten Zwecke reproduzierbar (8). Unter Fixieren ist demnach zu verstehen

> das Festhalten eines Sachverhalts des realen oder ideellen Bereichs in einer Form, die die Übermittlung der Information an andere potentielle Informationsverarbeiter ermöglicht.

Wenn in einer Unternehmung Daten entsprechend der ersten Form der Datenentstehung anfallen, beispielsweise als Ergebnis von Zeit-, Temperatur-, Streckenmessungen oder Mengenzählungen, dann kann entweder eine Fixierung der Daten auf einem Datenträger erforderlich werden, oder es kann eine direkte Weitergabe in den Datenverarbeitungsprozeß gewünscht sein. Die häufig als Uraufschreibung bezeichnete Fixierung der Daten auf einem Datenträger bietet sich als Gegenstand analytischer Betrachtungen an, weil in diesen Fällen ein organisatorisch wichtiger Ansatzpunkt zur Gestaltung der Aufgaben im Vorfeld der Datenverarbeitung gegeben ist. Einmal kann Ziel dieser Maßnahmen sein, den Prozeß der Fixierung zu automatisieren, so daß er ohne Eingriffe des Menschen zu personell und/oder maschinell lesbaren Datenträgern führt. Zum zweiten kann eine automatisierte Eingabe der Daten in den nachfolgenden Datenverarbeitungsprozeß bezweckt werden, wobei vielfach die Möglichkeit besteht, beide Ziele miteinander zu verbinden.

Die zweite Art der Datenentstehung, bei der die Daten als Ergebnis eines vorangegangenen Datenverarbeitungsprozesses anfallen, übertrifft die erste an mengenmäßigem Umfang. In der Unternehmung ist gerade diese Entstehungsart von organisatorischer Bedeutung, da besonders in diesen Fällen sehr gute Ansatzmöglichkeiten bestehen, die Daten in oder auf einem Datenträger so zu fixieren, daß dieser für den nachgelagerten maschinellen Verarbeitungsprozeß maschinell lesbar ist. Das bedeutet, daß eine zieladäquate Abstimmung verschiedener maschineller Datenverarbeitungsprozesse durch Verwendung entsprechend ausgewählter Datenträger erfolgen kann. Dieses Bemühen um eine Verwendung jeweils geeigneter Datenträger ist nicht nur innerhalb der Unternehmung zweckmäßig, sondern gewinnt auch bei der Weitergabe der Daten an andere Unternehmungen sehr stark an Bedeutung (externe Integration durch Datenträgeraustausch).

---

8) Das gilt auch für den Fall des zerstörenden Lesens, wie er bei bestimmten maschineninternen Speichermedien vorkommt. Diese Einbeziehung ist zulässig, weil in diesem Fall durch jeweils einen Regenerationszyklus der Speicherinhalt erneut eingeschrieben werden kann.

212. Die Datentransformation

Zwischen der Datenfixierung und der Verwendung der Daten im Rahmen nachgelagerter Datenverarbeitungsprozesse ist eine Anzahl verschiedener Prozesse festzustellen, durch die die Daten in eine Form übertragen werden, die der maschinell verarbeitbaren Darstellung angenähert oder unmittelbar mit ihr identisch ist (9). Im Hinblick auf die hier im Vordergrund stehende maschinelle Datenverarbeitung sind diese Prozesse als Transformationen auf oder in einen anderen Datenträger zu verstehen. Sie sind einmal abhängig davon, in welcher Form und auf welchem Datenträger die Datenfixierung vorgenommen wird und zum anderen von dem Aufgabenträger der Verarbeitung und seinen spezifischen Bedingungen an die einzugebenden Datenträger. So kann beispielsweise eine Folge von Transformationsprozessen zwischen Fixierung und Verarbeitung folgendes Aussehen haben:

Im Rahmen einer personellen Uraufschreibung werden Daten auf einem ablochfähigen Datenträger fixiert und in einem ersten, personellen Transformationsprozeß Lochkarten mit den entsprechenden Daten erstellt. Anschließend wird noch eine zweite, maschinelle Datentransformation vorgenommen, bei der die Daten von einem maschinell lesbaren Datenträger auf einen anderen, der schneller eingelesen werden kann, übertragen werden. Nach diesen Datentransformationen, die je nach Ausstattung mit Sachmitteln und nach anderen Bedingungen, wie räumliche Gliederung der Unternehmung und dergleichen, mehrfach hintereinander erforderlich werden können, werden die maschinell lesbaren Datenträger zur Verarbeitung eingegeben.

Da diese personellen oder maschinellen Transformationsprozesse in der vorliegenden Untersuchung eine große Bedeutung haben, sind zunächst die drei in diesem Zusammenhang besonders wichtigen Kriterien darzustellen, und zwar

der im Transformationsprozeß eingesetzte Aufgabenträger,

die Form des vorliegenden Datenträgers,

---

9) Mit dieser begrifflichen Festlegung soll Transformation klar von Verarbeitung als inhaltlicher Veränderung der Daten abgegrenzt werden. Andere Abgrenzung vgl. Kosiol, Erich: Die Unternehmung als wirtschaftliches Aktionszentrum - Einführung in die Betriebswirtschaftslehre, rowohlts deutsche enzyklopädie Band 256/257, Reinbek b. Hamburg 1966, S. 182; Pietzsch, Jürgen: Die Information in der industriellen Unternehmung, Köln und Opladen 1964, S. 39.

die Form des im Transformationsprozeß erzeugten Datenträgers.

An erster Stelle dieser Kriterien steht die Überlegung, welcher Aufgabenträger die jeweils vorliegenden Transformationsprozesse vollzieht, der Mensch, ein bedienungsabhängiges oder ein automatisches Sachmittel. Diese Gegenüberstellung ist deshalb erforderlich, weil sowohl der Aufgabenträger Mensch als auch das automatische Sachmittel ganz bestimmte, jeweils unterschiedliche Anforderungen an die für den Transformationsprozeß benötigten Datenträger stellen. Dabei ist von Bedeutung, daß sich die jeweiligen Anforderungen - abgesehen von wenigen Ausnahmen - in hohem Maße gegenseitig ausschließen. Während der Datenträger für einen personellen Transformationsprozeß personell lesbar sein muß und in dieser Form gegenwärtig nur unter bestimmten Bedingungen maschinell lesbar ist, können die einem maschinellen Transformationsprozeß zuzuführenden Datenträger häufig nicht personell gelesen werden.

Daneben hängt es in hohem Maße von dem für Transformationsprozesse eingesetzten Aufgabenträger ab, für welche nachgelagerten Übertragungs-, Eingabe- und Verarbeitungsprozesse die entstehenden Datenträger geeignet sind. So können die erzeugten Datenträger entweder nur personell lesbar sein oder sie können nur maschinellen Prozessen zugeführt werden. Daneben kann es auch Zwischenformen geben, bei denen die erstellten Datenträger zwar maschinell gelesen, die Daten aber aus technischen Gründen nicht in dieser Form dem Verarbeitungsprozeß zugeführt werden können, sondern in oder auf denselben oder einen anderen maschinell lesbaren Datenträger übertragen werden müssen. Ein solcher Fall liegt vor, wenn entweder ein entsprechendes Einlesegerät nicht auf dem Markt angeboten wird oder wenn die gewählte Maschinenkonfiguration keine entsprechende Eingabemöglichkeit hat. Gerade diese Unterscheidung in maschinell lesbare, jedoch nicht eingabefähige und eingabefähige Datenträger ist von großer Bedeutung, da die erste Gruppe von Datenträgern eines weiteren maschinellen Transformationsprozesses bedarf, während das bei Datenträgern der anderen Gruppe nicht der Fall sein muß.

Diese drei Kriterien, der im Transformationsprozeß eingesetzte Aufgabenträger (Mensch oder Sachmittel), die personelle bzw. maschinelle Lesbarkeit der vorliegenden und die Lesbarkeit der durch die Transformation erstellten Datenträger, sollen Ausgangspunkt für eine nähere Analyse der Transformationsprozesse sein, als deren Zielsetzung die Veränderung der Form der Daten in Richtung auf ihre maschinelle Lesbarkeit definiert war. Diese Transformationsprozesse, die zwischen Fixierung und Verarbeitung liegen, lassen sich in vier Gruppen teilen (Abbildungen 1 und 2):

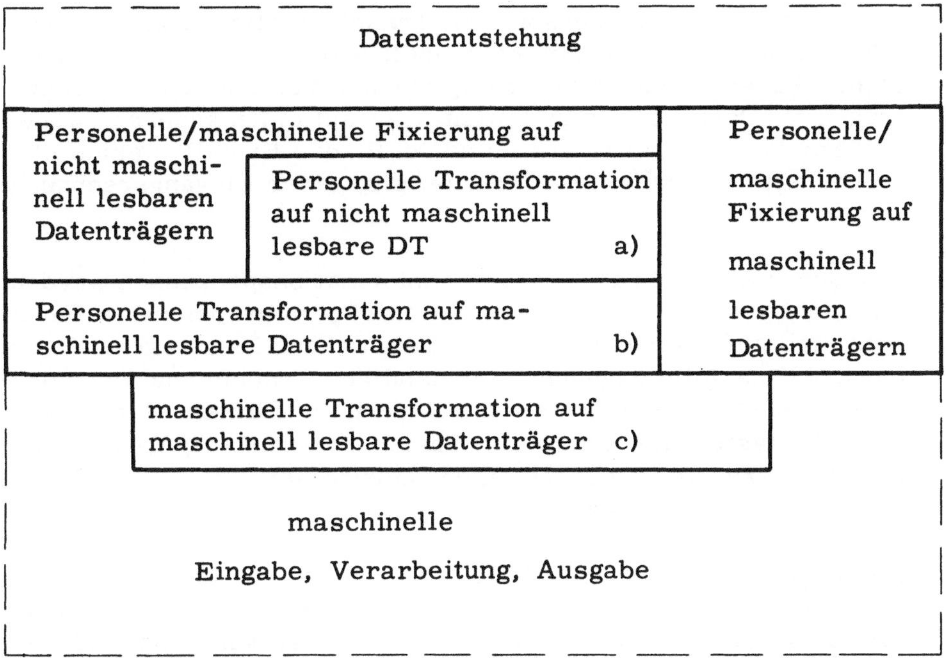

Datenentstehung

Personelle/maschinelle Fixierung auf nicht maschinell lesbaren Datenträgern

Personelle Transformation auf nicht maschinell lesbare DT a)

Personelle/maschinelle Fixierung auf maschinell lesbaren Datenträgern

Personelle Transformation auf maschinell lesbare Datenträger b)

maschinelle Transformation auf maschinell lesbare Datenträger c)

maschinelle Eingabe, Verarbeitung, Ausgabe

Abb. 1: Gegenüberstellung der Teilaufgaben im Vorfeld der Datenverarbeitung unter Ausschluß der Direkteingabe

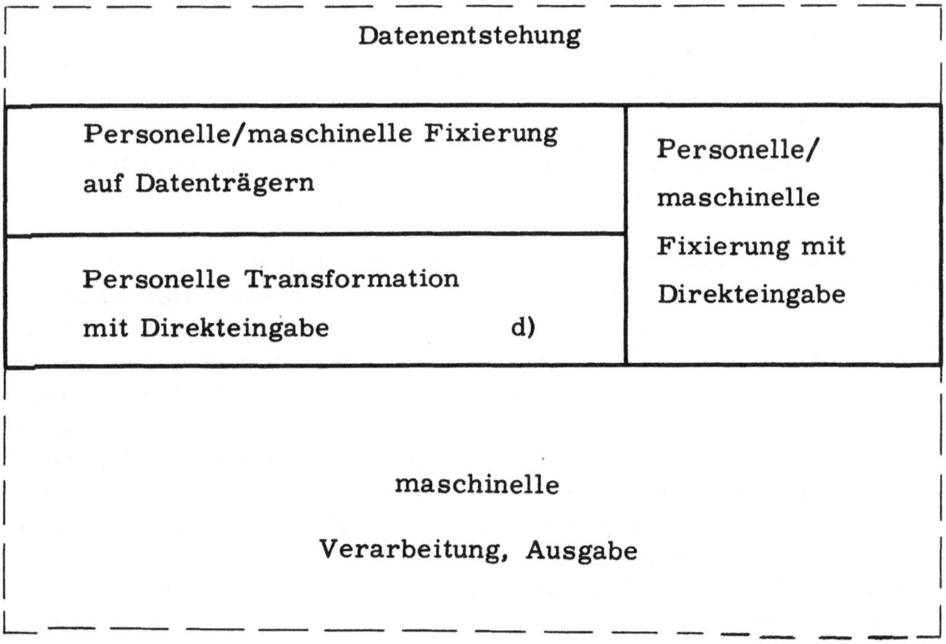

Datenentstehung

Personelle/maschinelle Fixierung auf Datenträgern

Personelle/maschinelle Fixierung mit Direkteingabe

Personelle Transformation mit Direkteingabe d)

maschinelle Verarbeitung, Ausgabe

Abb. 2: Gegenüberstellung der Teilaufgaben im Vorfeld der Datenverarbeitung bei Direkteingabe

a) Die erste Gruppe von personellen Transformationen wird ausgeführt, ohne daß dabei ein maschinell lesbarer Datenträger entsteht. Dieser Transformationstyp a beschränkt sich auf das Übertragen von Daten von einem Datenträger auf einen anderen, wobei beide nicht maschinell lesbar sind, z. B. das Erstellen eines Ablochbeleges aufgrund eines Notizzettels, einer Eingangsrechnung und dergleichen.

b) Bei der zweiten Gruppe von Transformationsprozessen werden auf nicht maschinell lesbaren Datenträgern gespeicherte Daten personell auf maschinell lesbare Datenträger übertragen. Diese personell zu vollziehenden, selbständigen Transformationen des Typs b sind beispielsweise das Lochen und Prüfen, das personelle Eintasten der Daten zur Speicherung auf Magnetbändern, das Markieren von eingabefähigen Datenträgern aufgrund bereits vorliegender Datenträger.

c) Immer wieder lassen sich Fälle nachweisen, bei denen aus technischen oder wirtschaftlichen Gründen eine maschinelle Transformation der Daten von einem Datenträger auf einen anderen notwendig ist. Ursache für diese Operationen des Transformationstyps c kann einmal sein, daß auf dem Markt kein Sachmittel angeboten wird, mit dem sich diese an sich maschinell lesbaren Datenträger direkt zur Verarbeitung eingeben lassen. Daneben sind bei verschiedenen der gegenwärtig angebotenen Sachmittel spezielle maschinelle Transformationsprozesse zweckmäßig, um die bei vorhergehenden Fixierungs- oder Transformationsprozessen angefallenen Datenträger in eine besser verarbeitbare Form zu überführen, wie es z. B. das Zusammenfügen des Inhaltes mehrerer Magnetbänder mit geringer Speicherdichte zu einem normalen Magnetband der Fall ist.

Neben den Transformationsprozessen der Typen a bis c, die auftreten, wenn die Eingabe zur Verarbeitung ein separater Arbeitstakt neben der Fixierung und/oder der Transformation ist, lassen sich weitere Transformationsprozesse nachweisen, die in Verbindung mit einer Form der Direkteingabe auftreten und deshalb auch als spezifische Eingabeprozesse aufgefaßt werden können. Diese Transformationsprozesse kennzeichnen sich dadurch, daß als Ergebnis nicht ein Datenträger entsteht, sondern die Daten entweder der sofortigen Verarbeitung zugeführt werden oder auf maschineninternen Speichermedien auf Abruf bereitgehalten werden. Für diese Transformationsprozesse ergibt sich folgender Zusammenhang zwischen Fixierung und Verarbeitung (Abb. 2):

d) Bei Transformationsprozessen des Typs d werden Datenträger personell transformiert, ohne daß ein maschinenexterner

Datenträger erstellt wird. Dabei werden die Daten meist mittels Tastaturen auf Speicherplätze eingegeben, von denen sie entweder sofort nach ihrer vollständigen Ankunft der Verarbeitung zugeführt werden oder auf denen sie bis zu ihrem Abruf durch die Verarbeitung gespeichert bleiben. Dieser Transformationstyp d tritt am häufigsten in der Datenfernverarbeitung und beim Einsatz von Kleincomputern mit Funktionstastatur auf.

Bei den Transformationsprozessen der Typen b - d kann - in Abhängigkeit von der Ausstattung mit Sachmitteln - nicht nur eine personelle oder maschinelle Codierung der Daten auf dem gleichen Datenträger oder durch Erstellung eines anderen Datenträgers vollzogen werden, sondern in zunehmendem Maße auch eine Überbrückung der raumzeitlichen Distanz erfolgen. Dies geschieht in der Weise, daß die Daten während der Transformationsprozesse über Leitungen oder drahtlos zu einem räumlich entfernt stehenden Sachmittel übertragen und dort in oder auf einen anderen Datenträger ausgegeben werden.

<u>Ausgehend von den bisherigen Überlegungen soll im weiteren der Terminus Datenerfassung zur Kennzeichnung jener Prozesse verwendet werden, die die erstmalige Bereitstellung von Quelleninformationen (Urdaten und Verarbeitungsergebnisse) als maschinell lesbare und/oder eingabefähige Daten bezwecken.</u>

Die Bereitstellung kann erfolgen im Wege

1. der Überführung (Transformation) der auf maschinell nicht abtastbaren Datenträgern gespeicherten (fixierten) Daten in eine maschinell erkennbare Darstellungsform,

2. der unmittelbaren Fixierung der Urdaten auf maschinell abtastbaren Datenträgern und

3. der datenträgerlosen Eingabe der Urdaten in das ADV-System unmittelbar bei der Fixierung

Bei dieser begrifflichen Festlegung ist es bedeutungslos, ob der Prozeß mit oder ohne Mitwirkung des Menschen erfolgt.

Diese Begriffsbestimmung entspricht durchaus dem inzwischen ausgebildeten Sprachgebrauch, der die Datenerfassung und die Datenerfassungsgeräte auf das Verfügbarmachen der Daten für die maschinelle Verarbeitung einengt.

Die organisatorische Zuordnung des Eingabevorganges geht davon aus, daß die Eingabe grundsätzlich der erste Takt der Verarbeitung ist. Bei der Direkteingabe wird allerdings darauf verzichtet, den integrierten Vorgang aufzuspalten in einen Erfassungs- und einen Verarbeitungsteil, besonders auch deshalb, weil aus einer solchen logischen Zerlegung keine zusätzlichen Erkenntnisse zu gewinnen sind. Aus diesem Grunde wird die mit der Fixierung bzw. der Transformation verbundene Eingabe (Direkteingabe) als Teil des Datenerfassungsprozesses behandelt.

Mit dem oben definierten Erfassungsbegriff werden nur solche personellen und maschinellen Transformationsprozesse angesprochen, die die erstmalige Bereitstellung von Daten in maschinell lesbarer und/oder eingabefähiger Form bezwecken. Dienen die Transformationsprozesse anderen Zielen, so sind sie nicht als Datenerfassungsprozesse zu bezeichnen. Das heißt, der Datenerfassungsprozeß kann ein Transformationsprozeß sein (z. B. Typ b), aber nicht jeder Transformationsprozeß ist ein Datenerfassungsprozeß (z. B. Typ a). Die verbleibenden personellen und maschinellen Transformationsprozesse sollen durch die Begriffe der "personellen Transformation" und der "maschinellen Transformation" definiert werden.

Maschinelle Transformationsprozesse boten sich mit zunehmendem Leistungsvermögen der Transformationsgeräte dazu an, ihre qualitative Unterbeschäftigung bei reinen Übertragungs- und Umcodierungsarbeiten durch die Erfüllung von zusätzlichen Funktionen auszugleichen. Diese zusätzlichen Funktionen bringen, wenn sie auf den Inhalt und Umfang der Daten Bezug nehmen, die Transformationsprozesse in die Nähe von Verarbeitungsvorgängen. Die entscheidenden Kriterien sollen nun festgestellt werden, um bei bestimmten maschinellen Übertragungen der Daten von einem Datenträger auf einen anderen aufgrund dieser zusätzlichen Funktionen die Transformationen von den Datenverarbeitungsprozessen abgrenzen zu können. Sieben Beispielfälle sollen zu diesem Zweck analysiert werden.

Im einfachsten Fall eines maschinellen Transformationsprozesses werden die Daten eingelesen, in einen anderen Code umgewandelt und auf einen anderen Datenträger ausgegeben, ohne daß sich Umfang oder Reihenfolge der Daten ändern und ohne daß auf den Inhalt der Daten Bezug genommen wird (Beispiel: Datenübertragung von Lochkarten auf Magnetbänder). Ist diese maschinelle Transformation als Verarbeitung anzusprechen, wenn sie unter Einschaltung einer Zentraleinheit, unter Umständen auch im Multiprogramming mit echten Verarbeitungsaufgaben, abgewickelt wird? (Fall 1)

Es hat sich als zweckmäßig erwiesen, in bestimmte maschinelle Transformationsprozesse Kontrollen einzubauen, um die Weitergabe von fehlerhaften Daten an den nachfolgenden Verarbeitungsprozeß zu vermeiden. Diese Kontrollen können sich einmal beziehen auf das technisch richtige Arbeiten der Transformationsgeräte, d. h. die eingelesenen Daten werden als richtig hingenommen und nur die Umcodierungsprozesse werden durch maschineninterne Kontrollen überwacht und notfalls korrigiert (Fall 2). Zum anderen können in dem maschinellen Transformationsprozeß auch Kontrollen eingefügt werden, die die eingelesenen Daten inhaltlich prüfen (Fall 3). Diese formalen und materiellen Prüfprogramme haben die Aufgabe, von den eingelesenen Daten nur jene auf den gewünschten Datenträgern auszugeben, die sachlich und formal richtig sind, während die von der Kontrolle als fehlerhaft erkannten Daten zurückgewiesen, auf einem anderen Datenträger ausgegeben und/oder als fehlerhaft gekennzeichnet werden. Da diese zweite Art von Kontrollen jedoch die Reihenfolge der Daten verändern kann, indem entsprechend dem Kontrollergebnis eine Auswahl innerhalb der Daten getroffen wird, könnte es zunächst bezweifelt werden, ob Prozesse mit diesen Kontrollen auch zu den Transformationsprozessen gezählt werden können.

Wenn aber berücksichtigt wird, daß die Aufgabe der Datenerfassung nicht die Zuführung von Daten schlechthin in die Verarbeitung beinhaltet, sondern die Zuführung formal und materiell eindeutig definierter Daten zum Ziel hat, dann zeigt es sich, daß diese Kontrollen in bestimmten maschinellen Transformationsprozessen nicht geeignet sind, den Charakter der Transformation zu verändern.

In der Praxis wird seit langem von der Möglichkeit Gebrauch gemacht, die Stammdaten den Bewegungsdaten gegenüberzustellen mit dem Ziel, die Stammdaten auf maschinenlesbaren Datenträgern bereitzuhalten und nur die Bewegungsdaten im Bedarfsfall zu erfassen und sie der Verarbeitung zuzuführen (Fall 4). Das Zusammenfügen der Bewegungsdaten und der jeweils relevanten Stammdaten erfolgt häufig vor der eigentlichen Verarbeitung. Deshalb stellt sich die Frage, ob ein solcher Prozeß, bei dem die Bewegungsdaten von einem Datenträger auf einen anderen übertragen werden, organisatorisch bereits ein Verarbeitungsprozeß ist, wenn anhand bestimmter Zuordnungskriterien die Bewegungsdaten und Stammdaten von verschiedenen Datenträgern übernommen und auf einem Datenträger zusammengefaßt werden.

Eine weitere zusätzliche Funktion, die logisch bestimmbare Zuordnung von Speicherplätzen, hat in der Vergangenheit nur eine verhältnismäßig geringe Rolle gespielt, weil bei der maschinellen Transformation die Daten der maschinenexternen Datenträger in andere maschinenexterne Datenträger übertragen worden sind, ohne daß sich die Reihenfolge der Daten geändert hat. Wenn dagegen diese Transformation beispielsweise nicht von der Lochkarte auf ein Magnetband erfolgt, sondern die Daten der Lochkarte oder eines Datenerfassungsplatzes direkt auf einen Magnetplatten- oder maschineninternen Großraumspeicher eingegeben werden, dann zeigen sich einige Aspekte, die Ursache dafür sein können, nicht mehr von Transformationsprozessen, sondern vielmehr von Verarbeitungsprozessen zu sprechen.

Diese Transformationsprozesse zur Eingabe in einen Großraumspeicher können einmal in der Form erfolgen, daß für die eingelesenen Daten ein bestimmter Speicherbereich vorgesehen wird, in dem die Daten in der gleichen Reihenfolge eingespeichert werden, d. h. ebenfalls physisch-sequentiell (Fall 5). Es kann im Rahmen dieser Transformationsprozesse aber auch ein Programm laufen, das die eingelesenen Daten anhand eines Ordnungskriteriums in ihrer Reihenfolge verändert. Ist diese Veränderung der Reihenfolge Inhalt des Transformationsprogrammes, dann können logisch geordnete Daten im Speicher auch physisch in der gleichen Reihenfolge stehen (Fall 6). In diesem Falle haben das Ordnungskriterium und der entsprechende Speicherplatz Gemeinsamkeiten. Daneben können die logisch-sequentiellen Daten in ihrer physischen Darstellung auf dem internen Datenträger auch ungeordnet sein, d. h. die Speicherplätze werden durch einen Rechenprozeß ermittelt bzw. durch Anschlußadressen kenntlich gemacht (Fall 7).

Werden diese sieben Beispielfälle nun gemessen an der Definition der Transformation als eines Umwandlungsprozesses, der nur die Form, nicht aber Inhalt und/oder Reihenfolge der Daten verändert, so zeigt sich, daß in keinem der sieben Fälle der Inhalt der Daten berührt wird. Das heißt, wird der Dateninhalt verändert, dann besteht kein Zweifel daran, daß ein Verarbeitungsprozeß vorliegt. Als Abgrenzungskriterium in kritischen Fällen müßte somit die Veränderung der Reihenfolge der Daten hinreichen. In den Beispielfällen 1, 2 und 5 tritt bei der Umwandlung keine Änderung in der Aufeinanderfolge der Daten ein, es liegen also eindeutig Transformationsprozesse (als Prozesse sui generis) vor.

In den Fällen 3, 4, 6 und 7 tritt eine Änderung in der Reihenfolge der Daten ein. In den Fällen 6 und 7 ist dieses beabsichtigt, es liegen also eindeutig Verarbeitungsprozesse vor. Auch im Fall 4 reichen die Abgrenzungskriterien aus, um das "Mischen" von Stamm- und Bewegungsdaten als Verarbeitung klassifizieren zu können. Schwierigkeiten macht aber Fall 3, insbesondere weil beim konventionellen Erfassungsprozeß des Lochens und Prüfens eine Aussteuerung von unrichtigen Datenträgern erfolgt, ohne daß in diesem Falle von Verarbeitung gesprochen wird. Dieser Fall kann aber aufgrund seiner organisatorischen Bedeutung zu den Transformationsvorgängen gerechnet werden. Denn der Sinn dieser Kontrollen liegt - anders als beim Sortieren - nicht darin, mehrere Gruppen qualitativ unterschiedlicher Daten zu schaffen. Im Gegenteil, eine Teilung in zulässige/richtige und unzulässige/falsche Daten (-träger) ist sogar ein unerwünschter Effekt des maschinellen Prüfens, weil dadurch eine vorhandene Reihenfolge zerstört wird und die zurückgewiesenen Daten (-träger) nach ihrer Korrektur entweder einsortiert oder gesondert verarbeitet werden müssen.

Zur Erledigung vorgesehener Transformationsprozesse können die verschiedensten Sachmittel eingesetzt werden, und zwar sowohl reine Transformationsgeräte (z. B. Locher, Kartendoppler mit Mark Sensing-Einrichtung) als auch Anlagen, die nach ihrem Leistungspotential als Datenverarbeitungsanlagen anzusprechen sind. Bei Verwendung dieser Anlagen für Transformationsprozesse unterscheidet sich der prozessuale Ablauf innerhalb der Anlage von Datenverarbeitungsprozessen nur durch die Programmbefehle, nicht jedoch hinsichtlich der realtechnischen Abwicklung. Deshalb wird von anderer Seite die Auffassung vertreten, die Datenübertragung von einem Datenträger auf einen anderen dann als Verarbeitung zu bezeichnen, wenn bei diesem Prozeß die Zentraleinheit einer Datenverarbeitungsanalge mitwirkt (siehe Fall 1). Dieser durch die eingesetzte Realtechnik beeinflußten Auffassung kann jedoch nicht gefolgt werden. Bei der Analyse der Aufgaben im Vorfeld der automatisierten Verarbeitung muß auch hier die zugrunde liegende organisatorische Bedeutung einzelner Teilprozesse begriffsbestimmend sein. Nur dadurch ist es anschließend möglich, bei den Transformationsprozessen die Veränderung bestehender Daten bzw. Datenträger zu beurteilen.

Folgende "Faustregel" ließe sich für die Beurteilung maschineller Transformationsvorgänge aufstellen: Werden mit einem maschinellen Transformationsvorgang Funktionen verbunden, die bei weniger entwickelter Maschinentechnik in einem besonderen Verarbeitungsprozeß erfüllt wurden, so ist der Transformationsvorgang zur Verarbeitung zu rechnen.

Die vorgenommene Analyse macht deutlich, daß mit fortschreitender Technik eine Trennung der Elementarfunktionen im Vorfeld von den Verarbeitungsfunktionen selbst immer schwieriger wird. Eine logisch saubere Trennung erübrigt sich aber andererseits unter dem Gesichtspunkt der Integration, weil ein Umwandlungsprozeß, selbst wenn er als Verarbeitungsprozeß zu klassifizieren ist, bei einer Betrachtung des Vorfeldes nicht außer acht gelassen werden kann.

22. Das Verhältnis der Datenerfassung zur Datenverarbeitung

Voraussetzung für jede Datenverarbeitung ist, daß die entsprechenden Eingabedaten zur Verfügung stehen. Dabei hängt die Darstellungsform der Daten hinsichtlich Code und Datenträger in bestimmten Grenzen von dem Aufgabenträger ab, dem die Erfüllung des Verarbeitungsprozesses übertragen wird. Zweck der Datenerfassung ist also, den "Rohstoff" für die nachfolgende Datenverarbeitung verfügbar zu machen, d.h. maschinell verarbeitungsfähige Daten zu liefern. Das bedeutet, daß die Erfassung sich direkt an der nachfolgenden Verarbeitung orientiert. Trotz dieser sachbedingten Abhängigkeit der Erfassung von der Verarbeitung ergibt sich die Notwendigkeit, die Erfassung und die nachfolgende Verarbeitung voneinander abzugrenzen, da die Datenerfassung als selbständige Teilaufgabe hierarchisch und arbeitsablauftechnisch von der Verarbeitung faktisch oder zumindest logisch getrennt werden kann. Diese Abgrenzung soll zunächst unabhängig davon erfolgen, welcher Aufgabenträger den Verarbeitungsprozeß vollzieht; erst anschließend kann diese Abgrenzung unter Berücksichtigung der möglichen Aufgabenträger erfolgen.

Im Verlaufe eines Verarbeitungsprozesses werden die Daten bestimmten Operationen unterworfen mit dem Ziel, aus den vorliegenden, gegebenenfalls vorgeprüften Daten neue oder andere Daten zu gewinnen. Dabei können die Eingabedaten dieses Verarbeitungsprozesses untergehen, falls keine Vorsorge für ihre weitere Existenz getroffen wird. Welche Operationen es im einzelnen sind, aufgrund derer z. B. neue Daten entstehen, ist abhängig vom einzelnen Verarbeitungsprozeß. Im allgemeinen jedoch besteht jedes Verarbeitungsprogramm aus einer Vielzahl von allgemeingültigen, anerkannten Rechen- bzw. Verarbeitungsregeln, die sinnvoll zusammengefügt werden. Dieser Komplex von Operationen während eines Verarbeitungsprozesses bestimmt den Verlauf des Verarbeitungsprozesses in Abhängigkeit von der jeweiligen Aufgabe, unter Umständen sogar in Abhängigkeit von den eingegebenen Daten.

Beispielsweise läßt sich der Tatbestand, daß aus den Daten "E" und den Daten "G" durch Multiplikation in einem Verarbeitungsprozeß die Daten "R" ermittelt werden sollen, graphisch wie folgt darstellen:

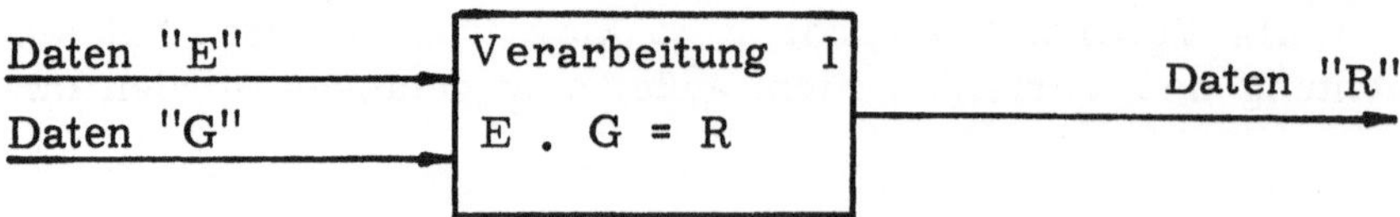

Die entstandenen Daten "R" können einem weiteren Verarbeitungsprozeß zugeführt werden. Es sei unterstellt, daß dieser Verarbeitungsprozeß II unter Verwendung der Daten "W" erfolgt und dabei die Daten "S" durch Division entstehen.

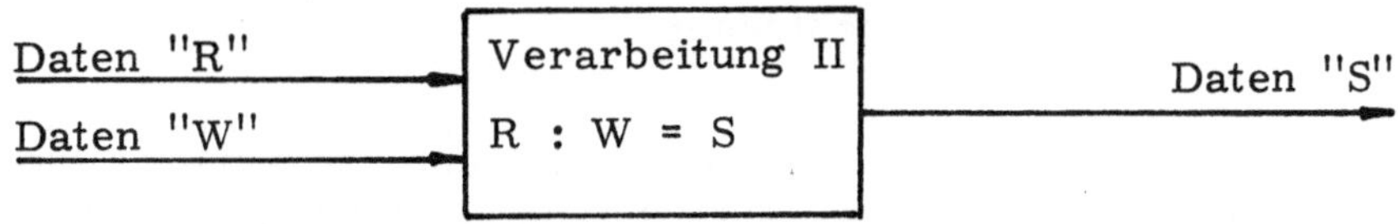

Dieses einfache Beispiel zeigt, daß die einzelnen Verarbeitungsstufen I und II nicht direkt aneinander anschließen, sondern daß zwischen ihnen Vorgänge festzustellen sind, die nicht einen Verarbeitungsprozeß zum Inhalt haben. Im Verlaufe dieser Vorgänge zwischen den Verarbeitungsprozessen werden die Daten "R" bzw. "S") so behandelt (gespeichert, transformiert, transportiert), daß sie in der nachfolgenden Verarbeitung wieder verwendet werden können. Das bedeutet, daß ein permanenter Wechsel zwischen Verarbeitung und dem Vorfeld der nächsten Verarbeitung bestehen kann, wobei die Folge in Abhängigkeit vom Aufgabenträger so gestaltet werden kann, daß nicht für jeden Verarbeitungsvorgang eine erneute Erfassung notwendig ist, sondern die Erfassung mit der Eingabe zusammenfällt oder die Daten im Zugriffsbereich der Verarbeitungseinheit bleiben.

Dieses Beispiel kann unter bestimmten Voraussetzungen so abgewandelt werden, daß die Verarbeitungsprozesse verarbeitungstechnisch zu einem größeren Komplex (Multiplikation und Division)zusammengefaßt werden, indem die gewünschten Ergebnisdaten "S" entstehen, ohne daß zwischen den Ursprungsdaten "G", "E" und "W" weder Erfassungsakte noch Transformationen noch Eingaben erforderlich werden. Graphisch läßt sich dieses Beispiel wie folgt darstellen:

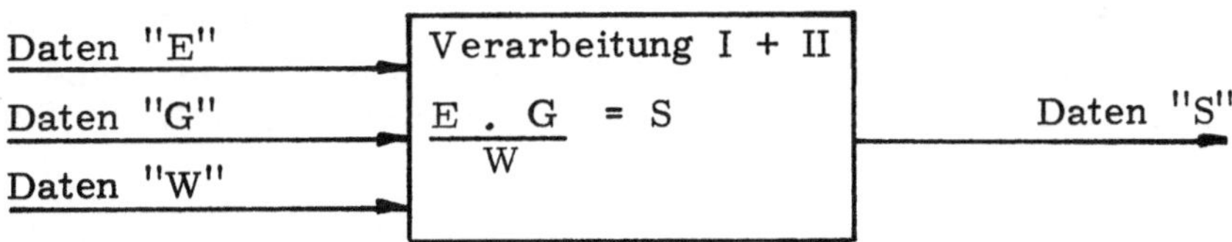

Diese Zusammenfassung mehrerer Verarbeitungsprozesse zu einem komplexen Verarbeitungsprozeß hat zur Folge, daß einige Aufgaben zwischen den Verarbeitungsstufen überflüssig werden.

So einfach wie diese Überlegungen der Zusammenfassung von Verarbeitungsprozessen gedanklich vollzogen und die Folgen für die Datenerfassung verstanden werden können, so schwer ist es jedoch in der Praxis, bei einer bestimmten Verarbeitungsaufgabe eine komplexe Verarbeitungsstufe zu bilden.

Das Verhältnis der Datenerfassung zur Datenverarbeitung wird im wesentlichen durch vier Problembezüge bestimmt, auf die nun näher eingegangen werden soll.

1. Die Kapazität der Aufgabenträger

In der Vergangenheit war es nicht möglich, komplexe Verarbeitungsprozesse durchzuführen, weil zunächst der Mensch und im Verlauf der Entwicklung die mechanischen Sachmittel nicht in der Lage waren, die Manipulationen eines komplexen Verarbeitungsprozesses ungeteilt zu vollziehen. Deshalb wurden die Verarbeitungsprozesse in Teilprozesse zerlegt, die unter Umständen ihrerseits wieder in Einzelstufen gegliedert wurden. Da jede Einzelstufe für sich vollzogen wurde, mußten die ermittelten neuen Daten dem Aufgabenträger der nächsten Verarbeitungsstufe zugeführt werden, d.h. zwischen den Verarbeitungsstufen bildeten sich Vorfelder der Verarbeitung. An dieser stufenweisen Erfüllung des Verarbeitungsprozesses änderte sich auch mit dem Einsatz von mechanischen Sachmitteln nur wenig. Erst die neuen Sachmittel zur automatisierten Datenverarbeitung bieten die kapazitiven Möglichkeiten, die einzelnen Verarbeitungsprozesse in einem Komplex erfüllen zu lassen.

2. Die Anforderungen an die Datenträger

Wenn die entstehenden Ursprungsdaten oder die ermittelten Verarbeitungsergebnisse auf einem Datenträger festgehalten werden sollen, so ist sowohl der Datenträger als auch der zur Darstellung verwendete Code in bestimmten Grenzen abhängig von dem Aufgabenträger, der die Fixierung vornimmt. Wenn diese Daten in einem (nächsten) Verarbeitungsprozeß eingegeben werden sollen, so setzt das voraus, daß der Aufgabenträger des nächsten Verarbeitungsprozesses den entsprechenden Code kennt und in der Lage ist, die Symbolelemente zu erkennen.

Solange nur der Mensch die einzelnen Verarbeitungsstufen vollzog bzw. bestimmte mechanische Sachmittel als Arbeitshilfsmittel zur Verfügung hatte, entstanden hier keine Probleme. Wenn jedoch ein Sachmittel der automatisierten Datenverarbeitung eingesetzt wird, so müssen die bei der Eingabephase bestehenden Probleme gelöst sein, d.h. der Datenträger, die Darstellungsform der Symbolelemente und der Code müssen den Anforderungen des Einleseaggregates entsprechen.

In der Praxis zeigt sich jedoch, daß dieses nur unter ganz bestimmten Voraussetzungen der Fall ist, so daß unter Umständen dem Eingabevorgang ein zusätzlicher Erfassungsvorgang oder ein maschineller Transformationsprozeß vorzuschalten ist, damit ein für das nachfolgend eingesetzte Sachmittel lesbarer Datenträger entsteht.

3. Der Einfluß zeitlicher Verschiebungen

Auch die zeitlichen Verschiebungen können Ursache dafür sein, daß die Verarbeitungsprozesse getrennt bleiben müssen. In dem obigen Beispiel war davon ausgegangen, daß die Daten "R" nur als Zwischenergebnis benötigt werden, um als Eingabedaten in den Verarbeitungsprozeß II einzugehen. Es kann jedoch auch sein, daß die Daten "R" nicht nur für den Verarbeitungsprozeß II benötigt werden, sondern auch in andere, hier nicht erwähnte Verarbeitungsprozesse eingehen. Wenn z. B. Verarbeitungsprozeß II zu einem Zeitpunkt vollzogen werden muß, an dem die Daten "R" vorliegen könnten, nicht jedoch bereits die Daten "W", dann ist aus zeitlichen Gründen erforderlich, die Verarbeitungsprozesse I und II getrennt zu erfüllen, auch wenn die kapazitiven Möglichkeiten der Sachmittel eine Verschmelzung der Verarbeitungsprozesse zulassen würden. In diesem Fall ist es also notwendig, die Daten "R" zwischen den Verarbeitungsprozessen I und II solange zu speichern, bis die Daten "W" für den Verarbeitungsprozeß II zur Verfügung stehen, d. h. es entsteht ein zweites Vorfeld der Verarbeitung.

4. Der Einfluß räumlicher Entfernungen

In ähnlicher Form wie die zeitlichen Verschiebungen können auch die räumlichen Entfernungen der Grund zur Trennung von Verarbeitungsprozessen sein. Es sei angenommen, daß im obigen Beispiel die Daten "G" und "E" an einem Punkt 1 entstehen und dort zu den Daten "R" verarbeitet werden, daß die Daten "W" jedoch an einem Punkt 2 entstehen und aus bestimmten sachlichen Gründen an dem Punkt 3 zu den Daten "S" verarbeitet werden sollen. An diesem Beispiel wird sichtbar, daß auch räumliche Entfernungen die Ursache dafür sein können, daß die Verarbeitungsprozesse I und II nicht in einem Prozeß ablaufen können, sondern auch dann noch getrennt vollzogen werden müssen, wenn kapazitive Möglichkeiten gegeben und keine zeitlichen Überschneidungsprobleme vorhanden sind. Zwischen den beiden Verarbeitungsvorgängen bildet sich wieder ein Vorfeld der Verarbeitung. Andererseits wird an diesem Beispiel sichtbar, daß die Überwindung räumlicher Entfernungen, hier z. B. der Transport der Daten "W" zum Punkt 3, notwendig ist, um die Daten der Verarbeitung zuzuführen.

Während gegenwärtig die Überbrückung der räumlichen Entfernungen noch weitgehend als ein Problem der Datenerfassung angesehen wird (10), werden in Zukunft durch neue Möglichkeiten der Technik immer

---

10) Nach Meinung des Studienkreises handelt es sich hierbei nicht um ein spezifisches Problem der Datenerfassung im definierten Sinne. Vgl. S. 8

mehr Lösungen realisierbar, bei denen die Überbrückung des Raumes im Aufgabenbereich der Verarbeitung erreicht wird (Datenfernverarbeitung).

Diese vier Problemkreise

- der Verarbeitungskapazität des Menschen, der mechanischen Sachmittel und der automatischen Datenverarbeitungsanlagen,

- der Anforderungen an die Datenträger,

- der Überbrückung der zeitlichen Diskrepanz zwischen Datenentstehung und ihrer Verarbeitung sowie

- der räumlichen Entfernung

sind mit Ursachen dafür, daß die Probleme im Vorfeld der Datenverarbeitung noch immer bzw. in zunehmendem Maße im Mittelpunkt des Interesses stehen.

Wird der Zweck der Datenerfassung - dem nachfolgenden Verarbeitungsprozeß formal und materiell richtige Daten verfügbar zu machen - in den vier genannten Problemzügen folgerichtig erfüllt, so leitet sich prinzipiell eine gedankliche Lösung her, bei der die Vorfelder bzw. die Teilaufgaben im Vorfeld der Datenverarbeitung minimiert werden. Dies hat zur Folge, daß selbständige Teilaufgaben vor und nach der Datenerfassung eliminiert werden bzw. mit ihr oder der Verarbeitung zusammenfallen. Um dies zu verwirklichen, müßten die Daten am Ort ihres Ursprungs einmalig in vorgeprüfter Form erfaßt werden und der Zeitpunkt der Datenentstehung und der der Verarbeitung zusammenfallen. Die Verarbeitung würde dann in mehreren Programmabschnitten vollzogen werden können, wobei in jedem Programmabschnitt auf die originären Daten und gegebenenfalls auch auf bereits entstandene Zwischenergebnisse zurückgegriffen werden könnte, ohne daß weitere personelle oder maschinelle Prozesse vor der Verarbeitung erforderlich wären.

Wenn auch diese Lösung in der Praxis noch lange nicht in allen Anwendungsgebieten möglich oder sinnvoll sein wird, so lassen sich dennoch sehr gute Fortschritte insofern feststellen, als die aufgezeigten Möglichkeiten in begrenzten Bereichen bereits genutzt werden und somit der Umfang der Datenerfassung und der vor- oder nachgelagerten Teilaufgaben auf ein Mindestmaß beschränkt wird.

23. Die Bestimmungselemente der Erfassung

Die Ablösung des Menschen als Träger geistiger Funktionen ist als langfristiger Entwicklungsprozeß zu verstehen, der durch die zunehmenden Fähigkeiten automatischer Datenverarbeitungsanlagen ermöglicht wird. Ihre Nutzung allein bietet den Ausweg aus der Diskrepanz zwischen dauernd steigendem Arbeitsvolumen und dem immer knapper zur Verfügung stehenden Arbeitspotential. Es ergibt sich dabei die Möglichkeit, große Datenmengen relativ einfachen logischen oder arithmetischen Operationen zu unterwerfen oder aber aus wenigen Daten in umfangreichen und komplizierten Rechenvorgängen aussagefähige Ergebnisse zu ermitteln. Die logische Folge der erforderlichen Operationen der jeweiligen Aufgabe ist in maschinenverständliche Instruktionen zu zerlegen und ihr als Programm einzugeben. Mit derartigen Programmen als sinnvollen Gefügen von Parametern, Rechen- und Vergleichsoperationen können eine Vielzahl von gleichen Arbeitsprozessen in kurzer Zeit durchgeführt werden. Es ändern sich jeweils nur die Werte der Parameter; das Programm selbst bleibt gleich.

Während der Ablauf der Prozesse nur einmal festgelegt zu werden braucht und die eigentliche Verarbeitung maschinell erfolgt, müssen - größtenteils noch personell - die benötigten Verarbeitungsdaten für jeden periodisch wiederholten oder nach Bedarf angesetzten Verarbeitungsprozeß erneut erfaßt werden, sofern nicht auf schon erfaßte und gespeicherte Daten zurückgegriffen werden kann. Dies führt in der Bereitstellung des zu verarbeitenden Stoffes zu Problemen der mengenmäßigen Bewältigung, insbesondere im Bereich der kommerziellen Anwendung und der öffentlichen Verwaltung.

Beim Einsatz automatisierter Datenverarbeitung im mathematisch-wissenschaftlichen Bereich tritt die Datenerfassung als quantitatives Problem eindeutig hinter dem zeitlichen und maschinellen Aufwand der Verarbeitung zurück. Diese Aussage betrifft lediglich die quantitative Gewichtung, sie sagt nicht über die Schwierigkeiten der Beschaffung der Daten und die organisatorischen Probleme der Vorbereitung der Datenerfassung aus.

231. Die in den Daten enthaltenen Bestimmungselemente

Der Vorgang der Datenerfassung ist analytisch unter zwei Aspekten zu sehen. Einmal liegt das Schwergewicht der Betrachtung auf den zu erfassenden Objekten (materieller Aspekt) und zum anderen auf den Erfassungsvorgängen selbst (funktionaler Aspekt). Die Gliederung der Objekte ist eine logisch ausgerichtete Detaillierung, eine Systematisierung nach Bestimmungselementen quantitativer und qualitativer Art. Die Beschreibung der Erfassungsvorgänge hat dagegen die organisatorische Bewältigung der Erfassungsprobleme zum Gegenstand.

Die erste Gruppe von Bestimmungselementen der Datenerfassung, die der materiellen Elemente, ist in den Daten als den zu erfassenden Objekten selbst begründet. Die Gesamtmenge der Daten ist unter diesem Bezug zu analysieren und nach quantitativen und qualitativen Faktoren zu bestimmen. Auf diese Weise wird die Struktur des zu erfassenden Datengesamts sichtbar, deren Kenntnis für die Verfahrensfestlegung unerläßlich ist. Innerhalb eines Arbeitsgebietes baut sich die logische Struktur des Datengesamts wie folgt auf: Zeichen - Einzeldatum - Erfassungseinheit - Datenbestand. Davon sind als quantitative Bestimmungselemente relevant:

die Anzahl der Erfassungseinheiten (11)

die Anzahl der Zeichen je Einzeldatum und Erfassungseinheit sowie

die zeitliche Verteilung des Datengesamts.

Zur quantitativen Bestimmung einer Datenerfassungsaufgabe muß zunächst die Anzahl der zu erwartenden Erfassungseinheiten herangezogen werden. Erfassungseinheit bezeichnet in diesem Zusammenhang die Gesamtmenge der Daten, die anläßlich eines Datenereignisses, z. B. die Einstellung eines Arbeiters, die Abwicklung eines Auftrags oder einer Schaltertransaktion, anfällt und die es zu erfassen gilt. Es handelt sich hierbei um einen abgeschlossenen Datenkomplex (logischer Satz), der durch die Aufgabe gekennzeichnet ist und mindestens ein eindeutiges Identifizierungsmerkmal (Ordnungs- bzw. Sortierbegriff) aufweist.

Die Menge der zu bewältigenden Erfassungseinheiten ergibt sich im wesentlichen aus der Natur der Wirtschaftseinheit, aus ihren Umweltbeziehungen und der Differenziertheit ihrer internen Vorgänge. Die Anzahl der Kunden-, Artikel- und Personalstammsätze ist von Wirtschaftseinheit zu Wirtschaftseinheit verschieden, sie hängt von der Größe des Kundenbestandes, der Artikelpalette und des Personalbestandes ab. Bei der Fakturierung bestimmt sich die Anzahl der

11) Sollen nicht nur die Daten eines Arbeitsgebietes, sondern die Gesamtheit der im Unternehmen anfallenden Daten strukturiert werden, so tritt die Anzahl der Typen von Erfassungseinheiten hinzu.

Erfassungseinheiten nach der Größe des Kundenbestandes und dem durchschnittlichen Bestellrhythmus der Kunden, bei der Lohnberechnung nach der Höhe des Personalbestandes sowie nach der Art des Lohnsystems.

Grundsätzlich ist die Anzahl der Erfassungseinheiten als gegeben hinzunehmen, da sie nur selten durch organisatorische Maßnahmen beeinflußt werden kann. Dagegen spielen vorhandene organisatorische Regelungen bei der Wahl des Erfassungsverfahrens, d. h. bei der Gestaltung der Teilvorgänge im Vorfeld der Datenverarbeitung, eine entscheidende Rolle. So ist bei der Ermittlung der zu erfassenden Datenmenge die Art der Arbeitsprozesse, die in der betreffenden Organisationseinheit über automatische Datenverarbeitungsanlagen abgewickelt werden, ebenso zu berücksichtigen wie der Grad der jeweils geforderten Genauigkeit.

In der Mehrzahl der Fälle läßt sich die Menge der zu erhebenden Datenereignisse (Erfassungseinheiten) objektiv abgrenzen. So sind z. B. Geschäftsvorfälle ohne Ausnahme zu erfassen. Es treten jedoch auch Fälle auf, in denen die Zielsetzung unmittelbar eine Beschränkung zuläßt, indem die Menge der möglichen Erfassungseinheiten auf eine gewisse Quote tatsächlich zu erfassender Einheiten reduziert werden kann. So genügt bei einer Qualitätskontrolle nach den Gesetzen der Wahrscheinlichkeit die Erfassung einer Stichprobe, eines nur kleinen Teils aller möglichen Erfassungswerte. Das gleiche gilt für Trendberechnungen über wirtschaftliche Entwicklungen, zur Bestimmung des Ausgangs von Wahlen, bei Verkehrszählungen usw.

Die Anzahl der zu erfassenden Daten je Erfassungseinheit hängt hauptsächlich von der Natur des zu erfassenden Vorganges ab. Darüber hinaus wird sie vom Automatisierungsgrad, von der Zielsetzung und vom Integrationsgrad des individuellen Informationssystems beeinflußt. Bei der Fakturierung kann die Anzahl der Einzeldaten bei entsprechend eingerichteter Organisation auf die Artikelnummer, die Kundennummer, den Verkäufer, die ausgelieferte Menge beschränkt werden. Der Automatisierungsgrad in seiner Auswirkung auf den Erfassungsumfang äußert sich in der Verwendung von Kunden- und Artikelstammsätzen und Konditionskennziffern, durch deren einmalige Erfassung und Eingabe alle benötigten Daten wie Kundenadressen, Artikelbezeichnungen, Artikelkurztexte, Preise, Zahlungskonditionen, Kunden- und Artikelrabatte usw. gespeichert werden können, die für die Verarbeitung durch Angabe von Kundennummer, von Artikelnummern und Konditionskennziffern angezogen werden.

Die angestrebte Aussagefähigkeit eines Informationssystems wird sich bei der Einstellung eines Mitarbeiters in der unterschiedlichen

Zahl der zu erfassenden Daten für den Aufbau der Stamminformationen niederschlagen, wobei ein umfassendes Informationssystem auch Informationen über Ausbildung, Kenntnisse, Beurteilungen, Fähigkeiten und anderes mehr erfordert.

Bei einheitlicher Zielsetzung des Informationssystems bedeutet ein höherer Integrationsgrad tendenziell eine Verminderung der je Erfassungseinheit zu erfassenden Daten. Eine immer größere Zahl von Eingabedaten ist bereits in der ADV-Anlage enthalten und braucht nicht mehr gesondert erfaßt zu werden, da sie über Schlüsselbegriffe abgerufen werden können. Das gilt auch dann, wenn die bei einem Verkaufsvorgang erfaßten Daten nicht nur dazu benötigt werden, um eine Rechnung zu erstellen, sondern auch dazu dienen sollen, den Lagerbestand fortzuschreiben, die Lagerdisposition durchzuführen, Lagerkosten zu ermitteln, Verkaufsstatistiken zu erstellen, Produktionsangaben zu prognostizieren usw. Bei der Erfassung dieser Geschäftsvorfälle müssen dann weitere Variablen, wie z. B. die Nummer des Abgangslagers, eingeschlossen werden.

Bei einem hohen Integrationsgrad werden somit die anfallenden Daten nur einmal erfaßt. Die ADV-Anlage ist dann in der Lage, automatisch auf die Daten zurückzugreifen, ohne daß weitere Erfassungsakte notwendig werden, d. h. der Umfang der insgesamt zu erfassenden Einzeldaten kann vom Verarbeitungssystem her wesentlich eingeschränkt werden.

Die Anzahl der Zeichen je Einzeldatum wird sowohl vom Charakter der Wirtschaftseinheit als auch von den organisatorischen Gegebenheiten determiniert. Umsatzbeträge in Schiffswerften und im Lebensmittel-Einzelhandel - um zwei Extreme zu nennen - unterscheiden sich nun einmal. Die Datenverarbeitung macht die Verschlüsselung von Daten durch Verwendung entsprechender Nummernsysteme erforderlich. Bei der Verwendung von Schlüsseln ergibt sich aber das Problem ihrer Aussagefähigkeit. Für den Umfang der Zeichen je Einzeldatum ist die Wahl des Nummernsystems von erheblicher Bedeutung. Ein grundlegender Unterschied besteht zwischen dem klassifizierenden und dem Identnummernsystem, wobei das letzte zwar - isoliert betrachtet - in seiner Aussagekraft eingeschränkt ist, aber im Zeichenumfang reduziert aufgebaut werden kann. Je mehr Eigenschaften unmittelbar aus einer Nummer ersichtlich sein sollen und je größer und variabler der Bereich ist, innerhalb dessen das Einzelobjekt verschlüsselt wird und für den die Schlüsselzahl Aussagekraft besitzen soll, desto größer muß der zu wählende Schlüssel sein (12). Die Problematik der Zeichenanzahl je Einzeldatum wird

12) Vgl. die Einführung der 7-stelligen BAN-Bundeseinheitlichen Artikelnummer: Wagner, Günter: Ein Nummernsystem für alle. In: Data Report, 3. Jahrgang 1968, Heft 3 September, Seite 2 f.

besonders deutlich am Beispiel der Kundennummer, die bei jedem Geschäftsvorfall - auch bei hoher Integration durch Einsatz entsprechender Stammsatzspeicher - erfaßt werden muß. Denkbar ist eine Klassifizierung nach regionalen Aspekten (2 Stellen), nach Vertreterbezirken (2 Stellen), nach Abnehmergruppen (2 Stellen) und laufender Nummer (3 Stellen). Das sind insgesamt neun Stellen; bei Verwendung von Identnummern wären es bei maximal 99.999 Kunden nur fünf Stellen. Die Verwendung von Identnummern setzt andererseits ein entsprechendes Datenverarbeitungssystem voraus, bei dem die Klassifizierungsmerkmale in die Stammdaten verlegt werden können. Die Auswirkungen auf den Datenerfassungsvorgang - fünf statt neun Zeichen - und die damit verbundene Einschränkung der Fehlermöglichkeiten werden evident.

Besondere Schwierigkeiten ergeben sich bei überbetrieblichen Abstimmungen über gemeinsam zu benutzende Schlüssel, zumal dann, wenn eine oder mehrere Wirtschaftseinheiten bereits eigene Nummernsysteme benutzen. Aus der Anzahl der Zeichen aller Einzeldaten innerhalb der Erfassungseinheit ergibt sich der Erfassungsumfang. Die Zahl der Zeichen insgesamt ist nicht allein als rein technische Größe interessant, denn sie ist eine wesentliche Bestimmungsgröße für die Erfassungsdauer. Hier spielen Fragen der Eintastgeschwindigkeit, der Stanz- und Lesegeschwindigkeit, der Speicherbelastung und der Fehlerhäufigkeit eine besondere Rolle, da sie in Verbindung mit der Zeichenmenge den zeitlichen Erfassungsaufwand ergeben.

Zu diesen Faktoren tritt die zeitliche Verteilung des Datenanfalls als besonderes organisatorisches Problem. Bei innerbetrieblichen Vorgängen kann in der Regel der Datenanfall bis zu einem gewissen Grade beeinflußt und auf eine Gleichverteilung hingearbeitet werden. Beim Leistungslohn oder Rechnungsanfall, vornehmlich aber bei externen Daten (Marktdaten), stellt sich das Problem des ungleichmäßigen Datenanfalls. Besonders ausgeprägt ist dies bei Unternehmungen, die unmittelbar dem Konsumenten gegenüberstehen. Wenn durch Monatsrhythmus (Einkommen) und Tagesrhythmus (Schalterverkehr) der Datenanfall bestimmt wird, müssen Kapazitäten bereitgestellt werden, die nur zu den Stoßzeiten voll genutzt werden können.

Außerdem wird die Möglichkeit einer zeitlichen Verteilung eingeschränkt durch die terminlichen Anforderungen, die an die Datenverarbeitung gestellt werden, um von ihr zeitnahe Arbeitsergebnisse zu erhalten.

Zur quantitativen Bestimmung der Datenstruktur muß noch die qualitative treten. Die dazu benötigten Bestimmungselemente stellen sich in den Datenarten, nach denen das Datengesamt zu gliedern ist. Die Datenarten bilden einen Katalog, der sich aus begrifflichen Gegenüberstellungen, meist Begriffspaaren, zusammensetzt. Im folgenden werden die aussagefähigsten Kriterien und die dazugehörigen Datenarten aufgeführt.

Entsprechend der Struktur der Darstellung läßt sich eine Einteilung nach analogen und digitalen Daten vornehmen. Die Darstellungsstruktur beruht auf der Natur des die Information tragenden Signals und darin insbesondere auf den die Information darstellenden Signalparametern. Allgemein können digitale Daten als Informationen verstanden werden, die aus den Zeichen eines bestimmten Codes aufgebaut sind (das sind Signale mit mehreren Signalparametern, denen je eine endliche Anzahl von (diskreten) Werten oder Wertebereichen zugeordnet sein kann) (13). Analoge Daten sind demgegenüber solche Informationen, denen stetig verlaufende Größen (Signalfunktionen) zugrunde liegen (das sind Signale, deren Signalparameter innerhalb bestimmter Wertebereiche (Intervalle) beliebige Werte annehmen können).

Die Bedeutung dieses Kriteriums ist darin zu sehen, daß bei in analoger Struktur anfallenden Daten eine Umformung (-setzung) (14) im Wege der Digitalisierung vorgenommen werden muß, damit sie später in digitalen Rechenanlagen verarbeitet werden können. In erster Linie trifft dies für die kaufmännische Datenverarbeitung zu, zum Teil aber auch für die prozessuale Steuerung industrieller Fertigungen. Die nachfolgend aufgeführten weiteren Unterscheidungen gelten fast ausschließlich für Digitaldaten.

An der Form der Darstellung (Codierung) der Zeichen auf den Datenträgern orientiert sich die Unterscheidung in

- nur personell lesbare (15),
- personell und maschinell lesbare und
- nur maschinell lesbare Daten.

Im Rahmen der maschinellen Erkennungs- oder Abtastmöglichkeit muß vom Verarbeitungsprozeß her gesehen noch differenziert werden nach

13) Einen Sonderfall stellen binärcodierte Daten dar, deren Signalparameter jeweils zwei Werte annehmen können.

14) Siehe zu diesen begrifflichen Festlegungen DIN 19226, Regelungstechnik und Steuerungstechnik. Begriffe und Benennungen, Mai 1968, S. 15

15) "Personell lesbar" wird synonym zu "visuell lesbar" gebraucht, da in diesem Zusammenhang von Blindenschrift usw. abgesehen werden kann.

- maschinell lesbaren, aber nicht eingabefähigen und
- maschinell lesbaren eingabefähigen Daten.

Diese Unterscheidungen lassen sich auch auf die Datenträger übertragen.

Weitere Gliederungsmöglichkeiten knüpfen an materielle (inhaltliche) Kriterien an. Entsprechend der Zusammensetzung des Zeichenvorrats der zu erfassenden Daten ergeben sich die Datenarten

- numerische Daten,
- alphabetische Daten und
- Sonderzeichen (16).

Eine andere Unterscheidung geht von der Quantifizierung bzw. Recheneignung der Daten aus, d. h. davon, in welchem Maße mit den Daten rechnerisch operiert werden kann:

- nicht quantifizierte (qualitative) Daten,
- quantifizierte Daten
  - mittelbar quantifiziert

    (z. B. durch Bewertung qualitativer Merkmalsausprägungen entstanden)
  - unmittelbar quantifiziert.

Die Veränderlichkeit bzw. die Gültigkeitsdauer der Daten für die Verarbeitung erlaubt folgende Datengruppierung:

- unveränderliche (absolut konstant in bezug auf sämtliche Arbeitsabläufe)
- veränderlich, und zwar
  - gebunden an Objekt (= objektkonstant),
    z. B. Artikel-Nr., Preis
  - gebunden an Ablauf (= ablaufkonstant),
    z. B. Tagesdatum, Beleg-Nr.
  - ungebunden (= frei veränderlich),
    z. B. Artikelmenge.

---

16) Der Zeichenvorrat aus diesen drei Datenarten wird als alphanumerisch bezeichnet.

Diese weitgehende Differenzierung ist bedeutsam für die Prüfung der Möglichkeiten der Konstantenbildung, durch die einmalig erfaßte Daten dupliziert bzw. reproduziert werden können.

In diesen Rahmen fällt auch die Unterscheidung der in einem Verarbeitungssystem enthaltenen Daten nach Stamm- und Bestandsdaten. Bestandsdaten kennzeichnen Mengen (Bestände), die durch arithmetische Operationen mit Hilfe von Bewegungsdaten verändert werden. Im Gegensatz dazu stehen die Stammdaten. Sie enthalten qualitative und quantitative Merkmale, die relativ konstant sind und im Rahmen eines Änderungsdienstes durch Änderungsdaten immer auf den neuesten Stand gebracht werden. Dies geschieht nicht mit Hilfe arithmetischer Vorgänge, sondern durch Setzen des neuen Zustandes an die Stelle des alten. Es stehen also die Stammdaten und die Änderungsdaten einerseits sowie Bestandsdaten und Bewegungsdaten andererseits in einer Wechselbeziehung. Nach Aufbau einer derartigen Datenorganisation sind nur Änderungsdaten und Bewegungsdaten mit entsprechenden Ordnungsbegriffen Gegenstand der Datenerfassung. Auch der Aufbau neuer Teile einer Datei geschieht über Erfassung von Änderungs- und Bewegungsdaten. Lediglich bei der Umstellung eines Sachgebietes auf die automatisierte Datenverarbeitung müssen auch Stamm- und Bestandsdaten erfaßt werden.

Es ist die Tendenz festzustellen, immer mehr Daten in die Stammdaten einzubeziehen, um den wiederholten Erfassungsaufwand zu verringern. Aber auch Stammdaten müssen den tatsächlichen Verhältnissen angepaßt werden. Je größer der Umfang der Stammdaten ist, desto umfangreicher wird bei gleicher Änderungsrate der Einzeldaten der Änderungsdienst. Dabei hängen Qualität und Aussagefähigkeit der Stammdaten sowie die Richtigkeit der auf sie zurückgreifenden Arbeitsprozesse von der Schnelligkeit und Exaktheit des Änderungsdienstes ab.

Eine andere zeitbezogene Gegenüberstellung knüpft an die Dauerhaftigkeit oder Flüchtigkeit der Daten selbst an. Demnach sind in der Praxis zu beobachten

- flüchtige (augenblicksbedingte, Momentan-) Daten (z. B. Prozeßzustände, Uhrzeit) und
- dauerhafte Daten (z. B. Lagerbestandsmengen).

Die hier getroffene Unterscheidung besagt nicht, daß die Gültigkeit der durch dauerhafte Daten dargestellten Werte zeitlich unbefristet ist. Sie ist aber bedeutsam für den Zeitpunkt der Fixierung. So besteht bei Momentandaten der sachlich bedingte Zwang, unverzüglich im Anschluß an die Datenentstehung zu fixieren, um zu verhindern, daß die Daten für die Verarbeitung verloren gehen.

Gemäß der begrifflichen Benennung der Daten, die Aufschluß über die Art der Verwendung bzw. Zwecksetzung gibt, lassen sich unterscheiden

- Identifikations- (Hinweis-) Daten (z. B. Personal-Nr., Artikel-Nr.) und
- Rechen- (Arbeits-) Daten (z. B. Mengen, Preise).

Die Berücksichtigung der Stellung im Datenfluß führt zur Gegenüberstellung von

- Eingabe- (Problem-) Daten und
- Ausgabe- (Ergebnis-) Daten.

Eine weitere Unterscheidung geht schließlich von dem sachbezogenen Moment der Herkunft der Daten aus. Möglichkeiten zur Detaillierung bieten sich hier nach Funktionsbereich und Phase im Informationsfluß. Bei einer Gruppierung der Daten nach Funktionsbereichen wird die Gesamtmenge der Daten gegliedert nach Daten des Absatzes, der Beschaffung, der Produktion, der Verwaltung usw. Eine Gliederung dieser Art läßt erkennen, in welchem Bereich die Hauptprobleme der Datenerfassung nach Menge, Art und Umfang liegen und wo sich Ansatzpunkte für eine Rationalisierung des Erfassungsprozesses bieten. Bei einer Überprüfung des Datenanfalls in bezug auf die Phasenstellung: Die Phase (Planung - Realisation - Kontrolle) wird heute noch weithin der Schwerpunkt in der Durchführungs- und Kontrollphase liegen. Durch das Fehlen der Planvorgaben läßt sich häufig noch keine Rückkoppelung von Kontrollinformationen erreichen.

232. Die in den Prozessen enthaltenen Bestimmungselemente

Neben dem Datenanfall dienen auch Häufigkeit und Schwierigkeit der Erfassungsvorgänge zur quantitativen und qualitativen Bestimmung der Datenerfassung. Dabei besteht eine Wechselbeziehung zwischen der Erfassungseinheit und dem Erfassungsvorgang. Ein Erfassungsvorgang bedeutet objektbezogen in der Regel die organisatorische Bewältigung einer Erfassungseinheit. Es ist aber auch denkbar, daß die zu einer Erfassungseinheit gehörenden Daten in mehreren Stufen (Vorgängen) erfaßt werden, vor allem dann, wenn die Erfassung zur Stelle der Entstehung eines Teils der Daten verlagert wird und die dort entstehenden Datenträger an anderer Stelle komplettiert werden müssen.

Das wird häufig der Fall sein, wenn die Ergänzungen etwa als Gruppenstanzungen rationell durchgeführt werden können oder wenn der Datenerfassungsvorgang am Ort der Entstehung mangels organisatorischer Durchsetzbarkeit nicht vollständig sein kann und zentral ergänzt werden muß. Denkbar ist auch der umgekehrte Fall, daß z. B. vorgestanzte Karten am Ort der Datenentstehung durch variable Daten ergänzt werden.

Die Datenerfassungsvorgänge werden durch folgende Bestimmungselemente gekennzeichnet:

den technischen Aspekt,

den systembezogenen Aspekt,

den personellen Aspekt,

den zeitbezogenen Aspekt und

den raumbezogenen Aspekt.

Die technische Charakterisierung betrachtet die Form der Erfassungsvorgänge unter dem Aspekt des Einsatzes von Sachmitteln des realtechnischen Bereichs.

Auf der untersten Stufe stehen die Erfassungsverfahren, die dem rein manuellen Bereich zuzurechnen sind. Bei ihnen werden keinerlei maschinelle Hilfsmittel eingesetzt, sie stellen sich also im wesentlichen als manuelle Fixierungen von Daten dar. Ergebnis derartiger Fixierungsvorgänge können maschinell abtastbare Datenträger sein, und nur in diesen Fällen kann von Datenerfassung gesprochen werden. Fixierung und Erfassung fallen zusammen. Bei dieser Art der Datenerfassung ist der manuelle Vorgang sehr stark organisatorischen Form- und Codevorschriften infolge der Direktkommunikation Mensch-Maschine unterworfen.

Die Betrachtung des realtechnischen Aspekts läßt eine zweite Gruppe erkennen, in der sich alle Verfahren zusammenfassen lassen, die sich maschineller Hilfsmittel bedienen, um die Kommunikation Mensch-Maschine durch isolierte Transformationsprozesse zu erreichen.

Als letzte Gruppe ist die Ebene der datenträgerlosen Erfassung bzw. Eingabe zu nennen, die sowohl manuell über Tastaturen als auch automatisch erfolgen kann, wie sie z. B. bei Prozeßrechnersystemen zu finden ist.

In engem Zusammenhang damit steht die Analyse der Systembezogenheit der Elementarfunktionen im konkreten Fall. Ansatzpunkt der systembezogenen Betrachtungsweise ist die organisatorische Entfernung des betrachteten Teilvorganges von der Eingabe in die DV-Anlage und im besonderen die wirtschaftliche und organisatorische Eignung des Eingabemediums für den Verarbeitungsprozeß. Das Unterscheidungskriterium ist hier die Zahl der Stufen, die zwischen der Datenentstehung und der Eingabe in die DV-Anlage liegen. Technisch gleichgeartete Vorgänge können dabei unter systembezogener Betrachtungsweise unterschiedliche Qualität haben. Eine Bleistiftaufzeichnung kann einmal erst durch Ablochen maschinenlesbar gemacht werden, auf der anderen Seite aber über einen Markierungs- oder Handschriftenleser unmittelbar von der DV-Anlage aufgenommen werden.

Die Systembezogenheit wird am deutlichsten beim Idealfall einer automatisierten Datenerfassung. An die DV-Anlage sind Meßstationen on-line angeschlossen. Die Phasen der Datenentstehung, der Datenerfassung und der Dateneingabe fallen physisch zusammen. Ähnliches gilt bei unmittelbar an die DV-Anlage angeschlossenen Direkteingabetastaturen.

Der personelle Aspekt der Datenerfassung ergibt sich dadurch, daß im Bereich der kommerziellen und der öffentlichen Verwaltung fast jeder Mitarbeiter mit Datenfixierung befaßt ist. Die Datenerfassung zum Zweck der Kommunikation zwischen Mensch und Maschine ist zur Zeit noch wegen der verwendeten Sachmittel (Locher, Magnetbanderfassungsgeräte usw.) oder wegen der speziellen Anforderungen auf einen kleinen Teil der Mitarbeiter beschränkt. Es ist aber nicht zu übersehen, daß der Kreis der direkt mit der DV-Anlage kommunizierenden Menschen immer größer wird. Die Art der Einschaltung wird vornehmlich von den technischen und systembezogenen Aspekten bestimmt (Datenstation).

Die Förderung dieser Entwicklung erscheint aus mehreren Gründen als erstrebenswert: Beseitigung des Engpasses Lochraum, Einsparung des für den Transformationsprozeß notwendigen Arbeitsganges, Verkürzung der Zeitspanne zwischen Fixierung und Verarbeitung, Eindeutigkeit der Verantwortung für die Richtigkeit der Daten bei der aufgebenden Stelle, bei der Codierung der Daten Ausnutzen des Vorteils der vorhandenen Sachkenntnis. Dadurch wird der personelle Aspekt der Datenerfassung in Zukunft stärker berücksichtigt werden müssen.

Der zeitliche Aspekt der Erfassungsprozesse hängt eng zusammen mit der zeitlichen Verteilung des Datenanfalls. Die gewählte Form des Informationssystems und die Art der zu erfassenden Daten bestimmen jedoch, wie weit bei einem zeitlich ungleichmäßig verteilten Datenanfall eine gleichmäßige Verteilung der Erfassungsvorgänge zu erreichen ist. Kostenbewußte Überlegungen müssen ergeben, ob bei Bedarf eine befristete externe Datenerfassung durch entsprechende Dienstleistungsunternehmen geraten erscheint.

Eine besondere Bedeutung erhält das Zeitargument bei Echtzeitverarbeitung (real time processing) wegen des engen zeitlichen Zusammenhanges zwischen Datenentstehung, -erfassung und -verarbeitung.

Der raumbezogene Aspekt der Datenerfassung bezieht sich insbesondere auf die Zentralisierung oder Dezentralisierung des Erfassungsvorganges. Die Schwierigkeiten liegen dabei in der Überwindung des Raumes zwischen den Orten der Datenentstehung und der Eingabe. Hier bieten die Techniken der Datenfernübertragung neue Möglichkeiten, die räumliche Entfernung zwischen Datenentstehung und Datenverarbeitung zu überwinden. Dem Trend der Dezentralisierung wirkt jedoch die wirtschaftliche Überlegung entgegen, die Erfassungsplätze voll auszulasten, um die Kosten je erfaßtes Datum so klein wie möglich zu halten.

Bei den angeführten Bestimmungselementen der Datenerfassung zeigt sich schon die enge Abhängigkeit der Datenerfassung von der Form des in der jeweiligen Wirtschaftseinheit verwirklichten oder geplanten ADV-Systems. Neben der eindeutigen Zweckorientierung spielt auch der Geschäftszweig, vor allem aber der angestrebte oder erzielte Automations- und Integrationsgrad eine Rolle. Dadurch wird wiederum unmittelbar die Wahl des Maschinensystems und der Datenträger bestimmt. Von Einfluß auf die Datenerfassung sind auch die vorgesehenen bzw. geforderten Kontroll- und Prüfungsmaßnahmen, soweit sie Teil des Erfassungsvorganges sind.

3. Die Verfahren der Datenerfassung

Ausgehend von der Aufgabenstellung der Datenerfassung, sind unter Berücksichtigung der integrativen Abhängigkeiten eine oder mehrere Lösungen für die praktische Verwirklichung zu finden. Zu den Problembedingungen, die im konkreten Fall in großer Zahl vorliegen können, zählen sowohl solche, die als absolut gegeben hinzunehmen sind, als auch solche, die in gewissen Grenzen beeinflußt werden können.

Die organisatorische Lösung eines individuellen Datenerfassungsproblems bildet das Erfassungsverfahren. Dieses läßt sich in jedem Fall in zwei logisch zu unterscheidende Komponenten aufgliedern:

- die formale Komponente in Form der anzuwendenden Methode, d. h. der Weg im formalen Sinne, um den Zweck der Datenerfassung zu erreichen und
- die materielle Komponente - in Gestalt der einzusetzenden Aufgabenträger und Datenträger - als realtechnische Bewältigung der im Rahmen einer Methode anfallenden Teilaufgaben.

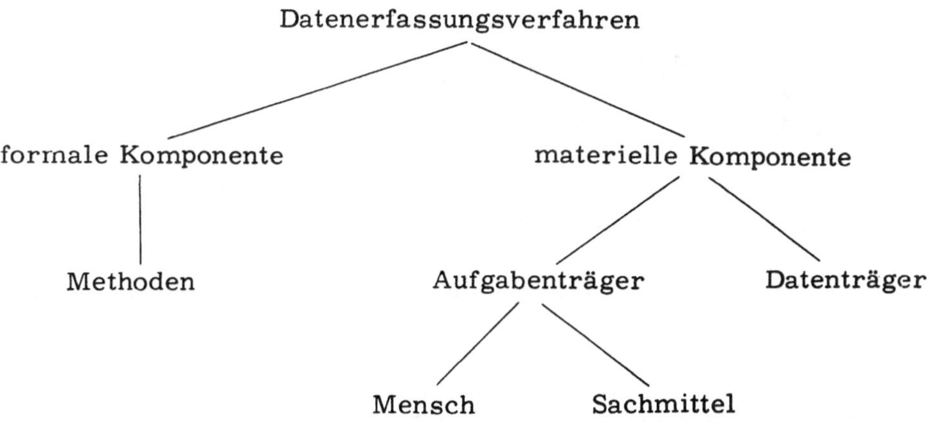

Da diese beiden Lösungsteile logisch unterscheidbar sind, sollten sie auch in der Praxis nach Möglichkeit getrennt behandelt werden. Die Probleme werden auf diese Weise durchschaubarer. In der folgenden Darstellung erscheint es angebracht, darüber hinaus auch die beiden Bestandteile der materiellen Komponente, die Aufgabenträger und die Datenträger, als eigenständige Fragenkomplexe zu behandeln, ohne jedoch die Zusammenhänge zu übersehen.

31. Die Methoden der Datenerfassung

311. Die Elemente der Methoden

Dargestellter Zweck der Datenerfassung ist es, die geforderten Daten für die Verarbeitung bereitzustellen. Im einzelnen ist hierzu ein Datum zu fixieren und in eine Darstellungsform zu bringen, die den technischen Bedingungen der Verarbeitung gerecht wird. Da sich dies durch verschiedene grundsätzliche Vorgehensweisen bewerkstelligen läßt, gilt es, diese näher zu untersuchen.

Die Erfassungsmethoden bilden die formale Seite des Problems. Sie legen in Grundzügen fest, wie konkret der Vorgang der Datenerfassung vollzogen werden soll, einschließlich der eventuell vor- und nachgelagerten Vorgänge im Vorfeld der Datenverarbeitung.

Der methodische Teil der Lösung ist abgeschlossen, wenn Überlegungen darüber angestellt werden können, wie sich ein einzelner Teilprozeß oder ein Bündel von Teilprozessen praktisch abwickeln läßt. Hier setzt dann die Phase der Auswahl und Kombination der Aufgabenträger, gegebenenfalls auch der Datenträger ein.

Es ist also festzustellen: Während sich die Bestimmung der Aufgabenträger sowie der Datenträger im Konkreten und Speziellen äußert, betrifft die Methode das Formale, Grundsätzliche oder Typische im gesamten Vorfeld der Verarbeitung; das ist der Bereich, in den die Erfassung eingebettet ist. Dieser Bereich ist daher zum Verständnis der Methoden in seiner Struktur zu analysieren.

Der Gesamtvorgang im Vorfeld der Datenverarbeitung ist logisch und technisch in einzelne Teilprozesse aufgliederbar. Von dieser Möglichkeit wird in der Praxis in starkem Maße Gebrauch gemacht. Es ist eine Frage der Methode, wie die zunächst rein logischen Teilschritte real vollzogen werden: Ob nach Zeit und Aufgabenträger getrennt oder in bestimmter Weise miteinander verknüpft.

Grundsätzlich sind gewissen unabdingbaren Teilfunktionen solche Einzelfunktionen gegenüberzustellen, die entbehrlich sind und daher in der Praxis nur fallweise auftreten.

Die grundlegenden Funktionen sind einmal die physische Festlegung eines Sachverhalts (Fixierung) und zum anderen die Darstellung des Fixierten oder zu Fixierenden in maschinenlesbarer Form (Erfassung). Wegen der Bedeutung dieser Vorgänge werden sie als Elementarfunktionen im Vorfeld der Datenverarbeitung bezeichnet.

Der Vorgang der Fixierung zeichnet sich insbesondere dadurch aus, daß er nur einmalig denkbar ist. Sobald ein Datum fixiert ist, kann es nur noch räumlich übertragen, transformiert oder verarbeitet werden. Es ist daher nicht möglich, die Fixierung in weitere Einzelschritte aufzulösen. Dagegen kann die Transformation durchaus in mehreren Teilschritten abgewickelt oder öfters durchgeführt werden. Die praktische Bedeutung liegt darin, daß die Darstellungsform der Zeichen, die dem Eingabecode der verarbeitenden Maschine entspricht (17), erst über mehrere Stufen hinweg erreicht wird. Die vorhergehenden Darstellungsformen können zwar eine maschinelle Operation zulassen, nicht aber ohne weiteres und in jedem Falle die maschinelle Verarbeitung. Der endgültigen Codierung, Endcodierung, gehen dann solche Codierungen als Ergebnis vorbereitender Prozesse voraus, die nur den Charakter von Vorcodierungen besitzen. In vielen Fällen ist diese Abstufung system- oder konfigurationsbedingt; sie als absolut gegeben anzusehen, ist sachlich nicht gerechtfertigt. Entsprechend dem Ergebnis der Transformationsprozesse, in Gestalt bestimmter Codierungen, läßt sich eine Einteilung vornehmen in vorcodierende und endcodierende Transformationen. Diese stellen besondere Transformationsfälle insofern dar, als sie eine maschinelle Erkennung der erzielten Zeichendarstellung ermöglichen. Eine Vorcodierung ist daher bereits Erfassung.

Gegenüber den Elementarfunktionen, die zur Erfassung zählen, besitzen zwischengeschaltete, eigenständige Transformationen nur akzidentellen Charakter. Aus der realtechnischen Isolierung der Erfassungsfunktion leiten sich derartige Prozesse nicht notwendig her; sie sind grundsätzlich entbehrlich. Auf mögliche Modifikationen dieser Feststellung wird an späterer Stelle eingegangen.

In diesem Zusammenhang ist noch zu klären, welche Bedeutung der Teilfunktion Eingabe bei der Untersuchung der Methoden zukommt. Die präzise Beschreibung der Erfassungsmethoden erfordert, daß der Problemkreis nicht auf die Teilfunktion Erfassung beschränkt bleibt, sondern auf die logisch vor- und nachgelagerten Teilfunktionen ausgedehnt wird. Daraus folgt, daß das Vorfeld der Datenverarbeitung im Hinblick auf die Datenerfassung durchgängig zu betrachten ist. Ähnlich wie sich von der Erfassungsfunktion her Berührungspunkte mit der Fixierung ergeben, sind solche auch mit der Eingabe festzustellen. Der Vorgang der Eingabe als erster Stufe der

17) Bei der Eingabe wird der Eingabecode durch einen Umsetzer automatisch in die Darstellungsform gebracht, mit der in der Zentraleinheit gearbeitet wird.

Verarbeitung ist daher mit in die Spezifizierung der Erfassungsmethoden einzubeziehen (18). Die Informationstechnologie bietet bereits realtechnische Möglichkeiten zu integrativen Lösungen, die die durchgängige Betrachtungsweise konsequent in die Praxis umsetzen.

Die technisch-organisatorische Verselbständigung der Elementarfunktionen durch Einführung von Zwischenstufen vor und nach der Erfassung setzt voraus, daß in den Ablauf Zwischenspeicher (Datenträger) eingeführt werden. Diese fallen als Produkte der der Eingabe vorgelagerten Arbeitsgänge an und dienen entweder direkt als Eingabemedien oder als Vorlagen für jeden nachfolgenden Teilvorgang einschließlich der Eingabe.

Entwicklungsmäßig kann in bezug auf die ADV festgestellt werden, daß bis vor kurzem die Datenerfassung durch das Prinzip der Spezialisierung oder Funktionsaufgliederung gekennzeichnet war. Das Vorfeld der Verarbeitung wurde ablauftechnisch in die logischen Elementarfunktionen aufgegliedert, wobei der Funktion der Erfassung unter Einsatz entsprechender Sachmittel noch weitere Arbeitsstufen vor- und nachgeschaltet wurden. Ursprünglich war dies bedingt durch das Fehlen entsprechend hochentwickelter technischer Sachmittel. Mit dem Erscheinen verfeinerter technischer Mittel ist hingegen die ablauftechnische Verselbständigung einzelner Schritte nicht mehr ohne weiteres gerechtfertigt.

Die im Vorfeld der Datenverarbeitung anwendbaren Datenerfassungsmethoden unterscheiden sich nun gerade darin, in welchem Maße das Prinzip der Funktionsteilung oder das der Integration, die sich gegenüberstehen, praktisch verwirklicht wird.

312. Die Darstellung der Methoden
3121. Die Methoden ohne Integration der Eingabe
31211. Die isolierte Fixierung und Erfassung (Vorcodierung) mit nachfolgender Transformation (Endcodierung)
31212. Die isolierte Fixierung und Erfassung (Endcodierung)
31213. Die integrierte Fixierung und Erfassung (Vorcodierung) mit nachfolgender Transformation (Endcodierung)
31214. Die integrierte Fixierung und Erfassung (Endcodierung)
3122. Die Methoden mit Integration der Eingabe
31221. Die isolierte Fixierung mit Integration von Erfassung und Eingabe
31222. Die Integration von Fixierung, Erfassung und Eingabe

18) Vgl. auch Levin, Howard S.: Die Automation und das Büro. Die Auswirkungen der Technik unserer Zeit auf den Bürobetrieb. Frankfurt/Main 1957, S. 21

312. Die Darstellung der Methoden

Für eine Einteilung der Erfassungsmethoden bieten sich mehrere Gesichtspunkte an:

- die Art der Bewältigung der nachfolgenden Verarbeitung, also abhängig davon, ob die Daten personell, personell-maschinell oder rein maschinell (automatisiert) verarbeitet werden,
- die Art der eingesetzten Datenträger, insbesondere des Eingabemediums (dieser Aspekt berührt bereits die Frage der Aufgabenträger) und
- die Art, Zahl und Kombination der eingeführten Teilvorgänge, d. h. der verwirklichte Integrationsgrad im Vorfeld der Datenverarbeitung.

Es erscheint zweckmäßig, allein das letzte Kriterium zur Darstellung heranzuziehen. Ein übergeordneter Gliederungsaspekt soll der sein, ob die Eingabe mit einbezogen, das Vorfeld der Verarbeitung als solches reduziert oder eliminiert wird.

Für die graphische Darstellung der Methoden wurde ein Schema gewählt, daß auf eine Klassifikation der Datenträger nach ihrer Entsprechung für die Verarbeitung aufbaut (s. Abb. 3). Die Datenträger werden nach diesem Schema "Ebenen" zugeordnet.

Der aus organisatorischer Sicht niedrigsten Ebene, sie sei als Ebene A bezeichnet, entsprechen alle maschinell nicht lesbaren (abtastbaren) Datenträger. Für die Gruppe von Datenträgern, die zwar maschinell abtastbar sind, aber nicht als Eingabemedium dienen können, weil entsprechende Eingabegeräte nicht angeboten werden, wurde die Ebene B eingeführt (19). Können Datenträger maschinell gelesen und zugleich für die Eingabe herangezogen werden, so sind sie der nächsthöheren Ebene, der Ebene C, zuzuordnen. Die Ebene D schließlich nimmt eine Sonderstellung insofern ein, als auf ihrer Eingangsseite zwar noch Datenträger auftreten können, auf der Ausgangsseite aber keinerlei Datenträger mehr anfallen. Aus dieser letzten Stufe geht in jedem Fall eine Folge binärcodierter Impulse hervor. Ebene D ist die einzige Ebene, der sich eine Funktion, die Eingabe, fest zuordnen läßt; sie läßt sich somit schlechthin als "Eingabeebene" ansprechen.

---

19) Neben der angebotenen kann auch die eingesetzte Maschinentechnik (gewählte Konfiguration) als Merkmal für die Eingabefähigkeit eines Datenträgers verwendet werden. Hiervon soll jedoch im Rahmen der Methodenanalyse abgesehen werden, um die Allgemeingültigkeit der Aussagen zu erhalten.

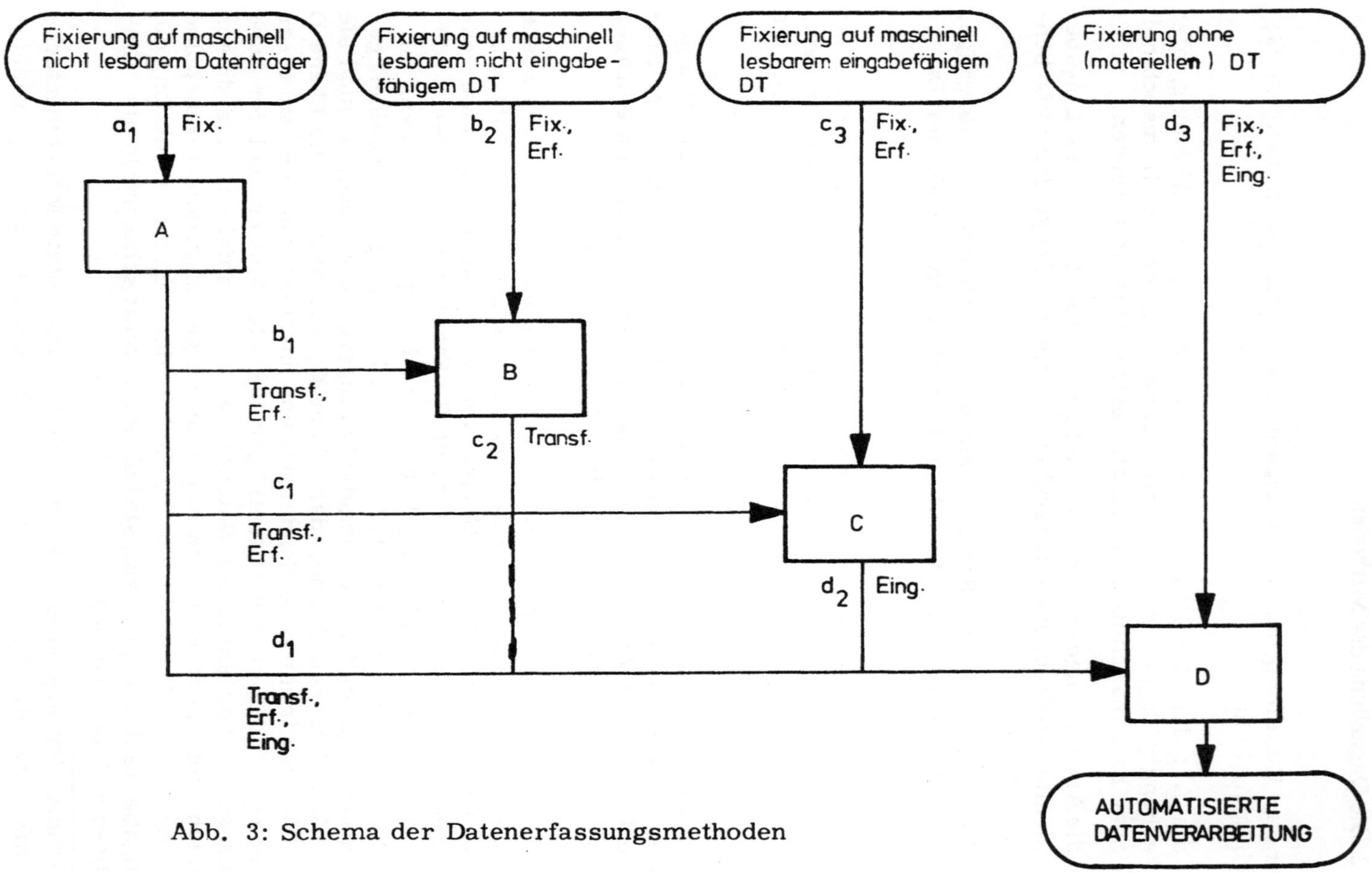

Abb. 3: Schema der Datenerfassungsmethoden

Die im Rahmen einer Methode durchlaufenen Ebenen - nach der gewählten Klassifikation können bis zu vier Ebenen durchlaufen werden - stellen die Komponenten bzw. Stufen der "Datenerfassungswege" dar. Jede Methode läßt sich demnach durch einen typischen Ablauf, den Schemaweg, anhand der für die einzelnen Ebenen eingeführten Buchstaben symbolhaft kennzeichnen.

3121. Die Methoden ohne Integration der Eingabe

31211. Die isolierte Fixierung und Erfassung (Vorcodierung) mit nachfolgender Transformation (Endcodierung)

Es ist möglich - und in der Praxis der ADV bis heute auch üblich - die begrifflich zu unterscheidenden Elementarfunktionen der Datenerfassung technisch zu verselbständigen. Wird dieses im gesamten Ablauf durchgeführt, so ergibt sich eine totale Funktionsaufgliederung. Der zu verarbeitende Datenstoff wird in diesem Fall getrennt fixiert, erfaßt, eventuell transformiert und eingegeben.

Wie früher bereits erwähnt, kann die Fixierung naturgemäß nur in einem Arbeitsgang vorgenommen werden. Das gleiche gilt für die Eingabe. Anders verhält es sich dagegen bei dem Bereich, der zwischen diesen beiden Funktionen liegt und in dem sich die Codierung abspielen muß. Hier können mehrere Teilschritte in Gestalt von Transformationen stattfinden.

Das kann soweit gehen, daß Vorgänge ablaufen, die selbst noch gar nicht zu Codierung in irgendeiner Form führen, sondern solche erst vorbereiten und erleichtern. Dies wird erforderlich, wenn die Fixierung unzureichend formalisiert vorliegt. Aus organisatorisch nicht oder nur unzureichend gestalteten Urbelegen - als Produkt der Fixierung - müssen dann im Wege eines Transformationsprozesses organisatorisch adäquate, d.h. formalisierte Datenträger erstellt werden, die jedoch nicht maschinell lesbar sind. Dieser Transformationsfall ist dadurch gekennzeichnet, daß zwar nicht die Darstellungsform der Zeichen als solche, wohl aber der Träger - unter Normierung der Anordnung der darin enthaltenen Datenbegriffe - gewechselt wird (Beispiel: Übertragen der Daten von einem Zettel auf einen ablochfähigen Beleg).

Wird einmal von Transformationsprozessen abgesehen, die maschinenintern oder bei Fernübertragung anfallen, so dürfte kein Fall auftreten, bei dem eine eingabe- (maschinen-) gerechte Darstellungsform in mehr als zwei Stufen, nämlich der Erfassung und einer zur

Endcodierung führenden Transformation, erreicht wird. Darüber hinausgehende Transformationsprozesse verfolgen andere Zielsetzungen, die beispielsweise die Verarbeitung beschleunigen, nicht aber erst ermöglichen sollen (Transformation Karte → Band).

Zur Beschreibung der Methode, bei der die eingabegerechte Zeichendarstellung nicht in einem einzigen Codierschritt erreicht wird, ist die Unterscheidung nach Vor- und Endcodierung wichtig. Sie schlägt sich im Schemaweg in der Form A-B-C-D nieder. Ein Beispiel für die isolierte Fixierung und Erfassung (Vorcodierung) mit nachfolgender Transformation (Endcodierung) ist die Zeichenlochkarte, deren handschriftliche Markierungen im Doppler zu Lochungen führen. Auf die praktische Bedeutung dieser und ähnlicher zweistufigen Transformationen soll an anderer Stelle eingegangen werden.

31212. Die isolierte Fixierung und Erfassung (Endcodierung)

Der bei der oben geschilderten Vorgehensweise eingeschlagene Erfassungsweg ist verhältnismäßig lang. Er läßt sich stufenweise verkürzen, indem einzelne Ebenen, denen jeweils bestimmte Datenträgerarten eigen sind, übersprungen werden. Siehe hierzu die Verbindungslinien und "Einstiege" in dem Schema der Datenerfassungsmethoden (Abb. 3).

Die erste Verkürzung des oben eingeschlagenen Erfassungsweges besteht darin, die Zeichendarstellung in verarbeitungsgerechter Form in einem einzigen Codiervorgang vorzunehmen, eine Vorcodierung also zu vermeiden. Nach der Fixierung wird hierzu der Erfassungsstoff vom Ablochbeleg sofort in einen maschinenverständlichen und eingabefähigen Code übertragen. Demnach läuft der Gesamtprozeß im Vorfeld der Verarbeitung nur noch in drei separaten Stufen ab, d. h. es werden drei Ebenen nacheinander durchlaufen. In der ersten Ebene wird fixiert, in der dritten im Wege der Erfassung codiert und in der vierten schließlich eingegeben (Schemaweg: A-C-D. Beispiele: Fixierung auf einem Ablochbeleg, Erfassung durch Lochen und Eingabe durch Einlesen einer Lochkarte; Fixierung auf einem codierfähigen Beleg, Erfassung und Magnetband und Eingabe durch Einlesen des Magnetbandes).

Dabei ist zu beachten, daß es häufig aus praktischen, insbesondere wirtschaftlichen Überlegungen üblich ist, auch nach Erreichen einer verarbeitungsfähigen Form noch Transformationen vorzunehmen. Dies bedeutet, daß die mit dem ersten eingabefähigen Datenträger erreichte dritte Ebene erst nach weiteren Transformationen verlassen wird, um zur Eingabe zu führen (z. B. A-C-C-D. Beispiele: Poolen von Bändern bei Magnetbanderfassungsgeräten; Transformation Lochstreifen/Lochkarte).

Transformationen, die nicht von Ebene zu Ebene überführen, sondern sich innerhalb einer bestimmten Ebene abspielen, müssen grundsätzlich als unternehmungs- oder anwendungsspezifisch angesehen werden. Sie sind nicht typisch für eine bestimmte Methode. Auch können sie für sich selbst nicht ohne weiteres typisiert werden. Sie sind auf den Ebenen A und C häufig festzustellen.

31213. Die integrierte Fixierung und Erfassung (Vorcodierung) mit nachfolgender Transformation (Endcodierung)

Soll der Erfassungsprozeß, der in drei vorfeldspezifischen Teilvorgängen (Fixierung, Vorcodierung, Endcodierung - A, B, C) abläuft, weiter verkürzt werden, so ist dies nur durchführbar, indem eine Funktion mit einer anderen verschmolzen wird. Werden dementsprechend Fixierung und vorcodierende Erfassung simultan in einem Arbeitsgang durchgeführt, ist zugleich eine neue, bessere Erfassungsmethode verwirklicht. Der aus der Fixierung hervorgehende Datenträger ist bereits codiert und formatisiert, d. h. maschinell lesbar. Er kann durch geeignete Geräte automatisch in eingabegerechte Form transformiert werden (Schemaweg: B-C-D. Beispiele: Fixierung und Erfassung (Vorcodierung) auf einem Markierungsbeleg, Transformation (Endcodierung) in eine Lochkarte; Fixierung und Erfassung auf einem Klarschriftbeleg und Endcodierung mit off-line, d. h. selbständig, ohne physische Verbindung zu einer ADV-Anlage arbeitenden Lesesystemen, die die gelesenen Daten auf ein Magnetband übertragen).

Diese Methode zeichnet sich gegenüber den bisher behandelten dadurch aus, daß erstmals wesentliche Funktionen nicht mehr gänzlich separat erfüllt werden, nämlich Fixierung und vorcodierende Erfassung. Demgemäß läßt sich diese Erfassungsmethode als "Methode der Integration von Fixierung und vorcodierender Erfassung" bezeichnen.

Neben der Möglichkeit der automatisierten Transformation von Vorcodierung nach Endcodierung, wie sie schon bei der Methode mit Schemaweg A-B-C-D festzustellen ist, ist als hervorstechendes Merkmal der Wegfall des Transformationsprozesses von uncodierter Fixierung nach Vorcodierung zu nennen. Es wird nicht nur der Aufwand eingespart, der zur Erfüllung dieses Transformationsprozesses erforderlich ist, sondern - da er nur personell durchgeführt werden kann - auch eine beachtliche Fehlerquelle vermieden. Mit dem Angebot geeigneter Geräte ist damit im Bereich der kommerziellen Datenerfassung schon ein bedeutender Fortschritt erzielt worden. Diese letzte Frage berührt bereits den Bereich der Realtechnik.

31214. Die integrierte Fixierung und Erfassung (Endcodierung)

Die Möglichkeiten der Reduzierung der isolierten Stufen im Vorfeld der Datenverarbeitung beschränken sich nicht auf die Integration von Fixierung und vorcodierender Erfassung. Die für die Datenerfassung so spezifischen Teilvorgänge der Codierung sind so weit integrierbar, daß sie sich mit der Fixierung in einem Arbeitsgang erledigen lassen, aus dem dann ein eingabefähiger Datenträger hervorgeht. Gleichzeitig mit dem Fixieren ist so zu codieren, daß jegliche off-line Transformation entfällt (Schemaweg: C-D. Beispiel: Das Ausfüllen eines maschinell lesbaren Beleges am Ort der Datenentstehung).

Analog zu der unter 31213. beschriebenen Methode ist die vorstehende auch als "Integration von Fixierung und Endcodierung" ansprechbar.

3122. Die Methoden mit Integration der Eingabe

Bei den bisher dargestellten Methoden erfolgte der Eingabevorgang als isolierter Arbeitstakt erst nach Abschluß der vorgelagerten Teilfunktionen, meist unmittelbar bei Beginn der Verarbeitung.

Es sind aber auch Verknüpfungen zwischen der Eingabe und bisher vorgelagerten Teilaufgaben denkbar. Diese werden in der Praxis häufig als Direkteingabe bezeichnet.

31221. Die isolierte Fixierung mit Integration von Erfassung und Eingabe

Zur weiteren Beschränkung des Aufgabenumfangs im Vorfeld der Datenverarbeitung ist es möglich, die Codierung nicht mehr auf einem körperlich erkennbaren Träger vorzunehmen, sondern unmittelbar in digitaler Impulsform ins verarbeitende System zu übertragen (20). Technische Voraussetzung hierfür ist, daß die Erfassungs- und Ein-

---

20) Ob anschließend sofort verarbeitet wird, ist im Rahmen der Datenerfassung nicht von prinzipieller Bedeutung.

gabegeräte ständig oder zu beliebigen Zeitpunkten mit dem verarbeitenden Rechnersystem verbunden sind (on-line). Somit werden nur noch die Ebene A unter Verwendung eines visuell lesbaren Datenträgers und die Ebene D datenträgerlos durchlaufen (21). Ein Datenträger als Ergebnis der Erfassung und als Eingabemedium für die Verarbeitung fällt nicht an.

Die übrigen, durch Datenträger charakterisierten Ebenen werden hier nicht mehr durchlaufen. Vielmehr wird die unerläßliche Transformation - von der aus der Fixierung entstehenden maschinell nicht erkennbaren Darstellung in eine verarbeitbare Form - in die Ebene verlagert, von der aus eingegeben wird. Demgemäß kann diese Erfassungsmethode auch als "Methode der Integration von Erfassung und Eingabe" beschrieben werden (Schemaweg: A-D).

31222. Die Integration von Fixierung, Erfassung und Eingabe

Das heute zunehmend zu beobachtende Prinzip der Integration der der eigentlichen automatisierten Verarbeitung vorgeschalteten Vorgänge läßt sich weiter fortführen, indem in einem Arbeitsschritt fixiert, codiert (erfaßt) und eingegeben wird (Schemaweg: D. Beispiel: Meßwertgeber bei einer automatisierten Prozeßsteuerung). Das Wesentliche bei dieser Methode ist, daß das Erfassungs- und Eingabegerät auch die Fixierung automatisch vornimmt. Damit hat die Entwicklung zur Integration der Einzelprozesse im Vorfeld der maschinellen Verarbeitung seinen logischen Abschluß gefunden.

Vom Standpunkt der Verfahrenstechnik aus kann diese Methode entwicklungsmäßig, wie hier geschehen, als am Ende der Reihe möglicher Erfassungsmethoden stehend gesehen werden. Demgegenüber kann sie unter dem Aspekt der fehlenden funktionalen Aufsplitterung des Vorfeldes der maschinellen Verarbeitung logisch als die Direkteingabe schlechthin bezeichnet und an den Anfang der Methodenreihe gestellt werden.

313. Kritik der Erfassungsmethoden

Im vorhergehenden Abschnitt sind die Methoden der Datenerfassung durch isolierende Abstraktion gewonnen und systematisiert worden. Ergänzend sind nun noch Kriterien zu finden, die es gestatten, die

---

21) Die Aussage gilt auch für die Belege, die zwar maschinell lesbar sind, die der Benutzer aber wegen fehlender Sachmittel gesondert erfassen muß.

Methoden auf ihre Zweckmäßigkeit und Effizienz im konkreten Anwendungsfall hin zu beurteilen. Da die Methoden lediglich die formale Seite des Erfassungsproblems behandeln, können diese Kriterien ebenfalls nur formaler Art sein.

Der Schlüssel zu derartigen Kriterien ist durch das begriffliche Instrument des Erfassungsweges gegeben, der im engen Zusammenhang zu dem Begriff der Methode steht. Ist einmal die technisch zu realisierende Methode bestimmt, so liegt auch bereits der zu beschreibende Erfassungsweg als Schemaweg fest. Über Anfang und Ende des Weges wird eindeutig durch die Methode entschieden. Auch die dazwischen liegenden Stufen liegen zumindest nach Ebenen fest. Diese Zusammenhänge sollen im folgenden näher erläutert werden, um daraus Kriterien zu entwickeln.

Ein Erfassungsweg als realisierte Methode verläuft über mindestens eine, höchstens jedoch vier Ebenen (A, B, C, D). Diesen ist im Hinblick auf die maschinelle Abtastbarkeit jeweils eine bestimmte Art der Informationsdarstellung - uncodiert, vor- oder endcodiert bzw. mit oder ohne Datenträger - eigen. Jeder Erfassungsweg beginnt bei durchgängiger Betrachtung mit dem Vorgang der Fixierung. Im Verlauf der Fixierung müssen die - gleichzeitig oder später - zu erfassenden Informationen als Zeichen eines bestimmten Repertoires (Codes) dargestellt werden. Bei der Mehrzahl der Methoden entspricht die aus der Fixierung hervorgehende Codierung nicht dem maschineninternen Code, d. h. dem Code, der im verarbeitenden Rechnersystem benutzt wird. Wahrscheinlicher ist es, daß der Fixiercode einem Code entspricht, der von einem der Eingabegeräte gelesen werden kann. In diesem Fall sind die Daten bereits endcodiert, also auf eingabefähigem Datenträger in eingabefähigem Code dargestellt. Da beide Voraussetzungen sich ergänzen müssen, wird kurz nur von eingabefähigen Datenträgern gesprochen, wenn eine Eingabemöglichkeit ausgedrückt werden soll.

Je höherwertig die Ebene ist (22), auf der fixiert, d. h. mit dem Erfassungsweg begonnen wird, desto besser entspricht der dabei benutzte Code dem Eingabecode und desto kürzer kann der gesamte Erfassungsweg sein. Dieser Sachverhalt drückt sich im "Entsprechungsgrad" der Aufzeichnungsform bei der Fixierung aus. Mit diesem Entsprechungsgrad ist jeder Erfassungsweg als auch jede Methode wesentlich charakterisiert. Das erste Kriterium zur Beurteilung einer Methode stellt sich daher mit der Ebene, auf der fixiert wird.

---

22) Im Schaubild "tiefer".

Die praktische Bedeutung der Fixierebene ergibt sich aus den eventuell erforderlichen nachfolgenden Transformationen. Um derartige akzidentelle Vorgänge zu vermeiden oder zumindest weitgehend zu reduzieren, ist die Eingabecodierung (:- Endcodierung) auf dem kürzesten Wege anzustreben, indem bereits auf einer möglichst hohen Ebene fixiert wird (23). Es läßt sich demnach folgende, für die Praxis bedeutsame, Aussage treffen: Je größer der Entsprechungsgrad der Aufzeichnungsform der Daten bei der Fixierung, desto fortschrittlicher ist im Prinzip die Methode. Dem Maßstab "Fortschrittlichkeit" liegt dabei der Idee nach das Streben nach technischer Perfektion zugrunde.

Methoden, die mit der Fixierung im Schaubild höher als mit Ebene C ansetzen, müssen mindestens einen Transformationsschritt vorsehen. Mit der Art und Weise, wie die erforderliche Transformation bewerkstelligt wird, liegt der weitere Verlauf des Erfassungsweges nahh der Fixierung fest. Wie sich bei der Beschreibung der einzelnen Methoden schon gezeigt hat, muß nach der Fixierung nicht unbedingt eine weitere, vor der Eingabeebene liegende Ebene durchlaufen werden. Mit der Zahl der im Anschluß an die Fixierung stattfindenden Transformationen von Ebene zu Ebene ist ein zweites Kriterium gefunden: Die Transformationsintensität. Mit der Wahl der Ebenen C oder D als Fixierebenen ist gleichzeitig die Zahl der unumgänglichen Transformationen festgesetzt: Bei C ist sie eins, bei D null. Bei A und B kann sie auch eins sein, wenn die Methode der isolierten Fixierung mit Integration von Erfassung und Eingabe verwendet wird (Direkteingabe).

Es kann weiterhin bei Heranziehen einer bestimmten Methode, die eine oder mehrere der Ebenen berührt, zu beobachten sein, daß auf jeder Ebene mehrere Arbeitsschritte anfallen. Wie bereits festgestellt, ist die Anzahl der auf einer Ebene stattfindenden Teilschritte nicht typisch für eine Erfassungsmethode (= Schemaweg). Sie ist aber charakteristisch für den durch die Methode vorbestimmten Erfassungsweg. Mit der zusätzlichen Berücksichtigung der Anzahl der Transformationen innerhalb einer Ebene wird demnach nicht mehr die Methode (Schemaweg), sondern bereits der konkrete Erfassungsweg gekennzeichnet. So kann zum Beispiel die Methode der isolierten Fixierung, Erfassung und Eingabe zu den Wegen A-C-D oder A-C-C -D führen, wobei der erste gleichzeitig den die Methode schematisierenden Weg darstellt.

Werden die genannten Kriterien des Entsprechungsgrades und der Transformationsintensität, die sich entgegengesetzt verhalten, als Teilkriterien aufgefaßt, so folgt hieraus als Gesamtkriterium die

---

23) Levin, Howard S.: Die Automation und das Büro, a.a.O., S. 39

"Direktheit" einer Methode in bezug auf die Verfügbarkeit der Daten, feststellbar an ihrer eingabegerechten Darstellungsform. Der Grad der Direktheit findet seine Entsprechung im Hinblick auf das Schema der Datenerfassungsmethoden im "Grundsatz des kürzesten Weges".

Schon anhand der formalen Kriterien lassen sich aus den verschiedenen Methoden bestimmte praktisch bedeutsame Auswirkungen ableiten. So liegen die Vorteile einer "direkten" Methode insbesondere darin, daß im Gesamtablauf weniger Stationen und damit weniger Störquellen eingeschaltet sind. Die eingabefähige Form der Daten kann daher im Prinzip schneller und sicherer erreicht werden. Bis zur Verwirklichung der Methode der Direkteingabe als der technisch perfektionierten sind eine ganze Reihe von Alternativen möglich, bei denen Zwischenträger bestimmter Art anfallen. In der Praxis ist nun nicht von der Hand zu weisen, daß das Durchlaufen mehrerer Ebenen oder die Überwindung einer solchen in mehreren Schritten in bestimmten Problemkonstellationen Vorteile wirtschaftlicher oder auch organisatorischer Natur mit sich bringt. Denn mit Einschränkungen ist heute sowohl die personelle als auch die automatisierte Direkteingabe wegen hoher Geräte- und Leitungskosten noch ziemlich teuer und wird dort angewendet, wo es aus der Aufgabenstellung um eine zeitnahe Datenerfassung und sofortige Verarbeitung geht wie z. B. beim Platzbuchungssystem. Diese Vorteile sind daher gegen jene der Schnelligkeit und Sicherheit abzuwägen.

Die Kritik der möglichen Methoden läßt sich wie folgt zusammenfassen: Bei der Lösung des methodischen Teils der Verfahrensfrage ist dem Prinzip der Direktheit der Erfassung zu entsprechen. Dabei sind die Teilkriterien so zu beachten, daß ein möglichst hoher Entsprechungsgrad der Fixierung als auch eine möglichst niedrige Transformationsintensität erzielt wird (24). Das bedeutet für die Praxis: Dort, wo ein Datenträger von der Aufgabenstellung des organisatorischen Ablaufs her entbehrlich ist, kann ein solcher als Zwischenträger dann eingeführt werden, wenn andere Forderungen dadurch nicht verletzt, Kostenvorteile aber erzielt werden. Weiterhin ergibt sich aus dem Prinzip der Direktheit die grundsätzliche Forderung, die Erfassung am Entstehungsort zu vollziehen (dezentrale Erfassung). Aus Kostengründen kann hiervon abgewichen werden, wobei dann der Grundsatz der Direktheit des Erfassungsweges, d. h. der Minimierung der Transformationsintensität zu beachten ist. Die Frage der zentralen oder dezentralen Erfassung erweist sich damit

---

24) Diese beiden Forderungen sind nicht unbedingt identisch, denn aus wirtschaftlichen Gründen kann es angebracht sein, trotz hohem Entsprechungsgrad der Fixierung diese nicht zu nutzen, sondern eine oder mehrere Transformationen vor der Eingabe durchzuführen.

als besonderer Aspekt der Methodenbestimmung und nicht als eigenständiges Problem.

Datenträger müssen vorhanden sein, wenn es gilt, einen gegebenen Arbeitsablauf mit dem Erfassungsvorgang abzubilden. Das bedeutet, daß Schriftgut, auf das als Arbeitsgegenstand nicht verzichtet werden kann, als Datenträger mit hohem Entsprechungsgrad ausgebildet sein sollte, z. B. maschinell abtastbare Klarschriftbelege. Diese Datenträger dienen dann weiterhin als abgeleitetes Objekt (25) der Bearbeitung.

32. Die Aufgabenträger der Datenerfassung

Die Darstellung beschränkte sich bisher auf die formalen, methodischen Möglichkeiten zur Datenerfassung. Um aber eine bestimmte Methode in ein praktikables Verfahren überzuleiten, ist zu entscheiden, wie sich die einzelnen Teilaufgaben oder deren teilweise oder vollständige Integration technisch realisieren lassen.

Die arbeitstechnischen Möglichkeiten bei der Aufgabenerfüllung lassen sich in drei grundlegenden Formen zusammenfassen:

- reiner Personaleinsatz
- kombinierter Einsatz von Personen und Maschinen und
- reiner Maschineneinsatz.

Die Anwendung einer dieser Einsatzformen ist durch das zwischen den Aufgabenträgern Mensch und Sachmittel bestehende Substitutionsverhältnis gekennzeichnet. Es handelt sich dabei um einen sehr komplexen Fragenkreis, zu dem im Rahmen dieser Darstellung nur kurz Stellung genommen werden kann.

321. Der Mensch als Aufgabenträger

Als noch nicht von einer verselbständigten Datenverarbeitung gesprochen wurde und werden konnte, kamen für das Arbeiten mit Daten

25) Vgl. hierzu Szyperski, der die abgeleiteten Objekte jedoch Symbolträger nennt. Szyperski, Norbert: Analyse der Merkmale und Formen der Büroarbeit. In: Bürowirtschaftliche Forschung, hrsg. von Erich Kosiol, Berlin (1961), S. 95 f.

Maschinen oder andere Hilfsmittel nicht oder nur in beschränktem Umfang zum Einsatz. Die Hauptlast der Büroarbeiten ruhte auf Personen.

Mit dem raschen Anwachsen des zu bewältigenden Arbeitspensums in den Büros der Wirtschaft und der Verwaltung kam die Wende. Die Massenhaftigkeit der Tätigkeiten erzwang und erlaubte, die Vorgänge nach und nach zu standardisieren, zu mechanisieren und zu automatisieren. Dadurch, daß immer mehr sachliche Hilfsmittel eingesetzt wurden, erübrigte sich zusätzlicher Personaleinsatz oder bisheriges Personal konnte an anderer Stelle vorteilhafter eingesetzt werden. Personelle Kräfte wurden durch sachliche Mittel substituierbar.

Eine prinzipiell vergleichbare Entwicklung ist im Vorfeld der Datenverarbeitung zu vermerken, allein schon deshalb, weil dieses normale Bürotätigkeit einschließt. Im Vorfeld fällt eine von der gewählten Erfassungsmethode abhängige Kombination unterschiedlicher Tätigkeiten zur realtechnischen Bewältigung an. Das sich im Rahmen der Stellenbildung ergebende Teilaufgabengesamt (26) kann alternativ Personen und Sachmitteln übertragen werden. Die Realtechnik ist inzwischen so weit fortgeschritten, daß auch im Vorfeld der Datenverarbeitung Personal unter bestimmten Voraussetzungen vollständig substituiert werden kann.

Die Beurteilung der Aufgabenerfüllung durch Personen wird sowohl durch die Qualität der geleisteten Arbeit als auch durch die sachlich-organisatorische Zweckmäßigkeit und den wirtschaftlich vertretbaren Aufwand bestimmt. Die gegenseitige Abwägung der einzelnen Bedingungen ist nur im Einzelfall möglich. So kann im Vorfeld der Datenverarbeitung ein weitgehend mechanisiertes oder automatisiertes Verfahren einem personalintensiven Verfahren, das zwar weniger kostenaufwendig ist, dann noch vorzuziehen sein, wenn es beispielsweise sicherer und/oder schneller ist. Ein Verfahrensvergleich ist demnach keinesfalls allein auf Kostengesichtspunkte abzustellen. Gegebenenfalls sind zusätzlich Faktoren zu berücksichtigen, die wie Aktualität, Ausführlichkeit, Genauigkeit oder allgemeine organisatorische Effizienz nicht ohne weiteres quantifizierbar sind.

Häufig muß auch wegen der Frage der erforderlichen betriebswirtschaftlichen Flexibilität im betrieblichen Ablauf über Personal- und/oder Sachmitteleinsatz entschieden werden. Hoher Maschineneinsatz ist gleichbedeutend mit weitgehender Programmierung und damit langfristiger Bindung von Gefüge und Prozeß an bestimmte

26) Vgl. Kosiol, Erich: Die Unternehmung als wirtschaftliches Aktionszentrum, a.a.O., S. 65 ff.

Regelungen. Daher sind die Reaktionsmöglichkeiten auf sich rasch wandelnde, nicht voraussehbare Umweltbedingungen von vornherein begrenzt. Diese verminderte Anpassungsfähigkeit, die Folge des automatisierten Verarbeitungsprozesses ist, wirkt sich auch auf die Elementarfunktionen im Vorfeld der Verarbeitung aus. Dies gilt abgeschwächt und im Hinblick auf die spezifischen Anforderungen auch dann, wenn nur Personen zur Erfüllung dieser Elementarfunktionen herangezogen werden.

Über die Eignung des Aufgabenträgers Mensch zur Übernahme der Elementarfunktionen lassen sich nur Aussagen grundsätzlicher Art machen. Für die Fixierung von Daten im betrieblichen Bereich, die aufgrund von personellen Abbildungs- oder Verarbeitungsprozessen anfallen, kommen wiederum nur Personen als Aufgabenträger in Betracht. Aber auch zur Fixierung von Daten aus dem realen, nicht personellen Bereich, in dem nicht schon aus Gründen der Perzeption auf den Menschen als Aufgabenträger zurückgegriffen werden muß, kann sich der Einsatz von Personal empfehlen, wenn die Daten unter für eine maschinelle Fixierung ungünstigen Bedingungen anfallen. Aufgrund seines Anpassungsvermögens findet der Mensch gerade in der Fixierungsaufgabe ein ihm entsprechendes Einsatzfeld. Die Grenzen werden durch die geistige und zeitliche Aufnahmekapazität sowie die physische und psychische Belastbarkeit gesetzt. Die rein personelle Einsatzform ist bei der Fixierung in vielen Fällen noch die wirtschaftlichste.

Bei der Elementarfunktion Transformation stellt sich die Situation anders. Müssen große Datenmengen isoliert erfaßt werden, so erfordert eine wirtschaftliche Erstellung der Datenträger den Einsatz von Sachmitteln. Dagegen kann bei Verlagerung der Erfassung an die Orte des Datenanfalls, an denen auch fixiert wird (Integration von Fixierung und Erfassung), auf maschinelle Aufgabenträger verzichtet werden. Erst wenn der Datenanfall je Entstehungsort ein gewisses Maß überschreitet, muß an einen zumindest partiellen Ersatz des Aufgabenträgers Mensch durch Sachmittel gedacht werden. Die oben genannten Grenzen werden dann wieder sichtbar.

Bei der Durchführung von Transformationen kann klar nach der Stellung im Ablauf unterschieden werden. Zum Transformieren vor dem Erfassen (Transformationen innerhalb Ebene A) kommen nur die Formen reiner Personaleinsatz und gemischter Einsatz von Personen und Sachmitteln in Betracht. Transformationsprozesse, in deren Verlauf erfaßt wird (Transformationen von Ebene A nach Ebene B oder C), lassen ebenfalls reinen Personaleinsatz oder gemischten Einsatz von Personen und Sachmitteln zu. Das Transformieren nach dem Erfassen (Transformationen innerhalb Ebene B oder innerhalb Ebene C oder von Ebene B nach Ebene C) dagegen wird grundsätzlich automatisiert, d. h. mit Hilfe von automatischen Sachmitteln vorgenommen.

Für die isolierte Eingabe, z. B. das Einlesen von Lochkarten, gilt prinzipiell das zur automatisierten Transformation Gesagte. Den Prozeß selbst kann nur das Sachmittel durchführen, während der Mensch lediglich Steuer- und Kontrollfunktionen wahrnimmt. Bei der integrierten Eingabe - sowohl der Methode der isolierten Fixierung mit Integration von Erfassung und Eingabe als auch der Methode der Integration von Fixierung, Erfassung und Eingabe - kann der Mensch wieder als Aufgabenträger in Verbindung mit einem Sachmittel fungieren. Sein Einsatz erübrigt sich dann, wenn auch noch die Funktion der Fixierung vom Sachmittel mit übernommen wird.

Beim Vollzug der Elementarfunktionen erweist sich die allgemein höhere Vielseitigkeit des Aufgabenträgers Mensch als vorteilhaft. Er ist im Vergleich zu programmgesteuerten Maschinen bei weitgehend integrierter Datenverarbeitung relativ einfach zu instruieren. Dem stehen aber Nachteile wie langsamere Bewältigung von komplizierten und massenhaften Arbeiten, höhere Störanfälligkeit sowie andere Unzulänglichkeiten gegenüber. Gegenwärtig werden die Aufgabenträger Mensch und Sachmittel meist in bestimmter Kombination eingesetzt. Personal und Sachmittel können daher nicht isoliert betrachtet werden. Jede organisatorische Änderung auf der einen Seite bedingt eine Anpassung auf der anderen.

322. Die Sachmittel

3221. Die Sachmittel zur Erstellung von Datenträgern (Fixierung und Erfassung)

32211. Die nichtmaschinellen Sachmittel

32212. Die maschinellen Sachmittel

3222. Die Sachmittel zur Transformation maschinenlesbarer Datenträger

32221. Die Sachmittel zur Transformation von Ebene zu Ebene

32222. Die Sachmittel zur Transformation innerhalb einer Ebene

3223. Die Sachmittel zur Eingabe

32231. Die Sachmittel zur Eingabe über Datenträger

32232. Die Sachmittel zur datenträgerlosen Eingabe

322. Die Sachmittel

Die Erfüllung von Aufgaben im Rahmen des Gesamtkomplexes, in den die Datenerfassung eingebettet ist, kann auch Mitteln sachlicher Art übertragen werden. Die Fragen bezüglich des Einsatzes einzelner Sachmittel lassen sich nicht einfach mit "ja" oder "nein" beantworten. Der Problemkreis ist insofern ausgeweitet, als unter dem Aspekt organisatorischer Gesamtlösungen zusätzlich zu bestimmen ist, wie die im Vorfeld der Datenverarbeitung anfallenden Tätigkeiten zu bewältigen sind. Diese Entscheidung schlägt sich im Technisierungsgrad nieder. In diesem Gesamtzusammenhang steht auch die Frage nach der Verwendung von Datenträgern. Sie ist hinfällig, wenn aus zwingenden Gründen die Methode der Integration von Fixierung, Erfassung und Eingabe anzustreben ist. Das Problem der Datenträger als verbindende Medien wird im Anschluß an die Sachmittel getrennt behandelt.

Die im Methodenteil analytisch gewonnenen Teilaufgaben zeigen deutlich logisch-elementaren Charakter. Daraus kann nicht geschlossen werden, daß sie in dieser Strukturform ohne weiteres Sachmitteln übertragen werden können oder müssen. Dies bedeutet: Zur Bestimmung der tatsächlichen, personell-maschinellen oder rein maschinellen Erfüllung können diese Teilaufgaben als Aufgaben höherer Ordnung verstanden und in Teilaufgaben niederer Ordnung zerlegt werden. Die von Sachmitteln tatsächlich erfüllbaren Teilaufgaben sind dann in der Ausführung als die eigentlichen Tätigkeiten auffaßbar; sie sind Gegenstand des Sachmitteleinsatzes der Verfahrenssynthese.

3221. Die Sachmittel zur Erstellung von Datenträgern (Fixierung und Erfassung)

32211. Die nichtmaschinellen Sachmittel

Das Problem der Verwendung nichtmaschineller Hilfsmittel zur Erstellung von Datenträgern stellt sich, wenn zum Fixieren oder Abschreiben von Daten personelle Kräfte eingesetzt werden (rein manueller Vorgang auf Ebene A).

Zum Erstellen von Datenträgern sind Bleistift, Kugelschreiber oder entsprechende Schreibgeräte gebräuchlich. Durch die maschinelle Abtastbarkeit von Strichmarkierungen (ursprünglich im Wege des

Zeichenlochverfahrens) sind diese einfachen Schreibgeräte zu Codiermitteln geworden. Diese Verwendungsmöglichkeit ist in jüngster Zeit mit dem Aufkommen von Beleglesern (Markierungs- und Klarschriftleser) noch wesentlich erweitert worden.

Diese Codiermittel gestatten in einfachster Weise bei Durchführung der Aufgabe durch menschliche Aufgabenträger, den zu verarbeitenden Datenstoff am Ort und im Zeitpunkt des Anfalls zu fixieren und gleichzeitig zu erfassen (dezentraler Erfassungsvorgang auf Ebene B oder C). Die hierzu erforderlichen Datenträger sind Zeichenlochkarten, Markierungs- und Handschriftbelege.

Bei der Datenerfassung in Form der Fixierung durch Handschrift erscheint der Hinweis bedeutungsvoll, daß die Benutzung von Bleistiften (Stärke HB oder 2) in Anwendungen, wo Dokumentenechtheit nicht zwingend vorgeschrieben ist, gegenüber Kugelschreibern gewisse Vorteile aufweist. Einmal gestatten sie Korrekturen durch Radieren, zum anderen besteht nicht die Gefahr der unregelmäßigen Abgabe der Schreibflüssigkeit an die Schreibunterlage. Belegsätze wiederum sind besser mit Kugelschreiber zu erstellen.

32212. Die maschinellen Sachmittel

Die höheren Sachmittel, die Codieraufgaben erfüllen können, weisen recht unterschiedliche Technisierungsgrade auf. Sie reichen von der bloßen Organprojektion (27) über die Energieverstärkung bis zur totalen Funktionsübernahme. In Abhängigkeit davon, inwieweit der Mensch in die Durchführung einer Funktion noch eingeschaltet ist, ist in diesem Zusammenhang vom Mechanisierungs- oder Automatisierungsgrad zu sprechen.

Zum personell-mechanisierten Codieren (Erfassen) auf visuell als auch maschinell lesbaren Datenträgern (Ebenen B und C) sind je nach Art des zugrunde liegenden Codes unter anderem einsetzbar:

- mechanische und elektrische Schreibmaschine
- Additions- und Saldiermaschinen mit lesbarem Journalstreifen
- Einzelbelegcodiermaschine
- Quittungsmaschinen, Registrierkassen mit Einzelbelegeinzug oder -ausgabe
- rechnende Schreibmaschinen

27) Vgl. Grochla, Erwin: Zum Wesen der Automation. In: ZfB, 34, Jahrgang, 1964, S. 662

- numerische Klarschriftdrucker im Verbund mit Zählern oder Meßgeräten
- Konstantendrucker (Stempelmaschine)
- Stempeluhren
- Imprintergeräte ("Plastikkarten-Drucker")
- Schnell- oder Zeilendrucker

Wesentliches Bestimmungselement dieser Geräte ist die Tatsache, daß sie zunächst eine eigenständige Funktion haben, daß sie aber im integrativen Verbund Codieraufgaben lösen können. Unumgängliche Voraussetzung für alle diese Geräte ist aber, daß ein Typensatz eingebaut ist, der maschinell abtastbar ist. Diese Typen sind in ihrem Charakter mehr oder weniger stilisiert, visuell aber ohne weiteres zu lesen. In Gebrauch sind zum Teil von Herstellern der Lesemaschinen entworfene Typensätze als auch in zunehmendem Maße die inzwischen international genormten Schriften (28).

Zur Erstellung lochcodierter Datenträger kommen hauptsächlich in Frage:

- Handlocher für Lochkarten (tragbare und Tischgeräte)
- Motorlocher für Lochkarten, Lochstreifenkarte und Lochstreifen (bei Lochkarten mit bestimmten Zusatzeinrichtungen wie Lochschriftübersetzung verfügbar)
- Schreibmaschinen, Additions- und Saldiermaschinen, Abrechnungsmaschinen mit angeschlossenem Locher für Lochkarten, Lochstreifenkarte oder Lochstreifen (Verbund- oder Synchrongeräte)
- Kartendoppler
- Kartenstanzer
- Fernschreiber (für Lochstreifen)

In neuerer Zeit kann auch unmittelbar auf Magnetband erfaßt werden. Hier sind zwei verschiedene Aufzeichnungsmodi bekanntgeworden: Die zeichenweise (inkrementale) und die blockweise Aufzeichnung.

---

28) Siehe hierzu ISO-Entwurf Nr. 996, "Alphanumeric Character Sets for Optical Recognition ...", Juni 1966; Revidierte Ausgabe Mai 1969, ISO-Entwurf Nr. R 1073. Dieser Entwurf sieht neben der Schrift A auch eine weniger stilisierte Schrift B vor. In DIN 66008 Blatt 1, 2 und 3 ist die Schrift A zur Norm erhoben. Die Normung der Schrift B behält sich der Deutsche Normenausschuß (DNA) noch vor.

Die zeichenweise Aufzeichnung läßt nur eine geringe Schreibdichte (20 bis 200 bpi) zu; an das Sachmittel werden geringere technische Anforderungen als bei der blockweisen Aufzeichnung mit höherer Zeichendichte gestellt. Die Gerätekosten liegen daher bedeutend niedriger. Der Einsatz dieser Geräte empfiehlt sich überall da, wo wenig Daten je Zeiteinheit anfallen. Die erstellten Magnetbänder müssen entweder in eingabefähige Magnetbänder transformiert werden oder müssen über spezielle Geräte eingegeben werden, die wegen der Aufzeichnungstechnik relativ langsam sind.

Die blockweise Aufzeichnungsform läßt hingegen eine Schreibdichte von derzeit 560 und 800 bpi zu, so daß eingabefähige Datenformate erzielt werden können (im 7- oder 9-Kanal-Code).

Es gibt jedoch Benutzer von Datenverarbeitungsanlagen, die nur Magnetbänder mit einer Zeichendichte von 1. 600 bpi verwenden. In diesen Fällen ist durch die augenblickliche Beschränkung entweder eine Transformation (Konvertierung) auf die höhere Zeichendichte erforderlich oder eine der Magnetbandstationen der ADV-Anlage wird für das Einlesen von 800 bpi-Bändern eingerichtet.

Beim Einsatz derartiger Erfassungsgeräte darf nicht übersehen werden, daß unter Umständen erhebliche Änderungen in der Verarbeitungskonzeption notwendig werden. In der Stapelverarbeitung ist der Eingabestoff für den einzelnen Verarbeitungsprozeß separat zur Verfügung zu stellen; bei der Verwendung von Lochkarten stellen sich dabei keine Probleme, auch wenn die Karten an mehreren Lochplätzen erstellt worden sind, Beim Einsatz von Magnetbandstationen muß die Frage der Stoffseparierung vor oder nach der Eingabe gelöst werden. Dabei hat die Frage des Rollenwechsels ein bedeutsames Gewicht (Handlingzeit). Aus diesem Grunde wird bei den Magnetbanderfassungsgeräten als Einzelstationen zusätzlich die Möglichkeit des Poolens geboten, d. h. der Inhalt mehrerer Magnetbänder wird auf ein Magnetband zusammengespielt. Bei den Gerätesystemen, bei denen der Datenstoff von mehreren Erfassungsplätzen auf ein Magnetband in der Reihenfolge der Erfassung erfolgte, mußte bisher die Stoffseparierung mit oder nach der Eingabe durchgeführt werden. Neuerdings werden jedoch Systeme angeboten, die den Datenstoff zuerst auf einem Magnetplattenspeicher sammeln und nach Abschluß der Erfassung, nach Arbeitsgebieten getrennt, auf ein eingabefähiges Magnetband transformieren.

Das Geräteangebot umfaßt auf diesem Sektor augenblicklich:

- Magnetbandstationen (-erfassungsplätze) in Analogie zu den traditionellen Kartenlochern und -prüfern

- Magnetbanderfassungsplätze mit Aufzeichnung auf Sammelbändern oder Magnetplatte mit anschließender Stoffseparierung auf Magnetband
- Abrechnungsmaschinen mit Aufzeichnung auf Einzel- oder Sammelband
- numerische und alphanumerische Klarschriftdrucker mit Magnetbandstation (Verbundanlagen für personell-mechanisierten Betrieb)

Ist beabsichtigt, die Datenträger automatisiert - also mit dem höchsten Technisierungsgrad - zu erstellen, so müssen geeignete maschinelle Codiermittel durch Zähler, Meßgeräte oder sonstige Sensoren über Impulsgeber gesteuert werden (automatische Verbundanlagen).

Als Codier- und Aufzeichnungsgeräte bieten sich hierzu insbesondere an:

- Lochstreifenlocher
- Magnetband-Aufzeichnungsgeräte
- Klarschriftdrucker (insbesondere für Journalstreifen).

Als Sonderfall der automatisierten Codierung ist ein Verfahren anzusehen, bei dem Lochkarten in Erwartung bestimmter Erfassungsfälle im vorhinein maschinell codiert werden. Solcherart erstellte Lochkarten sind als "Ziehkarten" bekannt. Lassen sich nämlich alle zur Verarbeitung eines bestimmten Vorfalls relevanten Daten antizipativ vollständig erfassen (z. B. in Artikelkarten mit allen objektkonstanten Angaben einschließlich bestimmter Mengeneinheiten, in Kundenkarten mit Kundennummer, Rabatten usw.), dann reduziert sich der effektive Vorgang des Erfassens beim Eintritt des Datenereignisses auf das Ziehen der Lochkarten als Konserve aus einer Kartei ("Ziehkartei"). Diese Ziehkarten werden als Gebrauchs- oder Verbrauchskarten anhand von Mutterkarten erstellt. Dieser Dopplungsprozeß stellt dann den Vorgang des automatisierten Codierens dar, der hier antizipativ erfolgt. Gebräuchlicher sind allerdings kombinierte Lösungen, die den zu bevorratenden Kartenbestand der Art nach dadurch wesentlich einschränken, daß vorgestanzte Karten z. B. durch Strichmarkierungen ergänzt werden.

3222. Die Sachmittel zur Transformation maschinenlesbarer Datenträger

32221. Die Sachmittel zur Transformation von Ebene zu Ebene

Die sich im Schemaweg einer Methode ausdrückenden Transformationen leiten jeweils von einer Ebene in eine höherwertige über. Die bei den dargestellten Methoden vorkommenden Übergänge zwischen den Ebenen sind die von A nach B, von A nach C und A nach D sowie von B nach C. Beim Vollzug der Übergänge müssen in jedem Fall Sachmittel eingesetzt werden. Die Sachmittel zur Ausführung der vor der Erfassung liegenden als auch der mit der Erfassung identischen Transformation sind bereits dargestellt worden. Es bleiben daher hier nur die Sachmittel zur Transformation maschinenlesbarer Datenträger darzustellen, die den Schemawegabschnitt B - C verkörpern. Diese Transformationsprozesse sind nur dann notwendig, wenn der vorliegende Datenträger nicht eingabefähig ist. Der Übergang von Vorcodierung nach Endcodierung ist nur mit maschinellen Sachmitteln zu vollziehen.

Die am häufigsten vorkommenden Transformationsfälle der Art B - C sind die der Umsetzung von Zeichenlochkarten und Etikettkarten in Normallochkarten oder andere eingabefähige Datenträger sowie von optisch lesbaren Belegen in Lochkarten oder auf Magnetbänder.

Als Sachmittel zur Transformation von Vorcodierung nach Endcodierung sind insbesondere zu nennen:

- Doppler mit Mark Sensing-Einrichtung (Zeichenloch-Einrichtung)
  Bei diesem Verfahren werden die mit Bleistift auf Lochkarten aufgebrachten Striche (Markierungen) automatisch in Lochungen in derselben Karte umgewandelt.

- Markierungsleser in Verbindung mit Locher
  Wenn der Markierungsleser nicht mit der ADV-Anlage verbunden ist, ist diese Kombination als Transformation von Vorcodierung nach Endcodierung anzusehen. Die durch Bleistift oder Drucker markierten Zeichen werden vom Markierungsleser erkannt und als Digitalwerte an den Locher übertragen, der diese in Lochungen umsetzt.

- Klarschriftleser und Stanzer für Lochkarten
  Wegen der fehlenden Eingabefähigkeit werden in Klarschrift (stilisierter Typensatz) beschriebene Lochkarten abgetastet und erkannte Zeichen in Standardlochungen in dieselben Karten transformiert. Als Zusatzeinrichtung können auch Markierungen erkannt werden.

- Klarschriftleser in Verbindung mit Magnetbandstation (Lesesysteme)
  Der optisch erkannte Datenstoff wird auf Magnetband transformiert. Auch hier ist das Bestimmungsmerkmal für diese Transformationsart die fehlende Verbindung des Lesers zur ADV-Anlage.
- Magnetbandumsetzer
  Diese Sachmittel sind notwendig, um nicht eingabefähige Magnetbänder (z. B. zeichenweise Aufzeichnung) in eingabefähige Magnetbänder zu konvertieren.

32222. Die Sachmittel zur Transformation innerhalb einer Ebene

Der Fall einer Transformation innerhalb einer Ebene ist in der Praxis nur bei der Ebene der eingabefähigen Datenträger (Ebene C) üblich. Eine Transformation innerhalb der Ebene der maschinell abtastbaren, aber nicht eingabefähigen Datenträger (Ebene B) dürfte praktisch kaum vorkommen, da sie im Hinblick auf die Verarbeitbarkeit keinen wesentlichen Fortschritt bedeutet. Anderes trifft für die Transformationen innerhalb der Ebene C zu. Vom Gesichtspunkt der Verarbeitung kann es durchaus sinnvoll sein, bereits eingabefähige Datenträger in andere eingabefähige Datenträger zu transformieren. Der Grund hierfür ist - abgesehen von der Konfiguration, die nicht über ein entsprechendes Eingabegerät verfügt - darin zu sehen, daß der Vorgang der Eingabe beschleunigt werden soll (Ersparnis von Systemzeit).

Die Sachmittel zur Vornahme von Transformationen innerhalb einer Ebene setzen sich meist aus mehreren Komponenten zusammen.

Als Gerätekombination zur Transformation eingabefähiger Datenträger in andere konfigurationsgerechte kommen in Betracht:

- Streifen-Karten-Umsetzer (29)
- Karten-Streifen-Umsetzer
- Karten-/Streifen-Band-Umsetzer.

Als Maschinenzusammenstellungen oder Einzelgeräte zur Transformation auf einen anderen Datenträger gleicher Art bieten sich an:

29) Zu den Begriffen Umsetzer, Umformer, Wandler siehe DIN 19226, a.a.O., S. 15

- Code-Umsetzer für Lochkarten
  Dabei sind zwei Formen möglich, einmal die Umsetzung in einen anderen Code unter Beibehaltung des Kartenformates und zum anderen Umsetzungen in ein anderes Kartenformat.
- Code-Umsetzer für Lochstreifen
- Code-Umsetzer für Magnetbänder (z. B. Umcodierung von 7-Kanal- in 9-Kanal-Aufzeichnung und umgekehrt)
- Umformer (Konverter) zum Wechsel der Zeichendichte bei Magnetbändern (z. B. von 800 auf 1600 bpi)
- Magnetband-Pooler
  Mehrere Einzelbänder werden auf ein technisch identisches Sammelband überspielt, d. h. zu einem Sammelband 'gepoolt'. Eingabe und Verarbeitung des auf Magnetbandstationen erfaßten Datenstoffes werden dadurch vereinfacht und beschleunigt.
- Kartenlocher mit zwei Kartenbahnen
  In einer Kartenbahn können Karten mit konstanten Begriffen zugeführt werden. Die Konstanten werden in die Karten aus der zweiten Bahn dupliziert. Die variablen Daten werden über Tastatur erfaßt. Bei den Lochkarten der ersten Bahn handelt es sich um Gebrauchskarten, bei den der zweiten Bahn meist um Verbrauchskarten (30).
- Doppler
  Beim Kartendoppeln ist einfache Übertragung, Feldauswahl und Feldvertauschung möglich.

3223. Die Sachmittel zur Eingabe

32231. Die Sachmittel zur Eingabe über Datenträger

Maschinelle Sachmittel, die dazu dienen, den erfaßten Datenstoff in das verarbeitende System einzugeben, sind Bestandteil der Konfiguration einer Anlage; sie werden auch als periphere oder Randeinheiten bezeichnet. Die Auswahl der Eingabegeräte steht in Wechselbeziehung zu den Lösungen im Vorfeld der Datenverarbeitung insofern, als bestimmte Erfassungsverfahren besondere Eingabeeinheiten

---

30) Da die Transformation innerhalb der Ebene C nur für die konstanten Daten aus den Karten der ersten Kartenbahn gilt, ist dieses Gerät wegen der zusätzlichen personellen Erfassung der variablen Daten ein Sonderfall, der hinsichtlich der variablen Daten zur Gruppe der Sachmittel für die Fixierung und Erfassung zu zählen ist.

erfordern. Der Einsatz der meisten Geräte ist sowohl in direkter räumlicher Kombination mit der Datenverarbeitungsanlage als auch von dezentralen Stellen über Datenübertragungsleitungen möglich.

Zu den Eingabegeräten sind zu zählen:

- Lochkartenleser,
- Lochstreifenleser,
- Magnetbandeinheiten,
- Lochstreifenkartenleser (in der Datenverarbeitung im Vergleich zur Textverarbeitung selten anzutreffen),
- Etikettkartenleser,
- Plastikkartenleser,
- Belegleser für Einzelbelege und/oder Streifen,
- Magnetbandkassetten-Leser,
- Magnetkontokarten-Leser.

32232. Die Sachmittel zur datenträgerlosen Eingabe

Zur datenträgerlosen oder Direkteingabe müssen besondere Geräte (sogenannte Datenstationen oder Terminals), gegebenenfalls in Verbindung mit Datenübertragungsleitungen, bereitgestellt werden. Auch bei den Gerätezusammenstellungen dieser Kategorie kann unterschieden werden nach personellmechanisierter oder rein maschineller (automatisierter) Aufgabenerfüllung.

Als Basis für eine Gerätezusammenstellung zur personellen Direkteingabe dient eine mit der Datenverarbeitungsanlage on-line verbundene Tastatureinrichtung. An diese können einzelne Randgeräte zusätzlich angeschlossen werden: Bildschirmeinheit mit oder ohne Lichtgriffel, Schaltermaschinen und Serialdrucker als Protokollschreiber.

Zur vollautomatischen Erfassung und Eingabe können eingesetzt werden:

- Zähler und
- Meßwertgeber aller Art.

An diese Eingabegeräte können, soweit erwünscht, numerische Klarschriftdrucker (bei Meßgeräten über Analog-Digital-Umsetzer) zur Protokollierung angeschlossen werden.

33. Die Datenträger

331. Die Bedeutung der Datenträger

Der stufenweise Vollzug der Datenbereitstellung im Vorfeld der Datenverarbeitung, der zur Bildung und Verteilung der den Elementarfunktionen entsprechenden Teilaufgaben führt, macht es notwendig, die Daten auf Zwischenspeichern aufzuzeichnen. Diese Speichermedien und die auf ihnen abgespeicherten Daten stellen die Ausgabe des jeweiligen Teilprozesses dar und bilden gleichzeitig den Eingabestoff für den nachfolgenden Teilprozeß im Vorfeld der Verarbeitung. Die Verwendung der Speichermedien im Vorfeld der Verarbeitung kann nicht Selbstzweck sein; sie muß von der Anwendung einer der dargestellten Methoden zur Erfassung als auch von den Erfordernissen der nachfolgenden Verarbeitung her gerechtfertigt sein.

Die Frage der Datenträger als externe (off-line) Speichermedien muß als eines der Zentralprobleme im Vorfeld der Datenverarbeitung verstanden werden. Die Frage, ob überhaupt Datenträger als Zwischenspeicher einzuführen sind, wird bereits bei der Methodenwahl entschieden. Darüber hinaus wird durch die Methode, wenn sie Datenträger vorsieht, eine Vorauswahl hinsichtlich der derzeit bekannten Medien getroffen. Der genauen Kenntnis über die Stärken und Schwächen der verschiedenen Träger in bestimmten Anwendungen kommt deshalb entscheidende Bedeutung zu.

Die Problematik der Datenträger liegt nicht zuletzt darin begründet, daß sie sich häufig aus vorhandenem Schriftgut herleiten. Sie sind dann nicht lediglich Datenträger im Sinne von Zwischenspeichern, die durch die Erfassungsmethode bedingt sind, sondern auch Objekte einer personellen Bearbeitung.

Eine kritische Darstellung der verschiedenen Datenträger ist nur anhand von Merkmalen möglich, die die Eignung für bestimmte Aufgabenstellungen im Vorfeld der Datenverarbeitung erkennen lassen. Darstellungen, die sich an der technischen Lösung der Datenspeicherung (Codiertechnik) orientieren, lassen diesen Gesichtspunkt meist viel zu wenig hervortreten. Vielmehr sind Kriterien heranzuziehen, die sich zwar letztlich aus der Technik der Codierung herleiten, unmittelbar jedoch auf wesentliche Eigenschaften der Datenträger hinweisen. Als solche Kriterien können insbesondere gelten:

- die Eignung in bezug auf die verschiedenen Möglichkeiten der Erfüllung der Elementarfunktionen,

- die personelle (visuelle) Lesbarkeit,
- die maschinelle Verarbeitbarkeit, insbesondere die Eingabefähigkeit,
- die Möglichkeit der externen personellen oder mechanisierten Manipulation, insbesondere Karteifähigkeit, Sortierfähigkeit durch Singularitätscharakter,
- das Speichervolumen (Datenkapazität),
- die Löschbarkeit (Möglichkeit der Veränderung und der Wiederverwendung),
- die Transport- und Lagerfähigkeit (Frage der Behältnisse, des Raumbedarfs und der Aufbewahrungsdauer).

Nach jedem einzelnen dieser Kriterien ist eine Klassifizierung der Datenträger möglich. Je nach der gewählten Systematik ergibt sich eine andere synoptische Darstellung.

Als die im Vorfeld der Datenverarbeitung ablauforganisatorisch bedeutsamsten Kriterien sind die der personellen und maschinellen Lesbarkeit anzusehen. Ihre Bedeutung ergibt sich daraus, daß durch das Zusammentreffen beider Eigenschaften die Notwendigkeit zu Transformationen weitgehend entfällt. Bei der maschinellen Lesbarkeit (Abtastbarkeit) fällt als zusätzliche Eigenschaft die Eingabefähigkeit ins Gewicht. Es erscheint daher als sinnvoll, die Datenträger unter dem Aspekt dieser drei Merkmale zu betrachten und zu gliedern.

332. Die Darstellung der Datenträger

3321. Die nur personell lesbaren Datenträger

3322. Die nur maschinell lesbaren Datenträger

3323. Die personell und maschinell lesbaren Datenträger

33231. Die vorcodierten Datenträger

33232. Die endcodierten Datenträger

332. Die Darstellung der Datenträger

3321. Die nur personell lesbaren Datenträger

Zur Gruppe der nur personell (visuell) lesbaren (31) Datenträger zählte noch bis Anfang der 60er Jahre die Gesamtheit der Klarschrift-Belege. Mit der Entwicklung maschineller Verfahren zur Zeichenerkennung wurde der Kreis der nur personell lesbaren Datenträger in zunehmendem Maße eingeschränkt. Die heute angebotenen Belegleser stellen an das zu verarbeitende Schriftgut jedoch nicht unerhebliche Anforderungen in bezug auf Schriftarten, Beleggröße, Papierbeschaffenheit usw. Deshalb bleiben Datenträger, die nicht den im Einzelfall geforderten Spezifikationen entsprechen, weiterhin nur personell lesbar. Der darauf fixierte Datenstoff muß daher für die maschinelle Verarbeitung in eine vor- oder endcodierte Form übertragen werden.

Für die Erfüllung der Teilaufgabe Erfassung ist es von erheblicher Bedeutung, ob die im Zuge der Fixierung anfallenden Datenträger formatisiert, d. h. ablochfähig (32), oder formfrei bzw. in ungeeigneter Form gestaltet sind. Ablochfähigkeit setzt eine organisatorische Vordruckgestaltung besonderer Art voraus. Außer der festen Anordnung der zu erfassenden Daten nach eindeutig abgegrenzten Begriffen müssen die gebildeten Datenfelder mit einer Leiste versehen sein, in der die entsprechenden Feldnummern eingedruckt sind. Die Reihenfolge der Felder auf dem Datenträger soll sich auf dem als Codiervorlage dienenden Vordruck ohne zeitraubendes Suchen erkennen lassen. Unformatisierte Urbelege sind personell in ablochfähige Datenträger zu transformieren, wenn der Datenerfassungsprozeß beschleunigt und die Datensicherheit während der Erfassung nicht gefährdet werden soll.

31) Unter der Eigenschaft "personelle Lesbarkeit" wird hier mehr verstanden als nur personelle Dechiffrierbarkeit. Zwar ist es möglich, die Lochungen in Lochkarte und -streifen anhand einer Codetabelle zu entschlüsseln, jedoch kann dies unter dem Gesichtspunkt der organisatorischen Durchsetzbarkeit nicht in der Praxis verwertet werden. Die Forderung der "personellen Lesbarkeit" in dem hier verwandten Sinne ist allerdings dann erfüllt, wenn der Lochkarteninhalt "lochschriftübersetzt" ist.

32) Der Umfang des Begriffes Ablochfähigkeit hat eine Ausweitung erfahren. Als systembezogener Begriff stand er zunächst in direkter Beziehung zum Verfahren des Lochens und Prüfens. Da sich aber die in diesem Zusammenhang relevanten organisatorischen Bedingungen auch bei Verwendung anderer tastaturbedienter Sachmittel nicht ändern, ist es sachlich gerechtfertigt, diesen Begriff, z. B. bei Magnetband-Erfassung, beizubehalten.

3322. Die nur maschinell lesbaren Datenträger

Maschinell lesbare (abtastbare) Datenträger sind in der Mehrzahl der Fälle endcodiert, können also ohne weitere Transformation als Eingabemedium dienen. In diese Gruppe gehören die Datenträger mit Lochcodierung und die mit elektromagnetischer Codierung.

Zu den lochcodierten Datenträgern zählen die klassischen Datenträger Lochkarte und Lochstreifen. In der Gegenüberstellung ergeben sich zum Teil erhebliche Unterschiede. So ist beispielsweise die Aufnahmekapazität beim Lochstreifen variabel, während sie bei Lochkarten auf eine bestimmte Anzahl von Stellen (bei Standardlochkarte auf 80 Stellen) begrenzt ist. Für den Vorgang der Datenerfassung erweist sich bei der Lochkarte die Möglichkeit der satzweisen Prüfung und Korrektur - erneutes Ablochen und Austausch der einzelnen Karten - als vorteilhaft. Beim Lochstreifen müssen die in einem möglichen Prüfvorgang festgestellten Fehler in Form eines Nachsatzes - oder durch erneutes Erstellen eines vollständigen Lochstreifens beim Prüfen - korrigiert werden. Schließlich sind Lochkarten extern (sowohl manuell als auch maschinell) sortierbar. Diesem Vorteil steht jedoch als Nachteil die Gefahr des Verlustes einzelner Karten gegenüber.

Die Kombination von Merkmalen beider Datenträger führte zu der Form der Lochstreifenkarte in Endlosfalzung. Während der Erfassung ist dieser Datenträger dem Lochstreifen gleichzusetzen. Anschließend können die als Endlosband erstellten Lochstreifenkarten getrennt und einzeln wie Lochkarten behandelt werden. Das Schwergewicht des Einsatzes dieses Datenträgers liegt in der Textverarbeitung und in der mittleren Datentechnik.

Als weitere Gruppe personell nicht lesbarer Speichermedien kommen Datenträger in Betracht, die nach dem elektromagnetischen Prinzip codiert sind. Zur Datenerfassung eignen sich hiervon Magnetbänder auf offenen Spulen oder in geschlossenen Kassetten.

Magnetbandstationen als externe Speichergeräte sind in fast jeder größeren DV-Anlage zu finden. Es liegt daher nahe, Magnetbänder off-line als Erfassungsmedien einzusetzen. Eine Bandstation, die im wesentlichen um eine Tastatur erweitert ist, dient als Erfassungsplatz und kann Locher und Prüfer ersetzen. Die Codierung kann beim Erfassen unmittelbar in der eingabefähigen Form erfolgen. Maschinelle Transformationen im Anschluß an die Erfassung (auf der Ebene C) dienen bei manchen Verfahren lediglich dazu, die einzelnen Bänder oder Kassetten auf Sammelbänder zu überspielen, die dann als Eingabemedium fungieren. Es gibt auch Lösungen, bei denen der an den Erfassungsplätzen erfaßte Datenstoff erst in kompatible Bänder transformiert werden muß oder über besondere Eingabeeinheiten (Bandkassettenleser) eingelesen werden kann. Das gilt auch für die Systeme, bei denen von mehreren Erfassungsplätzen der Datenstoff auf eine Magnetplatte zwischengespeichert wird.

Als Vorteile des Datenträgers Magnetband sind insbesondere zu nennen:

- die höhere Erfassungsleistung aufgrund schnelleren Springens und Duplizierens,
- die höhere Kapazität (die Tagesleistung einer Datentypistin läßt sich ohne weiteres auf einer Spule unterbringen),
- der geringe Platzbedarf,
- die Möglichkeit höherer, bei manchen Fabrikaten sogar völlig variabler Satzlängen,
- die leichtere und raschere Korrigierbarkeit während des Erfassungs- oder des Prüfvorgangs,
- die Lösch- bzw. Wiederverwendbarkeit,
- die Möglichkeit der Protokollierung über angeschlossene Schreibmaschine (Verzicht auf Prüfgang!),
- die meist geringe Geräuschentwicklung bei der Aufzeichnung,
- die höhere Einlesegeschwindigkeit bei der Eingabe in die Datenverarbeitung.

Bei Einsatz von Datenträgern, die nicht wie die Lochkarte dem Singularitätsprinzip entsprechen (Beispiel: Magnetband), ist zu berücksichtigen, daß die Zusammensetzung des anfallenden Datenstoffes besondere organisatorische Regelungen erforderlich machen kann. Diese beziehen sich auf die Separierung und Zusammenführung des auf den Datenträgern gemischt erfaßten heterogenen Stoffes für die Verarbeitungsprozesse.

3323. Die personell und maschinell lesbaren Datenträger

Die Bemühungen, visuell lesbare Datenträger auch maschinell lesbar zu machen, sind nicht neu. Bereits im Rahmen konventioneller Datenverarbeitungsanlagen lassen sich verschiedene Ansätze erkennen.

Eine Möglichkeit, sowohl personell als auch maschinell lesbare Datenträger zu schaffen, besteht darin, eine Verschlüsselung einzuführen, die maschinell abtastbar, aber auch vom Menschen zu verstehen ist. Hierzu sind Lösungen möglich, die zur Vor- oder Endcodierung führen.

33231. Die vorcodierten Datenträger

Eine der Lösungen mit vorcodierten Datenträgern besteht darin, auf dem Datenträger "Lochkarte" Positionen für senkrecht, waagerecht oder schräg angeordnete Strichmarkierungen fest vorzusehen. Jeder Position kann eindeutig ein numerischer oder alphabetischer Begriff zugeordnet werden. Mit Strichen markierte Positionen sind je nach technischer Realisierung auf elektrischem, magnetischem oder photoelektrischem Wege abtastbar. Erkannte Markierungen werden automatisch in entsprechende Lochungen in derselben Karte umgewandelt. Diese Datenträgerart, wie alle vorcodierten Datenträger nicht direkt eingabefähig, ist unter der Sammelbezeichnung Zeichenlochkarte' bekannt.

33232. Die endcodierten Datenträger

Versuche, endcodierte Datenträger einer problemlosen personellen Behandlung zugänglich zu machen, gingen zunächst dahin, die zu verarbeitenden Daten auf demselben Datenträger sowohl in Klarschrift als auch in codierter Darstellung, also doppelt, zu speichern. Dieses Vorgehen hat zur Folge, daß die Datenträger erst nach einem personell-mechanisierten Erfassungsvorgang und gegebenenfalls einer maschinellen Transformation sowohl personell als auch maschinell lesbar sind. Zu dieser Gruppe von Datenträgern gehören lochschriftübersetzte Lochkarten und Verbundlochkarten.

Lochkarten mit in Klartext übersetzten Lochungen können bei der Erfassung durch Einsatz von Schreiblochern erstellt werden. Daneben können erstellte Lochkarten nachträglich in einem separaten Maschinenlauf in Klarschrift übersetzt werden. Lochschriftübersetzte Karten werden häufig als Ziehkarten oder Konstanten-(Matriz-)Karten eingesetzt. Im ersten Fall handelt es sich um Verbrauchskarten, im zweiten um Gebrauchskarten.

Mit der Schaffung der sogenannten Verbundlochkarte ist versucht worden, durch besondere Anordnung der vorgedruckten Feldeinteilungen ein Medium zu schaffen, auf dem sowohl fixiert als auch durch Ablochen der Eintragungen erfaßt werden kann. Das Gestaltungsprinzip besteht darin, die Eintragungsfelder so anzuordnen, daß die Feldinhalte beim Ablochen nicht durch die Ablochstation verdeckt sind. Sofern die Eintragungen nicht durch das Ablochen verstümmelt sind, ist dieser Datenträger nach der Erfassung sowohl personell als auch maschinell lesbar.

Eine weitere Datenträgerart mit doppelter Datenspeicherung stellen die Magnetkontokarten dar. Auf diesen werden die Daten beim Erstellen (Fixieren und/oder Erfassen) in Klarschrift, ähnlich einer normalen Kontokarte, aufgezeichnet und zusätzlich in einem sogenannten Magnetstreifen am linken oder rechten Kartenrand elektromagnetisch codiert gespeichert. Die Magnetstreifen eignen sich zum Speichern von Leit- und Nutzdaten (33) sowie von Programmen. Nach dem Beschriften sind diese Datenträger visuell als auch maschinell lesbar. Sie erfordern besondere Codier-/Lese-Geräte (Magnetkonten-Computer) oder Eingabeeinheiten (Magnetkontokarten-Leser).

Die Markierungsbelege sind als weitere Vorstufe zu den visuell und maschinell lesbaren Klarschriftbelegen aufzufassen. Ähnlich der Zeichenlochkarte werden numerische oder alphabetische Begriffe in Form von Strichmarkierungen codiert. Numerische Werte können auf zweierlei Art und Weise dargestellt werden. Einmal kann für jede Stelle einer Zahl eine Zeile mit zehn Positionen vorgesehen werden. Zum anderen kann der darzustellende Gesamtwert gestükkelt, d. h. in mehrere Einzelwerte aufgeteilt werden. Dies kann beispielsweise in der Form geschehen, daß Markierungspositionen für die Werte 1, 2, 4, 8, 10, 20 usw. vorgesehen werden. Dieses Stükkeln erfordert jedoch, daß der Belegersteller "rechnet". Häufig werden für die zu markierenden Zahlen zusätzlich Klarschriftfelder vorgegeben, so daß vor allem bei Uraufzeichnungen nicht unmittelbar codiert werden muß. Es kann also auch hier noch doppelte Datenspeicherung vorliegen. Da die Markierungsbelege auf optischem Wege abgetastet werden, sind sie bereits zur optischen Zeichenerkennung (34) im weiteren Sinne zu rechnen.

Als letzte Gruppe der endcodierten personell-maschinell lesbaren Datenträger sind die Erfassungsmedien mit automatisch abtastbarer Klarschrift zu erwähnen. Ihre Bedeutung ist darin zu sehen, daß auf ihnen direkt in endcodierter Form fixiert werden kann, ohne daß, außer Schreibmaschinen oder Drucker mit maschinenlesbarem Typensatz, besondere Codiermittel erforderlich sind. Von den entwickelten maschinellen Verfahren zur Zeichenerkennung haben sich die magnetische (35), vor allem aber die optische Zeichenlesung kom-

---

33) Vgl. hierzu DIN 44300, Informationsverarbeitung, Begriffe, Entwurf August 1968, S. 3

34) OCR = Optical Character Recognition.

35) MICR = Magnetic Ink Character Recognition.

merziell durchgesetzt. Von einigen optischen Klarschriftlesern werden daneben noch Strichmarkierungen, ähnlich denen auf der Zeichenlochkarte, oder dem Markierungsbeleg, erkannt.

Der entscheidende Nachteil der heute gebräuchlichen Magnetschriften (E-13 B, CMC-7)(36) muß einmal in der verhältnismäßig starken Stilisierung und zum anderen in dem Erfordernis einer eisenoxydhaltigen Druckfarbe gesehen werden. Demgegenüber fällt der Vorteil der Unempfindlichkeit gegen Verschmutzungen auf dem Datenträger, die bei der optischen Zeichenerkennung zu Störungen führen können, im allgemeinen weniger ins Gewicht.

Mit der maschinellen Handschrifterkennung ist die Möglichkeit einer flexiblen Gestaltung der vor der maschinellen Verarbeitung liegenden personellen Arbeitsgänge geschaffen worden. Manche starre Regelung des Arbeitsablaufs kann dadurch vermieden werden. Vor allem aber kann mit dieser Möglichkeit die Datenerfassung in den Fällen sinnvoll an den Ort der Datenentstehung verlagert werden, in denen das vorher nur durch Einsatz von Codiergeräten möglich gewesen wäre, sich aber aus wirtschaftlichen Gründen verbot. Im einzelnen sind Datenträger in folgenden Ausführungen einsetzbar:

- Einzelbelege für Hand- und/oder Maschinenschrift oder Markierungen,
- Journal- oder Additionsstreifen mit Maschinenschrift.

36) Genormt durch DIN 66 007. "Schrift CMC-7 für die maschinelle magnetische Zeichenerkennung, Zeichen und Nennmaße", November 1967.

4. Die Ordnungsmäßigkeit der Datenerfassung

Die Ergebnisse der automatisierten Datenverarbeitung können nur in dem Maße verläßlich sein, wie die in den Verarbeitungsprozeß eingegebenen Daten richtig waren. Zwar können durch falsche Verarbeitungsprogramme auch richtige Daten zu falschen Resultaten führen, bei Fehlerhaftigkeit der Eingabedaten läßt sich aber nur unter besonderen Bedingungen ein zutreffendes Verarbeitungsergebnis erzielen. Maßnahmen zur Sicherung der Richtigkeit, Vollständigkeit und Rekonstruierbarkeit, also zur Gewährleistung der Ordnungsmäßigkeit der Datenverarbeitung, müssen daher bei der Datenerfassung ansetzen. Für alle Erfassungsaufgaben sind Normen so vorzugeben, daß möglichst zwangsläufig der Datenverarbeitung richtige Daten zur Verfügung gestellt werden. Eine Datenerfassung unter Erfüllung dieser Normen ist ordnungsgemäß. Die Normen können exakt formulierte Forderungen sowohl in formeller als auch materieller Hinsicht sein oder allgemeine Grundhaltungen ohne genauere Definition. Sie müssen im Einklang mit der Forderung nach Wirtschaftlichkeit der Datenerfassung stehen.

41. Die Grundsätze ordnungsmäßiger Datenerfassung

411. Der Grundsatz der materiellen Richtigkeit

Der Grundsatz der materiellen Richtigkeit fordert die inhaltliche Kongruenz zwischen dem abzubildenden Sachverhalt, den durch die Abbildung entstehenden Daten und schließlich den nach allen Transformationsprozessen eingabefähigen Daten.

Abhängig davon, in welcher Weise die Elementarfunktionen Fixierung und Transformation durch die konkrete Datenerfassungsmethode erfüllt werden, ist die Forderung nach materieller Richtigkeit der Daten unterschiedlich weit gespannt. Am weitesten geht sie bei den Methoden, die die Fixierung in den Datenerfassungsprozeß einbeziehen (Methode der integrierten Fixierung und Erfassung mit nachfolgender Transformation; Methode der integrierten Fixierung und Erfassung; Methode der Integration von Fixierung, Erfassung und Eingabe). Jede materielle Beeinträchtigung der Daten im Vorfeld der Datenverarbeitung ist bei diesen Methoden auch als Fehler in der Datenerfassung anzusehen. Ist dagegen die Fixierung isoliert und nicht Bestandteil der Datenerfassung, so verletzen materielle Fehler bei der

Fixierung sowie negative Veränderungen aufgrund von vor der Erfassung liegenden Transformationen nicht den Grundsatz der materiellen Richtigkeit im Bereich der Datenerfassung. In diesem Fall ist die materielle Ordnungsmäßigkeit entweder durch entsprechende Sicherungen bei der Fixierung zu gewährleisten oder im Verlaufe des nachfolgenden Erfassungsprozesses zu überprüfen.

Je mehr Teilfunktionen gleichzeitig mit der Datenerfassung vollzogen werden, desto größer wird die Verantwortung der Datenerfassung für die materielle Richtigkeit der Eingabedaten, desto größer sind aber auch die Möglichkeiten, die Richtigkeit der Daten im Erfassungsprozeß zu sichern. Wenn die Daten gleichzeitig mit der Fixierung erfaßt werden, können die Möglichkeiten programmierter und hardware-mäßiger Kontrolle mit besonderer Effizienz genutzt werden. Nummernprüfung und Plausibilitätskontrolle sind geläufige Beispiele programmierter Sicherungen (37). Die hardware-mäßigen Prüfungen kommen um so besser zur Wirkung, je höher der Automationsgrad im Bereich der Datenerfassung ist. Ist der Anteil der personellen Aufgabenerfüllung bei der Datenerfassung gleich null (automatisierte Erfassung), so kann durch den Einsatz entsprechender Sachmittel ein Höchstmaß an materieller Richtigkeit erreicht werden. Wird personell erfaßt, etwa über Datenträger durch Fixierung (Schemawege C-D, B-C-D) oder durch Transformation (Schemawege A-D, A-C-D, A-B-C-D), so ist die materielle Richtigkeit tendenziell stärker gefährdet als bei maschineller Erstellung dieser Datenträger. Sowohl für personelle als auch maschinelle Datenträgererstellung gilt, daß mit zunehmender Zahl der durchlaufenden Ebenen die Möglichkeiten der Beeinträchtigung der Richtigkeit größer werden.

Ist der Fixierungsvorgang nicht Bestandteil des Datenerfassungsprozesses, so muß auch heute noch von einer materiellen Kontrollschwäche in der Datenerfassung gesprochen werden, weil Fixierungsfehler im nachgelagerten Datenerfassungsprozeß häufig nicht aufgedeckt werden können. Da bei der von der Erfassung isolierten Fixierung aber in der Regel der "Ablochbeleg" als Codiervorlage im Hinblick auf die Datenerfassung zu gestalten ist, läßt sich von der Datenerfassung her über diese Gestaltung ein begrenzter Einfluß auf die materielle Richtigkeit der zu erfassenden Daten nehmen. Die noch weiter vorgelagerten Fixierungs- und Transformationsvorgänge lassen sich im wesentlichen nur durch personelle Prüfungen sichern.

---

37) Die Ordnungsmäßigkeit kann jedoch nicht allein von der Existenz solcher Möglichkeiten abhängen. Werden sie nicht genutzt, z. B. weil die Kontrollen sich besser vor oder nach der Erfassung durchführen lassen, so ist dies kein Verstoß gegen die Ordnungsmäßigkeit der Erfassung.

Zusätzliche Vorkehrungen zur Sicherung der Richtigkeit der Erfassung sind bei dezentraler Erfassung mit Datenübertragung zum Orte der Datenverarbeitung notwendig. Die Störanfälligkeit der dabei benutzten Leitungen und damit die Wahrscheinlichkeit von Übertragungsfehlern läßt sich in Abhängigkeit vom gewählten Übertragungsverfahren vorherbestimmen. Mit einem geeigneten Fehlerschutzverfahren kann die Fehlerhäufigkeit fast beliebig reduziert werden (38), die Forderung nach Wirtschaftlichkeit der Erfassung setzt aber hier Grenzen.

412. Der Grundsatz der formellen Richtigkeit

Der Grundsatz der formellen Richtigkeit fordert die Einhaltung vorgegebener Abbildungsnormen für die zu erfassenden Daten. Dieser Grundsatz hat für die Datenerfassung besonderes Gewicht. Denn maschinelle Datenverarbeitung ist ohne formelle Vorschriften für den Bereich der Datenerfassung nicht denkbar, solange die Datenverarbeitungsanlagen keine qualitativ vergleichbaren Fähigkeiten gegenüber dem menschlichen Denkprozeß in bezug auf Erkennungsvermögen, Assoziationspotenz und Abstraktionsfähigkeit haben. Eine Datenerfassungsaufgabe ist an Formvorschriften hinsichtlich des zu verwendenden Datenträgers, der Darstellung und der Anordnung der Begriffe auf diesem Datenträger gebunden.

Einmal können die individuellen Eingabemöglichkeiten bestimmte Erfassungsformate fordern. Integrationsbedürfnisse können die Verwendung einheitlicher Codierbelege vorschreiben. Die Forderung nach materieller Richtigkeit kann sich ebenfalls in Formvorschriften niederschlagen: In Schreibregeln, Regeln für die Feldanordnung, für die Wahl der Codiermittel u. ä. (39). Auch von seiten der Kontrolle und der Revision können Anforderungen an die Form der Datenerfassung gestellt werden, zumeist als Forderungen nach personeller Lesbarkeit der erfaßten Daten. Eine personelle Verarbeitung der in oder auf maschinenlesbaren Datenträgern fixierten Daten wird gleichfalls zusätzlich personelle Lesbarkeit notwendig machen.

---

38) Vgl. hierzu Dateldienste der Deutschen Bundespost, Merkblatt Z: Datenübertragung über Fernmeldewege der Deutschen Bundespost - Probleme und Möglichkeiten -, herausgegeben vom Fernmeldetechnischen Zentralamt Darmstadt, Stand Februar 1966, S. 9

39) Wegen anderer Erfordernisse siehe auch Fritz, Eugen: Druck und Papier bei der Belegverarbeitung. In: IBM Nachrichten, 13. Jahrgang 1963, Heft 163, November, S. 2114 - 2115.

Je einfacher die Sachmittel zur Erstellung maschinenlesbarer Datenträger sind, um so größer müssen die Toleranzen für die Ausführungsformen der Zeichen sein. Das gilt insbesondere für die nichtmaschinellen Sachmittel der Datenerfassung. Bei Überschreiten der Toleranzen wird das Zeichen bei der maschinellen Transformation bzw. Eingabe normalerweise als nicht erkennbar zurückgewiesen. Erfolgte jedoch eine handschriftliche Erstellung eines maschinenlesbaren Datenträgers, so kann statt der Rückweisung eine Zeichensubstitution eintreten, d. h. ein formaler Fehler kann hier durch die Erkennungslogik der Lesestation zu einem materiellen Fehler werden.

413. Der Grundsatz der Vollständigkeit

Der Grundsatz der Vollständigkeit (40) hat zum Inhalt, daß weder bei der Datenerfassung noch bei nachgelagerten Transformations- und Eingabeprozessen Daten verlorengehen dürfen. Die Gefahr des Verlustes von Daten ist sowohl bei der Erfassung selbst (übersehen eines Urbeleges) als auch in der Phase des Daten- bzw. Datenträgertransportes gegeben. Zur Sicherung des Datenträgertransportes sind organisatorische Kontrollen zu schaffen in Form von

- Begleitzetteln mit Abstimmsummen - gegebenenfalls in Abstimmkreisen - mit Beleganzahl u. ä.,
- Vollständigkeitskontrollen durch fortlaufende Numerierung der Belege u. ä.

Bei automatisierter Datenerfassung und -übertragung ist die Forderung nach vollständiger Erfassung durch entsprechende Programmierung und Hardware-Einrichtungen zu erfüllen.

Zur Sicherung der Vollständigkeit der Erfassung bei Datentransport im Wege der Datenfernübertragung gelten die schon erwähnten aufgabenbezogenen Beschränkungen entsprechend. Auch hierbei stellen sich als begrenzende Argumente die Aspekte der Wirtschaftlichkeit.

---

40) Der Grundsatz der Vollständigkeit und die Grundsätze der materiellen und formalen Richtigkeit müssen in ihrer Relation beachtet werden. Alle Erfassungseinheiten, deren Felder sachlich und formal richtig fixiert und in den Verarbeitungsprozeß eingegeben werden, müssen damit auch vollständig sein; demgegenüber können vollständige Daten durchaus sachliche und/oder formale Fehler enthalten.

414. Der Grundsatz der Rekonstruierbarkeit

Die Grundsätze der Richtigkeit und Vollständigkeit müssen ergänzt werden durch Normen, die die Möglichkeit der Revision sicherstellen.

Der Grundsatz der Rekonstruierbarkeit konkretisiert sich in den Forderungen nach Klarheit der Abläufe im Erfassungsprozeß und dem Nachweis der materiellen Gleichheit innerhalb der Arbeitsprozesse im Vorfeld der Datenverarbeitung. Er verlangt Verfügbarkeit und - zeitlich begrenzte - Beständigkeit der zu prüfenden Unterlagen, fordert Sicherheit vor nachträglicher Verfälschung u. ä. Hieraus kann nicht die Forderung nach Aufbewahrung aller Datenträger, die zwischen Fixierung und Eingabe entstehen, abgeleitet werden, wenn durch Gestaltung der organisatorischen Abläufe Identität zwischen Urdaten und Eingabedaten gewährleistet werden kann. Die Revision muß mit vertretbarem Zeitaufwand möglich sein - auch für sie gilt das Postulat der Wirtschaftlichkeit - und darf beim Revisor nicht die Kenntnisse eines "Superspezialisten" voraussetzen.

Es ist sicherlich erkennbar, daß dieser Grundsatz der Rekonstruierbarkeit für den Bereich des Rechnungswesens besondere Bedeutung hat, da hier sehr häufig große zeitliche Disparitäten zwischen Datenereignis und Prüfungs- bzw. Rekonstruierungstermin vorliegen. Das bedeutet eine Einschränkung der Einsatzmöglichkeit automatisierter Erfassungsverfahren in diesem Bereich.

42. Die Gliederung der Normen im Hinblick auf die Herkunft

421. Die eigengesetzten Normen

Die Notwendigkeit zur Beachtung der dargestellten Grundsätze der Ordnungsmäßigkeit wird primär vom Unternehmer selbst empfunden werden. Denn das größte Interesse an richtigen und vollständigen Daten hat der "ordentliche Kaufmann" selbst. "Auf dem Gebiet der Abstimmung und Kontrolle ist das Firmeninteresse an der Richtigkeit und Vollständigkeit identisch mit den Erfordernissen der Grundsätze ordnungsmäßiger Buchführung"(41). Falsche oder unvollständige Da-

---

41) Arbeitskreis des Betriebswirtschaftlichen Ausschusses des Verbandes der Chemischen Industrie e. V., Frankfurt a. M.: Ordnungsmäßigkeit der Buchführung beim Einsatz datenverarbeitender Anlagen. In: Die Wirtschaftsprüfung, 16. Jahrgang 1963, Nr. 5, März, S. 9.

ten können zu fehlerhaften Ergebnissen der Datenverarbeitung und, wenn diese als Entscheidungsunterlagen verwendet werden, zu Fehlentscheidungen führen. Ob es sich hierbei um Daten aus dem Rechnungswesen oder bezüglich der Absatzplanung, für Investitionsentscheidungen oder hinsichtlich der Personalpolitik handelt, ist unerheblich.

Das Risiko, ob sich seine Maßnahmen zur Erfüllung der Grundsätze ordnungsmäßiger Datenerfassung eignen, trägt allein der Unternehmer.

422. Die fremdgesetzten Normen

Als Glied der Volkswirtschaft hat die Unternehmung auch externen Stellen gegenüber Rechenschaftspflichten, die sich in extern vorgegebenen Normen der Datenerfassung niederschlagen können. Im Unterschied zu den eigengesetzten Normen, die sich immer auf die Gesamtheit der im Unternehmen zu erfassenden Daten beziehen werden, betreffen die fremdgesetzten Normen meist einzelne Datenbereiche. Externe Normen haben verpflichtende Priorität gegenüber internen. Solange aber die eigenen und die fremden Interessen an einem Datenkomplex divergieren, werden die externen die internen Normen nicht substituieren, sondern Mindestanforderungen festlegen. In bezug auf bestimmte Daten sollten sich beide Anforderungen durch einen einzigen Erfassungsvorgang erfüllen lassen; dabei kann es aber durchaus sein, daß spezielle Datenwünsche beider Interessenten den Erfassungsumfang vergrößern.

Der materiell wichtigste Datenbereich, auf den sich fremdes Interesse richtet, ist das Rechnungswesen, für das der Gesetzgeber die Grundsätze ordnungsmäßiger Buchführung (42) aufgestellt hat. Die Buchführung ist aber nicht nur für Besteuerung und Rechnungslegung gegenüber Dritten bedeutsam, sie ist die zentrale Informationsquelle für die Unternehmungsleitung und deshalb durch entsprechend ausführliche interne Anordnungen geregelt. Externe und interne Normen weichen gerade in diesem Bereich beträchtlich voneinander ab, da sie verschiedenen Interessenlagen entsprechen. Bei der Ermittlung,

---

42) § 38 I HGB i. V. m. § 160 (1) AO. Diese Grundsätze (GoB) sind nur teilweise kodifiziert; die Rechtsnatur der nicht kodifizierten ist umstritten. Nach dem Bundesfinanzhof (s. Urteil vom 12. Mai 1966, BStBl. III S. 372) stellen die GoB einen unbestimmten Rechtsbegriff dar. Ihr Inhalt richtet sich in erster Linie nach dem, was das allgemeine Bewußtsein eines ordentlichen Kaufmanns hierunter versteht.

Auszahlung und Verbuchung des Lohnes ist z. B. der Fiskus an diesen Daten interessiert, weil mit der Zahlung des Arbeitsentgeltes Steuer- und Haftpflichten ausgelöst werden. Für den Unternehmer ist dagegen entscheidend, ob der Mitarbeiter eine die Lohnzahlung rechtfertigende Gegenleistung erbracht hat. Beide Interessenten werden also zum Teil verschiedenartige Normen setzen. Da sich die internen und externen Richtigkeits-, Vollständigkeits- und Revisionsnormen nur teilweise decken, erhöhen sich die Anforderungen an die Datenerfassung insgesamt. Das wiederum hat in den meisten Fällen auch eine Vergrößerung des Erfassungsumfanges zur Folge. Dabei ist außerdem zu bedenken, daß für bestimmte Datenerfassungsaufgaben mehrere unternehmungsexterne Stellen divergierende Normen setzen können.

Mit zunehmender externer Integration im Bereich der automatisierten Datenverarbeitung werden auch andere als fiskalische Institutionen mehr und mehr Ordnungsmäßigkeitsnormen für das Gebiet der Datenerfassung einführen müssen. Diese Normen ermöglichen langfristig erst die Lösung des Erfassungsproblems für Daten, die nicht in der Unternehmung selbst entstehen.

43. Die Gliederung der Normen im Hinblick auf ihren Zweck

431. Die aufgabenbezogenen Normen

Eine Ordnung und daraus resultierend die Normen der Ordnungsmäßigkeit richten sich grundsätzlich nach der jeweiligen Aufgabenstellung. Erst nach Konkretisierung der Aufgabe läßt sich sagen, welche der zuvor dargestellten Normen der Richtigkeit, Vollständigkeit und Rekonstruierbarkeit im betrachteten Falle Bedeutung haben. Die aufgabenbezogenen Normen abstrahieren zunächst von den einzusetzenden Aufgabenträgern. Sie existieren unabhängig davon, ob eine Aufgabe durch rein manuelle Arbeitsprozesse, durch kombinierten Einsatz von Personen und Maschinen oder durch reinen Maschineneinsatz erfüllt wird. Das heißt nicht, daß sich diese aufgabenbezogenen Normen nicht auch auf die Auswahl der Datenerfassungsverfahren auswirken können. Können zum Beispiel die hohen aufgabenbedingten Anforderungen an die materielle Richtigkeit von einem Datenerfassungsverfahren nicht erfüllt werden, so ist die hieraus resultierende Ablehnung des Verfahrens Folge der aufgabenbezogenen Normen. Andererseits kann es sich ergeben, daß ein bestimmtes Datenerfassungsverfahren den aufgabenbezogenen Normen in besonderer Weise entspricht.

Eine konkrete Aufgabe kann die Entwicklung eines speziellen Sachmittels fordern, das dann im Einzelfall wieder einen Einfluß auf die aufgabenbezogenen Normen haben kann. Das beweist aber nur, daß primär die Aufgabe und ihre Normen gegeben sind. Diese aufgabenbezogenen Normen können dabei entweder zwingend oder nachgiebig sein.

Aufgabenbezogene Normen werden intern und extern vorgegeben; gerade externe Normen sind in der Mehrzahl aufgabenbezogen.

432. Die verfahrensbezogenen Normen

Aber auch die Datenerfassungsverfahren als die technische Konkretisierung einer Erfassungsmethode setzen spezielle, nunmehr verfahrensbezogene Normen, die zunächst unabhängig von der einzelnen Datenerfassungsaufgabe vorhanden sind. Das können einmal Normen sein, die sich aus technischen Gegebenheiten der Erfassungsgeräte und/oder der Verarbeitungsanlagen ableiten, zum anderen Normen bezüglich der organisatorischen Bedingungen, die für das Verfahren erforderlich sind. Da diese Grundsätze sich aus der Zweckbestimmung der Datenerfassung, der Verarbeitung die richtigen Daten verfügbar zu machen, ergeben, sind sie letztlich von der Verarbeitungsseite her induziert. Sie können sich auf die Sicherung der materiellen und formellen Richtigkeit, der Vollständigkeit und der Rekonstruierbarkeit richten, sie können im Einzelfall mit den eigengesetzten oder fremdgesetzten Normen korrelieren.

Bei der Bewältigung einer konkreten Datenerfassungsaufgabe treten die verfahrensbezogenen zu den aufgabenbezogenen Normen hinzu. Dabei können sich Konflikte ergeben. Treffen etwa unvereinbare und zugleich unabdingbare Forderungen aufeinander, so ist die aufgabenbezogene Norm im allgemeinen in der Form dominant, daß ein anderes Verfahren gewählt werden muß. Sind beide in Grenzen flexibel, so wird sich häufig das verfahrensbezogene Argument durchsetzen. Die Aufgabenstellung kann sich in solchen Fällen den Verfahrensnormen anpassen.

Die Normen, die sich aus den technischen Anwendungsbedingungen ergeben, sind insofern extern determiniert, als die von Herstellern der Erfassungsgeräte und der Datenverarbeitungsanlagen gelieferte Hardware und Software in ihrer Auswirkung auf die Datenerfassung hingenommen werden müssen. Da sich der Anwender mit dem Einsatz der Aggregate diesen verfahrensbezogenen Normen unterwirft, wird die Auswahl der Sachmittel durchweg nach eigengesetzten Aufgaben- und/oder Verfahrensnormen getroffen.

Die mit den verfahrensbezogenen Normen der Datenerfassung korrespondierenden organisatorischen Regelungen sind in aller Regel unternehmensindividueller Natur, weil sie auf die übrigen organisatorischen Maßnahmen in der Unternehmung abgestimmt sein müssen. Externe verfahrensbezogene organisatorische Normen entstehen, wenn gleichberechtigte Partner auf dem Gebiete der Datenerfassung eine überbetriebliche Integration vereinbaren, sei es in Vorschriften über Codiermittel, Datenformate, über Art und Umfang von Vollständigkeits- und Richtigkeitskontrollen oder über Aufbewahrungsfristen. Dabei sollte individuellen organisatorischen Belangen genügend Spielraum gelassen werden.

Auch das Handels- und Steuerrecht setzt verfahrensbezogene Normen, vor allem in den Grundsätzen ordnungsmäßiger Buchführung. So schließt der Belegzwang z. B. Verfahren der Direkteingabe ohne Protokollschreibung für die Erfassung von Buchungsstoff aus (43), und so wird die Aufbewahrung von Daten in Form von Magnetbandaufzeichnungen immer noch als nicht dauerhaft verworfen (44). Daß die GoB solche verfahrensbezogenen Normen enthalten, muß ihnen zum Vorwurf gemacht werden. Diese Normen tragen die Tendenz in sich, die augenblicklich realisierten Verfahren zu konservieren, und sie sind träge in bezug auf Anpassung an neue Techniken und Erkenntnisse. Die GoB sollten deshalb nur aufgabenbezogene Normen sein. Die Verfahrenswahl und das Risiko dieser Wahl muß Sache des Unternehmers bleiben. Dies entspricht der Forderung nach automationsgerechter Gesetzgebung. Daher sollten auch keine spezifischen GoB für die automatisierte Datenverarbeitung und die Datenerfassung formuliert werden (45).

---

43) In jüngster Zeit geht allerdings die Tendenz dahin, weniger den Beleg als die Erfüllung der sog. Belegfunktion zu fordern. Diese kann mit der Grundbuchfunktion zusammenfallen.

44) So der Finanzminister des Landes Niedersachsen, Erlaß vom 31. 3. 1970, S - 1160 c - 1 - 331 -, zitiert nach: Der Betrieb, 23. Jg. 1970, Heft 24 v. 12. Juni 1970, S. 1105.

45) So auch u. a. Arbeitskreis des Betriebswirtschaftlichen Ausschusses des Verbandes der Chem. Industrie, a. a. O., S. 11. Studienkreis "Rechnungswesen und automatische Datenverarbeitung" des Betriebswirtschaftlichen Instituts für Organisation und Automation an der Universität zu Köln, "Ordnungsmäßigkeit der externen Rechnungslegung beim Einsatz automatischer Datenverarbeitungsanlagen". In: Der Betrieb, 19. Jg. 1966, Heft 39, S. 1486.

5. Die optimale Lösung

Die im nachfolgenden Abschnitt zu erörternde optimale Lösung des Datenerfassungsproblems kann erst dann in Form einer Gesamtschau mit abzuwägenden und zu wertenden Teilaspekten dargestellt werden, wenn die in diese Lösung eingehenden Bestimmungsfaktoren nacheinander isoliert und analysiert worden sind. Aus diesem Grund sollen zunächst die beim gegenwärtigen Stand der Maschinentechnik vorhandenen technischen Möglichkeiten so zu Datenerfassungsverfahren zusammengestellt werden, daß Umfang und Zahl der einzelnen Stufen im Vorfeld der Datenverarbeitung minimiert werden. Da diese Lösungsmöglichkeiten allein unter technischen Gesichtspunkten gesehen werden, muß in einem zweiten Teil untersucht werden, welche soziologischen Einflußfaktoren die Durchsetzung der technisch optimalen Lösung ausschließen oder abwandeln können. In einem dritten Teil werden dann die Kosten eines Datenerfassungsverfahrens und die dabei erzielbaren Leistungen betrachtet, um auf diese Weise auch den Aspekt der Wirtschaftlichkeit bei der Auswahl eines optimalen Erfassungsverfahrens mit einzubeziehen.

Aus den Überlegungen über die angebotene Maschinentechnik, die soziologischen Einflußfaktoren und die wirtschaftliche Betrachtung der Verfahren folgt, daß die Bestimmungsgrößen der optimalen Lösung von Fall zu Fall unterschiedlich gewichtet werden müssen. Aus diesem Grunde wird in einem vierten Teil dieses Abschnittes anhand von sechs Beispielen aus verschiedenen Wirtschaftszweigen das methodische Vorgehen aufgezeigt, um unter Berücksichtigung der unterschiedlichen Gewichtung der Faktoren die optimale Lösung des Einzelfalles nachzuweisen. In einem letzten Abschnitt wird dann versucht darzustellen, wie der Weg zu einer jeweilig individuellen optimalen Lösung ermittelt werden kann.

51. Die technisch optimale Lösung und ihre Voraussetzungen

Bei Beurteilung der technisch optimalen Lösung muß zunächst unterschieden werden zwischen der technisch vorstellbaren optimalen Lösung als Zielvorstellung und der beim gegenwärtigen Stand der Maschinentechnik praktisch realisierbaren optimalen Lösung.

Ausgehend von der Überlegung, daß die Datenerfassungsprobleme technisch optimal gelöst sind, wenn alle notwendigen Teilfunktionen zwischen der Datenentstehung und der Dateneingabe integriert sind, kann die technische Ziellösung wie folgt postuliert werden: Die Datenverarbeitungsprozesse sind so mit dem zugrunde liegenden Realprozeß (Produktions- oder Verwaltungsprozeß) zu verbinden, daß die im Verlaufe dieses Prozesses entstehenden Daten direkt der Verarbeitung zugeführt oder mit direkter Zugriffsmöglichkeit für die Verarbeitung bereitgehalten werden. Das kennzeichnende Merkmal dieser technischen Zielvorstellung für den Aufgabenbereich der Datenerfassung besteht also darin, alle zur maschinellen Verarbeitung bestimmten Daten im Augenblick ihres Entstehens datenträgerlos und automatisiert für den Verarbeitungsprozeß zur Verfügung zu stellen, unabhängig davon, ob die Verarbeitung sofort anschließt oder erst später einsetzt. Damit würden im Vorfeld der Datenverarbeitung selbständig ausgeübte Teilvorgänge entfallen, insbesondere alle Transformationsprozesse. Mit der Realisierung der technischen Optimallösung verlieren die Engpaßprobleme bei der Datenerfassung ihre Bedeutung.

Bei einer Analyse der gegenwärtig angebotenen technischen Möglichkeiten läßt sich jedoch feststellen, daß diese als technische Zielvorstellung bezeichnete Form der Datenerfassung bisher im wesentlichen nur im Bereich derjenigen Daten zu finden ist, die bei Produktionsprozessen und bei der automatisierten Datenverarbeitung selbst entstehen. Demgegenüber stehen bei der Datenerfassung in vielen anderen Fällen noch technische, der postulierten Zielvorstellung entsprechende Lösungen (46) aus, so daß unter Berücksichtigung der gegenwärtig einsetzbaren Maschinentechnik die nachfolgend aufgezeigten Lösungswege für die Praxis realisierbare technische Verfahren darstellen. Außerdem sind bei diesen Lösungswegen technische Möglichkeiten gegeben, in einem Arbeitsgang mit der Direkteingabe bzw. mit der Dateneingabe über Datenträger zusätzliche, für andere Zwekke benötigte Datenträger zu erstellen. Diese synchrone Erstellung kann ein Bestandteil der technisch optimalen Lösung sein, sofern die Notwendigkeit für diese zusätzlichen Datenträger gegeben ist und die entsprechenden Funktionen dieser Datenträger nicht zweckmäßiger auf andere Weise erfüllt werden können.

511. Die Direkteingabe der Daten

5111. Die Direkteingabe der Daten ohne Einschaltung des Menschen

5112. Die Direkteingabe der Daten mit Einschaltung des Menschen

46) Diese Lösungen sind entweder noch nicht technisch realisierbar oder erst im Versuchsstadium oder zur Zeit noch abseits aller Wirtschaftlichkeitsüberlegungen.

511. Die Direkteingabe der Daten

Bei den praktischen Fällen der Direkteingabe von Daten kann man solche unterscheiden, die personenunabhängig erfolgen, und solche, die mit Einschaltung des Menschen durchgeführt werden.

5111. Die Direkteingabe der Daten ohne Einschaltung des Menschen

In den Fällen, in denen die Daten im Verlaufe oder am Ende eines Produktionsprozesses beispielsweise durch Meßwertgeber ermittelt werden können oder im Falle eines vorausgegangenen Datenverarbeitungsprozesses als dessen Ergebnis unmittelbar zur Verfügung stehen, kann die Direkteingabe der Daten ohne personelle Eingriffe erfolgen.

Als typische praktische Anwendungsmöglichkeit dieser Art sind Prozeßsteuerung und andere Datenverarbeitungsvorgänge mit Hilfe von Datenverarbeitungsanlagen im Real-Time-Verfahren zu nennen. Dabei kann es sich beispielsweise in der Raumfahrt um die Steuerung von Antriebskraft und Antriebsrichtung handeln oder im Produktionsbereich um die Steuerung von Produktionsprozessen.

Neben dem am stärksten ausgeprägten Beispiel der automatisierten Prozeßsteuerung, verbunden mit der Direkteingabe von Daten ohne Einschaltung des Menschen, gibt es jene einfachen Fälle ohne automatisierte Rückkopplung, in denen aus dem Prozeßvollzug stammende Daten ohne Einfluß auf den ablaufenden Prozeß bleiben. Die Direkteingabe dieser Daten erfolgt entweder zum Zwecke der sofortigen Verarbeitung für andere Aufgabenstellungen oder lediglich zur Bereitstellung im direkten Zugriff bis zum Zeitpunkt der entsprechenden anderen Verarbeitung.

5112. Die Direkteingabe der Daten mit Einschaltung des Menschen

Entstehen die Daten im Verlauf von personell erfüllten Produktions- und Verwaltungsprozessen oder kann die Ermittlung der Daten eines Produktionsprozesses nicht maschinell vorgenommen werden, so müssen die betreffenden Daten personell zur Speicherung oder Verarbeitung eingegeben werden. Dafür lassen sich in Abhängigkeit von der Methode verschiedene Möglichkeiten darstellen. Die Möglichkeit, die natürlichen Äußerungen des Menschen zur Direkteingabe (Spracheingabe) zu verwenden, scheitert gegenwärtig noch an den Schwierigkeiten, die einzugebenden Daten bei unterschiedlicher Stimmlage, Dialekt, Sprechgeschwindigkeit und Lautstärke der einzelnen Menschen eindeutig zu erkennen, insbesondere den Text zu segmentieren (47). Dagegen ist eine Vielzahl von technischen Aggregaten einsatzfähig, um die vom Menschen ermittelten Daten über Tastaturen beliebiger Form in Speichermedien oder in Verarbeitungsprozesse einzugeben. Die gleiche Bedeutung kommt den Abtastvorrichtungen zu, die unter Einschaltung des Menschen und unter Verwendung von Matrizkarten die einzugebenden Daten der Speicherung und/oder der Verarbeitung zuführen.

Die Form der Direkteingabe über Tastaturen ist verwirklicht bei den Platzbuchungssystemen vieler Fluggesellschaften. In den dezentralen Buchungsstellen wird über Eintastgeräte (Terminals) eine direkte Verbindung zum zentralen Computer hergestellt, und anschließend erfolgt die entsprechende Eingabe und Verarbeitung, etwa die Abfrage über noch verfügbare Plätze eines Fluges und eine entsprechende Buchung in der Zentrale. Synchron wird die Erstellung eines Flugtickets in der dezentralen Buchungsstelle vorgenommen. In ähnlicher Weise kann - technisch gesehen - ganz generell auch bei anderen Bestandsverfügungen verfahren werden, zum Beispiel bei der Verfügung über Mengen (Fertigwaren), Beträge (Konten) oder Programme. Ähnliches gilt für die Eingabe der Daten zur Abfrage von gespeicherten Informationen, zum Beispiel im Rahmen eines information retrieval system.

512. Die Dateneingabe über Datenträger

In allen Fällen, in denen eine Direkteingabe technisch zwar möglich, aber aus wirtschaftlichen Gründen bzw. wegen soziologischer Einflußfaktoren nicht realisierbar ist, muß die Eingabe über Datenträger erfolgen (eingeschränkte Ziellösung). Dabei sind der Technisierungsgrad der Teilprozesse und die Zahl der Transformationsstufen Maßstab für das technische Optimum der Erfassung.

Sofern der zur Dateneingabe bestimmte Datenträger sowohl maschinell als auch personell lesbar sein muß, eignen sich insbesondere die Klarschriftverfahren. Handelt es sich dabei um Datenträger, die in der eigenen Unternehmung entstehen und gelesen werden sollen,

47) Bakis, Raimo: Die automatische Zeichenerkennung. Die Verarbeitung akustischer Sprachsignale, das Lesen gedruckter Texte und andere neue Kommunikationsmedien. In: IBM-Nachrichten, 18. Jg. 1968, Nr. 187, S. 17.

so liegt das zentrale Problem in der Auswahl des geeigneten Klarschriftverfahrens. Jedes der angebotenen Verfahren setzt im gegenwärtigen Zeitpunkt noch erheblichen technischen Aufwand voraus, da sowohl hinsichtlich der äußeren Form als auch der Gestaltung der Datenträger, des Aussehens der zur Fixierung verwendeten Schrifttypen und der dazu verwendeten Farbbänder oder Substanzen sehr detaillierte Bedingungen eingehalten werden müssen.

Kann auf personelle Lesbarkeit verzichtet werden, so bietet sich eine Vielzahl von eingabefähigen Datenträgern an, deren Normung und Abstimmung auf die Erfordernisse der Verarbeitungsprogramme innerhalb einer Unternehmung durch die Einflußnahme der zentralen Datenverarbeitungsstelle kein besonderes Problem darstellt.

Entstehen diese Datenträger jedoch nicht in der Unternehmung, sondern fallen sie in einer anderen Unternehmung an, so kann eine personelle Transformation nur dann ausgeschaltet werden, wenn diese Datenträger in ihrer organisatorischen Gestaltung und der verwendeten Beschriftung den intern benutzten Datenträgern entsprechen oder wenn Sachmittel zur Verfügung stehen, die unterschiedliche Formate und Darstellungsformen maschinell lesen können.

Wenn es dagegen notwendig ist, die gleichen Daten vollständig oder auszugsweise auf mehreren Datenträgern zu fixieren, von denen der eine - beispielsweise für den externen Bereich bestimmt - nur personell lesbar zu sein braucht, der andere jedoch für die nachfolgende Verarbeitung maschinell lesbar sein muß, dann eignen sich zur Herstellung dieser Datenträger insbesondere Synchronverfahren. Als Beispiele hierfür sind die Aufzeichnungen von Personaldaten, die Erstellung von Auftragsbestätigungen und Versandanzeigen sowie die Fakturierung mit der simultanen Erfassung der in Betracht kommenden Daten auf Lochstreifen oder Magnetband zu nennen.

52. Die Realisierung der technischen Optimallösung und ihre Grenzen

Die aufgezeigten Formen der technisch möglichen Optimallösung lassen sich jedoch gegenwärtig in der Praxis oft nicht realisieren, weil eine ganze Reihe von Faktoren dieser Optimallösung entgegenstehen. Diese Einflußgrößen lassen sich einmal hinsichtlich ihrer Beeinflußbarkeit und zum anderen hinsichtlich ihres materiellen Inhaltes gruppieren. Einige dieser Faktoren sind im gegenwärtigen Zeitpunkt so unabdingbar, daß keine Möglichkeit besteht, diese Einflüsse zu verändern oder zu beseitigen. Demgegenüber sind die meisten der Faktoren zwar im gegenwärtigen Zeitpunkt noch wirksam, sie sind jedoch in Grenzen oder teilweise sogar völlig veränderlich. In Abhängigkeit davon, von welchen Institutionen sie beeinflußt werden können, lassen sich Gruppen der von der eigenen Unternehmung, von anderen Unternehmungen oder Institutionen und der von jedem Einzelnen veränderbaren Faktoren gegenüberstellen.

Entscheidend ist der sachliche Inhalt der Einflußfaktoren, der nachfolgend einer näheren Analyse unterzogen werden soll.

521. Die Normen des geschriebenen und ungeschriebenen Rechts und die Handelsusancen

Einer Realisierung der technischen Optimallösung können eigengesetzte und fremdgesetzte Normen entgegenstehen. Während die eigengesetzten Normen aufgrund ihrer Wandlungsfähigkeit bei Bedarf angepaßt werden können, sind die fremdgesetzten Normen von Natur aus wesentlich starrer. Die damit zum Ausdruck kommenden Hemmnisse können dazu führen, daß die technische Optimallösung überhaupt nicht, nicht in der gewünschten Form oder erst nach Abwandlung der Norm realisiert werden kann. Als wichtigste dieser fremdgesetzten Normen sind die inhaltlich bestimmten Rechtsvorschriften, die inhaltlich nicht exakt bestimmten Rechtsvorschriften und die Handelsusancen zu nennen.

Sofern der Gesetzgeber für das Zustandekommen eines Rechtsgeschäftes keine ausdrücklichen Formvorschriften erlassen hat, sind die technisch gegebenen Möglichkeiten der Datenerfassung entsprechend ausschöpfbar.

Am schwierigsten ist der Einsatz von Erfassungsgeräten bei den formbedürftigen Rechtsgeschäften (z. B. Grundstücksverkehr, Wechsel- und Scheckrecht). Einmal handelt es sich hierbei nicht um Massenarbeiten und zum anderen sind die Formvorschriften so streng, daß kaum die technischen Möglichkeiten zur Datenerfassung entsprechend der optimalen Lösung eingesetzt werden können.

Im normalen Warenlieferungs- und Leistungsverkehr liegen keine so strengen Formvorschriften vor. Hier kommt jedoch heute noch erschwerend hinzu, daß für die Beweissicherung (Vertragsgrundlage, Quittung für Leistung und Gegenleistung) Formvorschriften beachtet werden müssen, die der technischen Optimallösung unter Umständen entgegenstehen. Denkbar wäre zum Beispiel eine Kommunikation von Datenverarbeitungsanlagen bei Kunde und Lieferant, durch die automatisch eine Bestellung ausgelöst oder abgerufen wird. Als Frage bleibt die juristische Deutung der Verbindlichkeit und ihr Nachweis im Konfliktfall.

In diesem Zusammenhang kann auch an die Datenerfassung und -verarbeitung im parlamentarischen Bereich erinnert werden. Die Handlungen dieser Institution unterliegen besonderen Formvorschriften. Wenn zur Erleichterung der umständlichen Abstimmverfahren und der damit verbundenen Stimmauszählungen Abstimm-Maschinen eingesetzt werden, so müssen durch entsprechende Abwandlungen bestehender Formvorschriften diese Geräte vor Mißbrauch geschützt und die Verarbeitungsergebnisse protokollgesichert sein.

Zu der Gruppe der inhaltlich nicht exakt bestimmten Rechtsvorschriften gehören alle Vorschriften über privatrechtliche Vereinbarungen, die in ihrer Form und ihrem Inhalt beliebig gestaltet werden können, die die technisch optimale Lösung des Datenerfassungsproblems aber einschränkend beeinflussen.

Zu diesem Problemkomplex zählt im Rahmen der Grundsätze ordnungsmäßiger Buchführung die Frage, ob dem Belegzwang dadurch Rechnung getragen werden kann, daß entweder nach der Verarbeitung ein entsprechender Ausdruck der eingetasteten und verarbeiteten Daten erfolgt oder die eingetasteten Daten vor der Verarbeitung in einem "Beleg" ("Journal") festgehalten werden.

Von relativ großem Interesse ist, ob Gepflogenheiten, die sich im Laufe der Zeit als Usancen herausbilden oder in Geschäftsordnungen ihren Niederschlag gefunden haben, sofort durch eine technische Entwicklung abgewandelt werden können oder ob eine Änderung durch allgemeine Einigung, zum Beispiel durch die Mitwirkung eines Industrieverbandes, kurzfristig erfolgen kann. Als Beispiel für einen solchen Fall sei der Abschluß eines Vertrages auf einer Versteigerung genannt, der durch Zuruf zustande kommt. Dieser kann durch den Einsatz technischer Erfassungsgeräte, etwa durch das Betätigen eines Druckknopfes, ersetzt werden.

522. Die Branche

Für die Durchsetzbarkeit der technischen Optimallösung ist der Einfluß der Branche von nicht zu unterschätzender Bedeutung. Insbesondere wirken sich unterschiedliche Produktionsprozesse auf die Gestaltung der technischen Optimallösung aus, die sich zum Beispiel bei kontinuierlicher Fertigung leichter verwirklichen läßt als bei einer sich ständig ändernden Auftrags- oder Stückfertigung. Ebenso ist die Homogenität der produzierten Güter mitbestimmend für die erfolgreiche Verwirklichung der technischen Optimallösung. Auch die Absatzbedingungen hinsichtlich der geforderten finanziellen Sicherung (z. B. Kreditprüfung) und des erwünschten Servicegrades

(Prüfung auf Lieferfähigkeit) beeinflussen die Wahl des Erfassungsverfahrens. Weiterhin wird die Durchsetzbarkeit der technischen Optimallösung von der Ortsgebundenheit bezüglich der Beschaffung, der Produktion und des Absatzes bestimmt. Beim Verkauf über Reisende zum Beispiel wäre der Einsatz von Direkteingabegeräten ("Reiseterminal" auf akustischer oder optischer Basis oder mit Tastatur) oder speziellen Codiergeräten denkbar, doch verbieten sich diese Lösungen gegenwärtig noch aus Gründen der Kosten, der realisierbaren Nutzen und der organisatorischen Durchsetzbarkeit. Im allgemeinen ist hier eine Lösung mit Verwendung von maschinenlesbaren Datenträgern angebracht, die ohne Einsatz besonderer Sachmittel erstellt werden können.

523. Die Organisation der Unternehmung

Die Realisierung der technischen Optimallösung hängt auch von den unveränderlichen organisatorischen Gegebenheiten und den Gestaltungsmöglichkeiten bei den veränderlichen organisatorischen Verhältnissen ab. Zu den unveränderlichen Gegebenheiten gehören in diesem Zusammenhang insbesondere der Standort und die Entfernungen im Falle räumlicher Dezentralisierung. Als fast unveränderliche Größen können im allgemeinen auch die Unternehmungshierarchie und gewisse Grundfaktoren der Aufgabenverteilung angesehen werden. Daneben sind auch die Unternehmungsgröße und das Unternehmungsziel zu den kaum veränderbaren Realitäten zu zählen.

Bei den veränderlichen organisatorischen Bedingungen ist zu klären, ob ihr Einfluß so gestaltet werden kann, daß dadurch optimale technische Lösungen ermöglicht werden, ohne daß dadurch nicht zu rechtfertigende organisatorische Nachteile in Kauf genommen werden müssen. Zu den wichtigsten organisatorischen Gestaltungsmaßnahmen gehört die Integration der verschiedenen Datenverarbeitungsaufgaben. Der Integrationsgrad entscheidet darüber, inwieweit einmal erfaßte Daten ohne weitere Erfassungsprozesse unterschiedlichen Verarbeitungsaufgaben zugeführt werden können.

524. Die Beziehungen der Unternehmung zur Umwelt

Einer Realisierung der technischen Optimallösung steht eine ganze Reihe von Einflüssen entgegen, die in der eigenen Unternehmung ihre

Ursache haben. Diese Einflüsse sind jedoch in bestimmtem Umfange variabel. Demgegenüber lassen sich auch unternehmungsexterne Einflüsse darstellen, bei denen es in Abhängigkeit vom Einzelfall und entsprechend der Durchsetzungsmacht der eigenen Unternehmung oder des entsprechenden Partners zu Abwandlungen der technischen Optimallösung kommen kann. Das trifft insbesondere zu, wenn die Datenerfassung außerhalb der Unternehmung erfolgt. Jedoch ist es auch in diesem Fall keineswegs ausgeschlossen, daß die Erfassung in der fremden Unternehmung den internen technischen Erfassungsmodalitäten angepaßt werden kann. Teilerfolge bei der Abstimmung der Arbeitsprozesse im Vorfeld der maschinellen Verarbeitung hängen in solchen Fällen von vielen Faktoren ab, zum Beispiel von der Marktposition der beteiligten Partner, von den zu erfassenden Daten selbst (Postleitzahlen, Kundennummern) sowie von der Art der Leistungen (Markenartikel, Energie, Geld). Auch hier gilt die Aussage, daß die technische Optimallösung um so einfacher durchzusetzen ist, je einheitlicher die Leistung definiert werden kann.

Schließlich kommt es auch darauf an, wie das Verhältnis zwischen der eigenen Unternehmung und dem für die Erfassung zuständigen Partner ist. Es kann durchaus angebracht sein, daß ein Marktpartner mit hoher Marktmacht (Monopolfirma, Muttergesellschaft eines Konzerns) im Hinblick auf die technische Optimallösung auf die Beeinflussung der Erfassungsprozesse bei seinen Marktpartnern verzichtet und sich den organisatorischen Lösungen der anderen Unternehmungen anpaßt. Macht eine Institution, die nicht Marktpartner ist, ihren Einfluß aufgrund ihrer Marktstellung geltend, dann steht der Zielvorstellung der einzelnen Unternehmung die Vorstellung dieser Institution gegenüber. Eine Lösung ist in diesem Falle nur durch Unterordnung und Anpassung der eigenen Vorstellungen möglich.

525. Die personell-menschlichen Beziehungen

Auch die sozialpolitischen, soziologischen und psychologischen Gesichtspunkte können zumindest vorübergehend die Durchsetzung von technischen Optimallösungen verzögern und behindern. Oft sind sachlich nicht zu begründende Widerstände auszuräumen, zum Beispiel wird das Stricheln von Markierungen auf dem Markierungsbeleg als minderwertige Tätigkeit angesehen und darum von den jeweiligen Sachbearbeitern nur widerwillig ausgeführt. Jedoch dürfte diesem Gesichtspunkt langfristig oder auch nur mittelfristig keine entscheidende Bedeutung beizumessen sein.

53. Der Einfluß wirtschaftlicher Überlegungen auf die Realisierung der technischen Optimallösung

Einer der wichtigsten und augenfälligsten Einflüsse auf den Einsatz von Sachmitteln im Vorfeld der maschinellen Datenverarbeitung geht von den Fragen nach der Wirtschaftlichkeit aus. Diese Überlegungen bezüglich der Wirtschaftlichkeit des Sachmitteleinsatzes können einmal allein auf den isolierten Erfassungsprozeß, also zum Beispiel die erste Erstellung eines maschinell lesbaren Datenträgers, ausgerichtet sein. Von mindestens ebenso großer Bedeutung ist jedoch der Aspekt, der auch die kostenmäßigen und leistungsrelevanten Verlagerungen zwischen der Datenerfassung und den vor- und nachgelagerten Elementarfunktionen im Vorfeld der maschinellen Verarbeitung sowie der Verarbeitung selbst einbezieht. Entsprechend dieser Auffassung sollen beide Aspekte getrennt dargestellt werden.

531. Die isolierte Betrachtung des Datenerfassungsprozesses

Wenn eine Beurteilung des Einflusses vorgenommen werden soll, den die Ergebnisse von Wirtschaftlichkeitsüberlegungen auf die Realisierung der technischen Optimallösung unter der Voraussetzung isolierter Betrachtung des Datenerfassungsprozesses ausüben, dann müssen zunächst die Wirtschaftlichkeitskomponenten (48) der Daten-

48) Vgl. Grochla, Erwin: Möglichkeiten einer Steigerung der Wirtschaftlichkeit im Büro. In: Bürowirtschaftliche Forschung, hrsg. von Erich Kosiol, Berlin (1961), S. 68.

erfassung dargestellt und anschließend im Vergleich gegeneinander abgewogen werden.

5311. Die Wirtschaftlichkeitskomponenten des Datenerfassungsprozesses

Die Komponenten der Wirtschaftlichkeit als Kriterien zur Beurteilung spezifischer Datenerfassungsprozesse sind einerseits die Kosten, die bei gewählter Erfassungsmethode durch den Einsatz der entsprechenden Sachmittel direkt oder indirekt verursacht werden, und andererseits die durch dieses Verfahren realisierbaren Leistungen.

53111. Die Kosten des Datenerfassungsprozesses

Die Kosten der Datenerfassung können sich aus einer Vielzahl von einzelnen Bestandteilen zusammensetzen, die direkt durch das Erfassungsverfahren, d. h. durch das betrachtete Sachmittel bei vorgegebener Erfassungsmethode, beeinflußt werden. Zu diesen direkten Erfassungskosten würden als wesentliche Kostenarten Gerätemiete oder Abschreibungen (49), Personalkosten für die Maschinenbedienung, Materialbedarf und gegebenenfalls Übertragungsgebühren zu zählen sein. Daneben sind je nach Berechnungsmethode eine unterschiedliche Zahl indirekter Erfassungskosten möglich, d. h. solche Kostenarten, die nicht oder nur unwesentlich vom Erfassungsverfahren beeinflußt werden können, zum Beispiel anteilige Raum- und Klimatisierungskosten, allgemeine Verwaltungszuschläge und dergleichen.

Unter den Voraussetzungen einer isolierten Betrachtung des Erfassungsprozesses sowie einer Konstanz der Erfassungsmethode scheint es nicht sinnvoll zu sein, den indirekten Erfassungskosten besondere Bedeutung beizumessen, da sie unter diesen Prämissen bei allen alternativen Lösungen für einen Erfassungsprozeß in annähernd gleicher Höhe anfallen. Da sie also durch ein zu wählendes Sachmittel nur unerheblich beeinflußt werden, können sie auch nicht bestimmend für die Auswahl eines Verfahrens werden.

---

49) Auf eine detaillierte Gegenüberstellung der in den Erfassungseinzelkosten enthaltenen Gerätekosten wird hier aus Gründen der unterschiedlichen Angebote seitens der Hersteller und damit der mangelnden Vergleichbarkeit sowie aus Gründen der Aktualität angesichts der schnellen Entwicklung verzichtet.

Die direkten Kosten eines Erfassungsverfahrens können einmal betrachtet werden in der Summation über eine Periode, zum Beispiel einen Monat. Diese Lösung ist unbedenklich, wenn das Erfassungsverfahren eingesetzt wird, um ausschließlich die für eine bestimmte Verarbeitungsaufgabe benötigten Daten zu erfassen. Werden jedoch mit demselben Verfahren Daten für mehrere Aufgabenstellungen erfaßt, so müssen die direkten Erfassungskosten auf die jeweiligen Aufgaben verteilt werden. Dabei ergeben sich unterschiedliche Zurechnungsprobleme. Im einfachsten Fall werden die Daten für die verschiedenen Verarbeitungsaufgaben nacheinander in mehreren isolierten Arbeitsabläufen getrennt erfaßt. Die Kostenaufteilung kann dabei auf der Basis der zeitlichen Beanspruchung für die einzelnen Erfassungsaufgaben erfolgen. Mit dieser Aufteilung nach der Beanspruchung, die erhebliche Zurechnungsprobleme aufwerfen kann, wenn zusätzliche, aber nur bei einzelnen Verarbeitungsaufgaben geforderte Leistungsmerkmale im Verteilungsschlüssel berücksichtigt werden sollen, sind dann die direkten Erfassungskosten der einzelnen Erfassungsaufgabe gegeben.

Viel größere Zurechnungsprobleme ergeben sich jedoch, wenn unterschiedliche Daten, die für mehrere Verarbeitungsprozesse benötigt werden, gleichzeitig erfaßt werden. In diesen Fällen der Integration mehrerer Erfassungsaufgaben zu einem Erfassungsprozeß kann sich eine Aufteilung der direkten Erfassungskosten verbieten, wenn neben den aus den Leistungsmerkmalen abgeleiteten Faktoren subjektive Bewertungsmaßstäbe eingesetzt werden.

Werden nun die direkten Erfassungskosten einer Verarbeitungsaufgabe als Entscheidungsgrundlage dargestellt, so können sie unter der Prämisse einer isolierten Betrachtung der Erfassungsprozesse bei der Beurteilung mehrerer Erfassungsgeräte gleicher oder vergleichbarer Gerätetypen erhebliche Aussagekraft haben, und zwar unabhängig davon, ob nur die Erfassungskosten oder auch die andere Komponente der Wirtschaftlichkeit, die Leistung, in die Überlegungen einbezogen werden.

53112. Die Leistungsmerkmale des Datenerfassungsprozesses

Die Leistung, die als weitere Komponente der Wirtschaftlichkeit auch bei isolierter Betrachtung von Datenerfassungsprozessen relevant ist, kann einmal anhand von Leistungsmerkmalen der einzusetzenden Sachmittel und zum anderen nach den Leistungsanforderungen der

Erfassungsaufgabe beurteilt werden (50). Die Leistungsmerkmale, die sich aus den Sachmitteln ableiten lassen, basieren zunächst auf der potentiellen technischen Leistungsfähigkeit, die auch bei optimalem Einsatz dieses Sachmittels nur annähernd realisierbar ist. Das sind Merkmale hinsichtlich einer Mengenleistung je Zeiteinheit als Nennleistung unter Einbeziehung der Dimension (z. B. ausgelochte Stellen), in der die Nennleistung (z. B. Anzahl Lochkarten) definiert wird. Neben dieser technischen Nennleistung müssen aufgrund ihrer begrenzten Aussagefähigkeit als zusätzliche Kriterien zur Beurteilung der Leistung des Sachmittels die Qualität des vorliegenden Datenträgers oder die erforderliche Qualifikation des bedienenden Menschen hinzugenommen werden, zum Beispiel die maximale/durchschnittliche personelle Mengenleistung je Zeiteinheit, die Abhängigkeit dieser Mengenleistung von Ausbildung und/oder kumulierter Einsatzdauer und dergleichen. Die Einbeziehung dieser zusätzlichen Kriterien führt dazu, daß eine entsprechende Reduzierung der Nennleistung vorgenommen werden muß, um zur realisierbaren Mengenleistung, der Kapazität, zu kommen. Diese Kapazität, die unter den jeweils vorliegenden Bedingungen möglich ist, wird dann anschließend als der wichtigste Teil der Leistungsmerkmale in die Beurteilung eingehen.

Schließlich sind ergänzende Leistungsmerkmale der Sachmittel feststellbar, etwa hinsichtlich der Ordnungsmäßigkeit der Datenerfassung, die Möglichkeit zur synchronen Erstellung von Belegen, die Sicherheit der Datenerfassungsprozesse bzw. der zu erfassenden Daten hinsichtlich Verlust oder Veränderung aufgrund von Umwelteinflüssen, Maschinen- oder Bedienungsfehlern oder bezüglich anderer Faktoren wie Rüstzeiten je Erfassungsaufgabe für Programm- oder Datenträgerwechsel, Servicequalität u. a. Diese ergänzenden Leistungsmerkmale lassen sich im allgemeinen nur durch qualitative Begriffe kennzeichnen und entweder nicht oder nur nach einer häufig ungenauen Umrechnung mit den mengenorientierten Leistungsmerkmalen der Nennleistung oder der Kapazität zusammenfassen, etwa dadurch, daß die Leistungsmerkmale in monetäre Größen überführt werden.

Eine Beurteilung der Kapazität des im Erfassungsprozeß eingesetzten Sachmittels und der ergänzenden Leistungsmerkmale ist jedoch nur möglich, wenn auch die nachgefragte Leistung in die Überlegung einbezogen wird. Diese Leistungsanforderungen können sich aus den vorgelagerten personellen oder maschinellen Fixierungs- bzw. Transformationsprozessen, den nachgelagerten maschinellen Trans-

---

50) Die Leistungsanforderungen werden bestimmt durch vorgelagerte personelle Prozesse und nachgelagerte maschinelle Transformations- und Verarbeitungsprozesse.

formationsprozessen und/oder aus den maschinell vollzogenen Verarbeitungsaufgaben ergeben. Dabei wird sich immer wieder herausstellen, daß einige dieser Leistungsanforderungen hinsichtlich der Kapazität und der ergänzenden Merkmale so determiniert sind, daß bestimmte denkbare Verfahren als Alternativen ausscheiden, wenn das Leistungsangebot des entsprechenden Sachmittels entweder dieses Merkmal nicht oder nicht in ausreichender Größe besitzt. Andere Leistungsanforderungen sind substituierbar, inhaltlich relativ variabel oder nur eine wünschenswerte Größe, auf die sogar ganz verzichtet werden kann. In diesen Fällen können die Leistungsanforderungen die Auswahl einer Alternative nur beeinflussen, nicht jedoch ausschließen.

Wurden die durch die alternativen Sachmittel angebotenen Leistungsmerkmale art- und mengenmäßig festgestellt, so kann nach Gegenüberstellung mit den entsprechenden Leistungsanforderungen die unter den definierten Bedingungen realisierte Leistung ermittelt werden. Bei dieser Gegenüberstellung wird sich häufig ergeben, daß aufgrund zu geringer kapazitativer Beanspruchung durch eine Erfassungsaufgabe ein Sachmittel hinsichtlich der mengenmäßigen Leistung nicht voll ausgelastet ist, daß bestimmte Leistungsmerkmale des Sachmittels überhaupt nicht in Anspruch genommen werden können oder daß wünschenswerte, aber nicht ausbedungene Leistungsforderungen unberücksichtigt bleiben müssen.

Bei der Beurteilung teilweise nicht in Anspruch genommener Leistungsmerkmale lassen sich zwei unterschiedliche Fälle gegenüberstellen. In dem einen Fall soll ein Erfassungsverfahren ausgewählt werden, das mit Sicherheit oder doch mit sehr hoher Wahrscheinlichkeit nur für die Erfassung der für eine bestimmte Verarbeitungsaufgabe benötigten Daten eingesetzt werden kann. Das bedeutet, daß eine möglicherweise vorhandene Leistungsreserve entweder überhaupt nicht oder nur dann genutzt werden kann, wenn der Umfang dieser Erfassungsaufgabe in der Zukunft entsprechend anwächst. Bezüglich der ergänzenden Leistungsmerkmale kann sich in diesem Fall einmal ergeben, daß bestimmte Leistungsmerkmale des Sachmittels für diese Aufgabe unbeachtlich sind oder daß sie erst in Zukunft durch Änderung der Anforderungen in die nachgefragte Leistung eingehen. Da jedoch das entsprechende Sachmittel nur für diese Erfassungsaufgabe eingesetzt wird und deshalb die übrigen Anteile der Kapazität und der ergänzenden Leistungsmerkmale nicht genutzt werden können, sollte in einem solchen Fall nur die realisierte Leistung in die Gegenüberstellung der Wirtschaftlichkeitskomponenten einbezogen werden. Dieser realisierten Leistung sollten alle aus diesem Verfahren resultierenden direkten Erfassungskosten gegenübergestellt werden. Eine Berücksichtigung der nicht genutzten Kapazität und der nicht verwendeten ergänzenden Leistungsmerkmale, etwa durch Ermittlung von Kosten der Unterbeschäftigung (51) und damit eine entsprechende Reduzierung der direkten Erfassungskosten der Aufgabe, würde zu Fehlschlüssen und zur Auswahl einer nicht adäquaten Alternative führen.

Der andere Fall zur Beurteilung von Leistungsreserven der eingesetzten Erfassungsgeräte aufgrund zu geringer Leistungsbeanspruchung durch die Erfassungsaufgabe liegt vor, wenn alternative Sachmittel zur Lösung mehrerer Erfassungsaufgaben eingesetzt werden können. Bezüglich der Mengenleistung ergeben sich in einem solchen Fall keine besonderen Probleme. Entweder verfügt das Sachmittel über eine Kapazität, die für die Gesamtnachfrage nicht ausreicht, dann kommt, wenn von dem Einsatz eines zweiten, gleichgearteten Gerätes abgesehen wird (52), dieses Gerät nicht in Betracht. Wenn die Kapazität genau der nachgefragten Leistung entspricht, dann kann dieses Verfahren nur gewählt werden, wenn nicht mit einem Ansteigen der Leistungsanforderungen der Erfassungsaufgaben gerechnet werden muß. Wenn schließlich die Kapazität größer ist als die Nachfrage, dann ergibt sich eine Leistungsreserve entweder für eine weitere Erfassungsaufgabe, für eine Steigerung des Erfassungsvolumens der bestehenden Aufgaben oder die Leistungsreserve bedeutet auch langfristig ungenutzte Kapazität.

Hinsichtlich der ergänzenden Leistungsmerkmale kann sich bei der Verwendung eines Erfassungsgerätes auch für andere Erfassungsaufgaben ergeben, daß bestimmte dieser ergänzenden Leistungsmerkmale bei einigen Erfassungsaufgaben ausbedungen, bei anderen jedoch nur wünschenswert oder gar ohne Bedeutung sind. Durch diese unterschiedlichen Bedingungen bei den ergänzenden Leistungsmerkmalen kann also die Zahl der Alternativen für alle Aufgaben wegen einer spezifischen Leistungsanforderung einer Erfassungsaufgabe reduziert werden.

Da in einem solchen Fall der Verwendung eines Sachmittels für mehrere Erfassungsaufgaben im allgemeinen damit gerechnet werden kann, daß die freie Kapazität in Zukunft durch zusätzliche Erfassungsaufgaben oder durch ein Anwachsen der zu erfassenden Daten

---

51) Andererseits kann es durchaus sinnvoll sein, die Kosten einer Unterbeschäftigung den Kosten gegenüberzustellen, die bei Verfahrensänderung aufgrund gestiegenen Erfassungsvolumens anfallen werden.

52) Diese Einschränkung ist zulässig, weil die Mengenleistung eines alternativen Sachmittels durch Einsatz zusätzlicher Geräte bei vielen Erfassungsaufgaben fast beliebig gesteigert werden kann. In einem solchen Fall ist dann die zu berücksichtigende Mengenleistung die Summe der Kapazitäten aller Geräte.

abnimmt, und da andererseits der Anteil der Kapazitätsreserve im Verhältnis zur Gesamtkapazität relativ klein ist, scheint es unbedenklich zu sein, die direkten Erfassungskosten unter Berücksichtigung der Leistungsbeanspruchung auf die einzelnen Aufgaben zu verteilen und die Kosten der Kapazitätsreserven entweder den indirekten Erfassungskosten zuzurechnen oder separat zu verrechnen. Mit dieser Ermittlung der Kosten der Unterbeschäftigung ist das psychologisch bedingte Bemühen verbunden, die vorhandenen Kapazitätsreserven durch zusätzliche Erfassungsaufgaben auszulasten. Diese kostenmäßige Behandlung der Kapazitätsreserve ist sowohl bezüglich der Mengenleistung als auch für die ergänzenden Leistungsmerkmale verwendbar.

5312. Die Gegenüberstellung der Wirtschaftlichkeitskomponenten

Bei einer isolierten Betrachtung des Erfassungsprozesses können sich bei der Gegenüberstellung der Wirtschaftlichkeitskomponenten (53) alternativer Sachmittel folgende vier Hauptfälle ergeben:

1. Gleiche direkte Erfassungskosten bei gleicher Kapazität
2. Differierende direkte Erfassungskosten bei gleicher Kapazität
3. Gleiche direkte Erfassungskosten bei unterschiedlicher Kapazität
4. Differierende direkte Erfassungskosten bei unterschiedlicher Kapazität

Eine Analyse dieser vier Hauptfälle zeigt, daß sich einerseits die Fälle zwei bis vier in jeweils mehrere Unterfälle aufgliedern lassen, und zwar in Abhängigkeit von der im Vergleich festzustellenden positiven oder negativen Richtung der Differenzen bei den alternativen Lösungen. Andererseits wird bei der Analyse der Hauptfälle und der daraus abzuleitenden Unterfälle deutlich, daß bei einer Beurteilung der Wirtschaftlichkeitskomponente Kapazität eine gemeinsame Rechenbasis erforderlich ist, um die quantitativen und qualitativen Merkmale zu vergleichen. Dieser Prozeß der Angleichung der Leistungsmerkmale ist nur im Rahmen einer Bewertung möglich. Erst im Anschluß an diese, auf sehr individuellen Maßstäben beruhenden Überführung der einzelnen Leistungsmerkmale in monetäre Größen

---

53) In dieser Gegenüberstellung ist bezüglich der Kosten vorausgesetzt, daß vergleichbare Kostenzurechnungsmethoden vorliegen. Bei der Kapazität wurde davon ausgegangen, daß die nicht für eine Erfassungsaufgabe ausbedungenen Kapazitätsreserven separat verrechnet werden.

können die alternativen Sachmittel in die entsprechenden Haupt- und Unterfälle eingeordnet werden.

Ziel dieser Zuordnung ist es, dasjenige Verfahren zu ermitteln, bei dem die Differenz zwischen den direkten Erfassungskosten und dem entsprechenden Betrag für die bewertete Kapazität am größten ist. Dabei muß jedoch beachtet werden, daß diese Überlegungen zwangsläufig für mindestens zwei alternative Lösungen angestellt werden müssen. Ursache hierfür ist, daß der ermittelte absolute Differenzbetrag eines Verfahrens allein nicht aussagefähig ist, weil es ein "wirtschaftliches" Verfahren a priori nicht gibt (54). Erst das Resultat aus dem Vergleich der Wirtschaftlichkeitskomponenten mehrerer Verfahren kann Aussagefähigkeit für eine Entscheidung haben. Deshalb sollte auch dieser Vergleich des Saldos aus den bewerteten Wirtschaftlichkeitskomponenten ergänzend neben den Vergleich der direkten Erfassungskosten und der Kapazität vor und nach ihrer Bewertung treten.

Schließlich kann eine Beurteilung der Wirtschaftlichkeitskomponenten auch dadurch vertieft werden, daß der Kostenverlauf bei unterschiedlicher Leistungsbeanspruchung untersucht wird. Eine solche Vorgehensweise ist nur sinnvoll, wenn nicht die Möglichkeit besteht, verfügbare Leistungsreserven für andere Erfassungsaufgaben zu nutzen. Dabei empfiehlt es sich, von den gesamten direkten Erfassungskosten alternativer Verfahren ausgehend, die jeweiligen Erfassungskosten einer Leistungseinheit zu ermitteln und tabellarisch und/oder graphisch darzustellen (55). Dadurch lassen sich die Kapazitätsreserven hinsichtlich ihrer Einflüsse auf die Kosten einer Leistungseinheit beurteilen.

532. Die Einbeziehung der vor- und nachgelagerten Prozesse

5321. Die Kosten und Leistungsverlagerungen im Vorfeld der Verarbeitung

5322. Die Kosten und Leistungsverlagerungen zwischen den Arbeitsprozessen im Vorfeld der maschinellen Verarbeitung und der Verarbeitung selbst

5323. Die Kosten- und Leistungsveränderungen durch Methodensubstitution

---

54) Vgl. Grochla, Erwin: Möglichkeiten einer Steigerung der Wirtschaftlichkeit im Büro, a.a.O., S. 69

55) Vgl. Grochla, Erwin: Möglichkeiten einer Steigerung der Wirtschaftlichkeit im Büro, a.a.O., S. 70 ff.

532. Die Einbeziehung der vor- und nachgelagerten Prozesse

Während in der Vergangenheit bei der Analyse der Wirtschaftlichkeit der Datenerfassung der Datenerfassungsprozeß im Vordergrund stand, werden gegenwärtig in immer stärkerem Maße die Beziehungen zu den anderen Arbeitsprozessen im Vorfeld der maschinellen Datenverarbeitung beachtet. Dabei werden zur Lösung eines Datenerfassungsproblems nicht nur mehrere alternative Sachmittel für den Erfassungsprozeß beurteilt, sondern unter Einbeziehung der übrigen Arbeitsprozesse im Vorfeld der maschinellen Verarbeitung auch deren Sachmittel und ihre Leistungsmerkmale. Auch die Interdependenzen zwischen den alternativen Sachmitteln im Vorfeld der Verarbeitung und der Verarbeitung selbst müssen in die Wirtschaftlichkeitsüberlegungen einbezogen werden, und zwar einmal unter Beibehaltung der Erfassungsmethode (des Schemaweges) und zum anderen unter deren Veränderung.

5321. Die Kosten- und Leistungsverlagerungen im Vorfeld der Verarbeitung

Die Interdependenzen zwischen dem Erfassungsprozeß und den vor- und nachgelagerten Arbeitsprozessen im Vorfeld der maschinellen Datenverarbeitung können sich einmal auf die absolute Höhe der Kosten und zum anderen auf die Beurteilung der qualitativen und quantitativen Kapazität beziehen. Grundlage zur Beurteilung der Kostenverlagerungen zwischen den Arbeitsprozessen, die vor der maschinellen Verarbeitung liegen, ist eine Analyse der in den einzelnen Arbeitsprozessen anfallenden Kosten. Wenn diese Analyse in der gleichen Form erfolgt, wie sie für den Erfassungsprozeß bereits dargestellt wurde, dann können die direkten Kosten der einzelnen Arbeitsprozesse ermittelt werden. Stehen nun mehrere Alternativen zur Beurteilung an, so kann sich dabei ergeben, daß bei einer Alternative zwar die direkten Erfassungskosten höher sind als bei einer anderen, daß aber wegen einer sehr starken Reduzierung der Kosten von vorgelagerten (oder nachgelagerten) Arbeitsprozessen im Vorfeld der Datenverarbeitung die Gesamtsumme der direkten Prozeßkosten (Fixierungskosten, Erfassungskosten, Transformationskosten, Transportkosten etc.) niedriger ist, als die der Alternative. Daraus folgt, daß es ceteris paribus durchaus sinnvoll sein kann, relativ hohe direkte Erfassungskosten in Kauf zu nehmen, wenn durch diese Lösung zum Beispiel Kosten der isolierten Fixierung oder Transformation eingespart werden können.

Ursache für Kostenverlagerungen kann beispielsweise sein, daß durch einen bei der personellen Fixierung eingesetzten organisatorisch gestalteten Datenträger die direkten Fixierungskosten steigen, etwa weil zum Ausfüllen dieses Formblattes ein höherer Zeitbedarf erforderlich ist und damit höhere Personalkosten anfallen. Durch die Verwendung der Formblätter kann aber der Zeitaufwand zum Beispiel für das Ablochen der Daten reduziert werden. Damit ergibt sich dann eine entsprechende Reduzierung der direkten Erfassungskosten dieser Aufgabe.

Dieses Beispiel zeigt aber nicht nur einen Fall möglicher Kostenverlagerungen, sondern es macht auch deutlich, daß diese sinnvoll sein können, wenn im Zusammenhang mit den Kostenverlagerungen sich positive Veränderungen der Kapazität ergeben. In diesem Beispiel kann durch den neuen Datenträger die Nennleistung der bei der Erfassung eingesetzten Sachmittel durch die größere Eintastgeschwindigkeit des bedienenden Menschen besser ausgelastet werden, d. h. die Kapazität der Datenerfassung wird vergrößert.

Bei der Beurteilung alternativer Lösungen zeigt sich immer wieder, daß in Verbindung mit Kostenverlagerungen neben einer Veränderung der quantitativen Kapazität auch Verlagerungen hinsichtlich der anderen, durch die Sachmittel angebotenen Leistungsmerkmale möglich sind, etwa bezüglich der Belegfunktion oder einer Kontrollmöglichkeit. Bei diesen Veränderungen, die unbedingt in die Überlegungen einbezogen werden sollten, lassen sich mehrere Fälle unterscheiden. In dem einen Fall kann sich ergeben, daß ein von der Verarbeitungsaufgabe zwingend gefordertes Leistungsmerkmal, das aber etwa aus Gründen der Ordnungsmäßigkeit nur in einem Arbeitsprozeß gegeben zu sein braucht, auch durch ein alternatives Sachmittel eines anderen, der Erfassung vor- oder nachgelagerten Arbeitsprozesses realisiert werden kann. Mit dem Einsatz dieses Sachmittels, zum Beispiel im Verlaufe einer maschinellen Transformation, kann bei der Erfassung auf ein Sachmittel zurückgegriffen werden, das dieses Merkmal nicht aufweist und deshalb entsprechend geringere Kosten verursacht. Mit dieser Leistungsverlagerung zu den entsprechenden maschinellen Transformationsprozessen laufen Kostenverlagerungen parallel, jedoch kann sich dadurch eine Reduzierung der gesamten direkten Prozeßkosten ergeben.

Ein vergleichbarer Fall liegt vor, wenn durch den Einsatz eines alternativen Sachmittels in einem Arbeitsprozeß vor der maschinellen Verarbeitung ein Leistungsmerkmal angeboten wird, das von der Verarbeitungsaufgabe als wünschenswert nachgefragt wurde, mit den bisher eingesetzten Sachmitteln aber nicht realisiert werden konnte.

Die Ermittlung derartiger Verlagerungen der realisierten Leistungsmerkmale und den entsprechenden monetären Größen sowie ihre Zurechnung zu den jeweils betreffenden Arbeitsprozessen bereitet erhebliche Schwierigkeiten. Zudem ist der Aussagewert nach einer exakten Zurechnung relativ klein, weil die einzelnen Arbeitsprozesse nicht isoliert zu beurteilen sind, sondern das gesamte Vorfeld einer maschinellen Verarbeitungsaufgabe mit den alternativen Sachmitteln.

Aus den bisherigen Überlegungen wird ersichtlich, daß eine Analyse der Kosten und Leistungen des Erfassungsprozesses die Auswahl eines Verfahrens, d. h. die Festlegung der für jeden Arbeitsprozeß einzusetzenden Sachmittel unter Beibehaltung der jeweiligen Erfassungsmethode beeinflussen kann. Vor allem können die aus vergleichbaren Verfahren abzuleitenden Kosten- und Leistungsveränderungen im Vorfeld der maschinellen Datenverarbeitung erhebliche Aussagekraft haben.

5322. Die Kosten- und Leistungsverlagerungen zwischen den Arbeitsprozessen im Vorfeld der maschinellen Verarbeitung und der Verarbeitung selbst

Werden die Interdependenzen zwischen den alternativen Sachmitteln für die Arbeitsprozesse im Vorfeld der Verarbeitung und der Verarbeitung selbst unter der Prämisse gleicher Erfassungsmethode analysiert, so können auch hier Verlagerungen entweder von direkten Prozeßkosten und der entsprechenden Leistungsanforderungen in die Verarbeitung oder von bisherigen Verarbeitungskosten und der jeweiligen Leistungsbeanspruchung in die Arbeitsprozesse im Vorfeld der maschinellen Verarbeitung nachgewiesen werden. Eine der am häufigsten zu beobachtenden Verlagerungen von Kosten und Leistungen findet dadurch statt, daß unter Beibehaltung aller im Vorfeld der Verarbeitung bestehenden Arbeitsprozesse die Eingabeleistung erhöht wird, wie es etwa bei der Erfassung auf Magnetbändern anstatt auf Lochstreifen oder auf Lochkarten der Fall ist (56). Mit dieser Veränderung können höhere Erfassungskosten entstehen, während die Verarbeitungskosten durch eine geringere Belastung der Eingabe bzw. der Zentraleinheit des Systems entsprechend sinken. Mit der höheren Auslastung der Zentraleinheit durch andere Verarbeitungsprogramme (Multiprogramming) kann allerdings die höhere Eingabe-

---

56) Hier bleiben alle Lösungen unberücksichtigt, bei denen der Datenstoff auf den Magnetbändern vor der Eingabe zur Verarbeitung gepoolt oder sortiert werden muß, da in diesen Fällen eine Verlängerung des Erfassungsweges vorliegt.

leistung manchmal keine Verbesserungen bringen; es lassen sich bereits Fälle nachweisen, in denen aus diesem Grunde ein Eingabemedium geringerer Geschwindigkeit gewählt und die direkten Erfassungskosten entsprechend reduziert werden.

Andere Verlagerungsprozesse können hinsichtlich der ergänzenden, von der Verarbeitung nachgefragten Leistungsmerkmale nachgewiesen werden. Dabei werden entweder für die Verarbeitung unabdingbare oder wünschenswerte Leistungsmerkmale von einem Arbeitsprozeß in einen anderen verlagert oder es wird durch zusätzliche Leistungsmerkmale der Eingabestationen ein bisher nicht genutztes Leistungsmerkmal in allen Arbeitsprozessen in die realisierte Leistung überführt. So sind beispielsweise bestimmte Prüfroutinen zur Gewährleistung formal und materiell richtiger Daten oder die begleitende Erstellung eines Beleges aus Gründen der Ordnungsmäßigkeit während der Erfassung, der maschinellen Transformation oder der Eingabe in die Verarbeitung möglich. Mit einer Verlagerung der entsprechenden Leistungen ergeben sich dann Kostenverlagerungen auch zwischen dem Vorfeld der maschinellen Verarbeitung und der Verarbeitung selbst.

5323. Die Kosten- und Leistungsveränderungen durch Methodensubstitution

Jede der dargestellten Erfassungsmethoden ist logisch geeignet, das Vorfeld der maschinellen Verarbeitung zu überbrücken. Wenngleich sich dieses in der Praxis nicht in allen Fällen auch tatsächlich durchsetzen läßt, so wird sich bei der Beurteilung alternativer Lösungen eines Erfassungsproblems häufig der Fall ergeben, daß nicht nur verschiedene Sachmittel unter der Bedingung gleicher Erfassungsmethode zur Auswahl stehen, sondern daß auch alternative Erfassungsmethoden mit den entsprechenden Sachmitteln in die Überlegungen einbezogen werden müssen.

So kann beispielsweise unter Veränderung der notwendigen Arbeitsprozesse im Vorfeld der maschinellen Verarbeitung entweder ein anderer Datenträger erstellt werden, ein bisher notwendiger maschinell lesbarer Datenträger wegfallen oder die Daten nicht mehr auf einen Datenträger fixiert, sondern direkt in die Verarbeitung gegeben werden. Bei diesen Variationen der Erfassungsmethoden werden also entweder bisher benötigte Arbeitsprozesse durch Änderung der Erfassungsmethode überflüssig oder zusätzlich erforderlich. Damit ergeben sich auch Konsequenzen bezüglich der Vermeidung oder Heranziehung bestimmter Methodenebenen.

Wenn nun als Alternativen zwei Methoden gegenüberstehen, so müssen zur Beurteilung nicht mehr allein die kumulierten direkten Prozeßkosten der beiden Lösungen und die jeweils bewertete Kapazität berücksichtigt werden, sondern auch die indirekten Prozeßkosten für alle diejenigen Arbeitsprozesse, die im Rahmen einer Methodensubstitution überflüssig werden. Das ist erforderlich, da die indirekten Kosten für die Arbeitsprozesse, die nunmehr entfallen, bisher nicht berücksichtigt worden sind. Andererseits verursacht aber die neue Methode indirekte Kostenarten anderen Typs in anderer Zusammensetzung und in anderer absoluter Höhe. Deshalb müssen auch die entsprechenden indirekten Kostenarten der neuen Arbeitsprozesse in die Überlegungen einbezogen werden.

54. Beispiele von realisierbaren Lösungen

Die bisherigen Überlegungen haben gezeigt, daß der für eine konkrete Problemstellung optimale Erfassungsweg sowohl von der Erfassungsmethode (Schemaweg) und den einsetzbaren Aufgabenträgern im Vorfeld der maschinellen Datenverarbeitung als auch von anderen beschränkenden Faktoren bestimmt wird. Aus diesem Grunde kann keine, für alle Erfassungsprobleme zutreffende generelle Aussage getroffen werden. Um aber dennoch konkrete Problemstellungen mit jeweils optimalen Erfassungsverfahren aufzuzeigen, sollen einige Beispiele aus verschiedenen Branchen dargestellt werden. Diese Beispiele sind so ausgewählt, daß jeweils unterschiedliche Randbedingungen wirksam werden wie

- Datenträgerkreisläufe innerhalb einer Wirtschaftseinheit oder unter Einbeziehung anderer Wirtschaftseinheiten,
- vollständige Datenerfassung oder Beschränkung durch gezielte Auswahl,
- die Faktoren Raum und Zeit.

541. Die Datenerfassung am Massenspektrometer

Das Datenerfassungsproblem am Massenspektrometer, einem Problem aus dem Bereich der routinemäßigen Laboranalytik, läßt sich durch drei zentrale Bestimmungselemente kennzeichnen. Einmal handelt es sich um eine Aufgabe der Datenfixierung, die mehr oder weniger diskontinuierlich erfüllt werden muß, nämlich immer dann, wenn ein Massenspektrum einer zu analysierenden Substanz benötigt wird. Zum anderen müssen je nach Aufgabenstellung und eingesetztem Massenspektrometer eine Vielzahl von Einzeldaten, die nur Bruchteile von Sekunden existieren, innerhalb Sekunden bis maximal weniger Minuten fixiert werden. Schließlich ist zur Kennzeichnung des Erfassungsproblems von Bedeutung, daß die Auswertung der Spektrogramme nicht unmittelbar während oder nach ihrer Erstellung erfolgen muß, sondern daß bestimmte zeitliche Verschiebungen zulässig sind.

Zur Beurteilung des Erfassungsproblems am Massenspektrometer und zur Darstellung vorhandener und möglicher Erfassungswege scheint es notwendig, Aufbau und Arbeitsweise von Massenspektrometern kurz zu skizzieren. Kernproblem ist es, die chemische Zusammensetzung (Moleküle bzw. Molekülgruppen) einer Probe, bei der eine Substanzmenge von wenigen Mikrogramm ausreicht, zu ermitteln und zu fixieren. Die zu analysierende Substanz wird dazu in einer Vakuumkammer A (vgl. Abb. 4) bei einem Druck von 10^{-5} bis 10^{-7} Torr verdampft, einer Entladung (B) ausgesetzt oder durch Elektronenstoß mit einer Energie von 70 eV in positiv ionisierte Fragmente aufgespalten. Diese positiv geladenen Ionen werden durch ein elektrostatisches Feld (C) beschleunigt und durch ein elektromagnetisches Feld (D) entsprechend ihrem Verhältnis Masse zu Ladung ($\frac{M}{e}$) einer Auffängerelektrode (D) fokussiert zugeleitet. Der an diesem Auffänger gemessene Ionenstrom bildet dann ein Maß für die Zahl der vorhandenen Ionen mit dem gleichen Verhältnis Masse zu Ladung. Wenn in Abhängigkeit von der Zeit die Magnetfeldstärke sukzessiv erhöht wird, treffen auf dem Auffänger Ionen mit entsprechend steigendem Verhältnis Masse zu Ladung auf.

Damit sind die zu fixierenden Daten bekannt, nämlich die Zahl der auf dem Auffänger je Zeitintervall angekommenen Ionen mit gleichem Verhältnis Masse zu Ladung.

Die Fixierung der einzelnen Daten erfolgte in der Vergangenheit maschinell durch eine entsprechende Registriervorrichtung, bei der entweder ein Lichtzeigergalvanometer lichtempfindliches Papier oder ein schnell ansprechender Linienschreiber normales Registrierpapier beschriftet. In beiden Fällen entsteht ein Spektrogramm, ein zur Zeit nur personell lesbarer Datenträger (Abb. 5), bei dem längs der Abzisse die zeitabhängigen Massenzahlen zunehmender Größe und längs der Ordinate die den Massenzahlen entsprechenden Intensitäten aufgetragen sind. Dabei repräsentiert jede Massenzahl hoher relativer Intensität (Peak) ein Bruchstück der zu analysierenden Substanz. Aus dem Spektrogramm kann also durch die Lage der Peaks auf der Abzisse und deren relativer Höhe auf die Zusammensetzung der Substanz geschlossen werden.

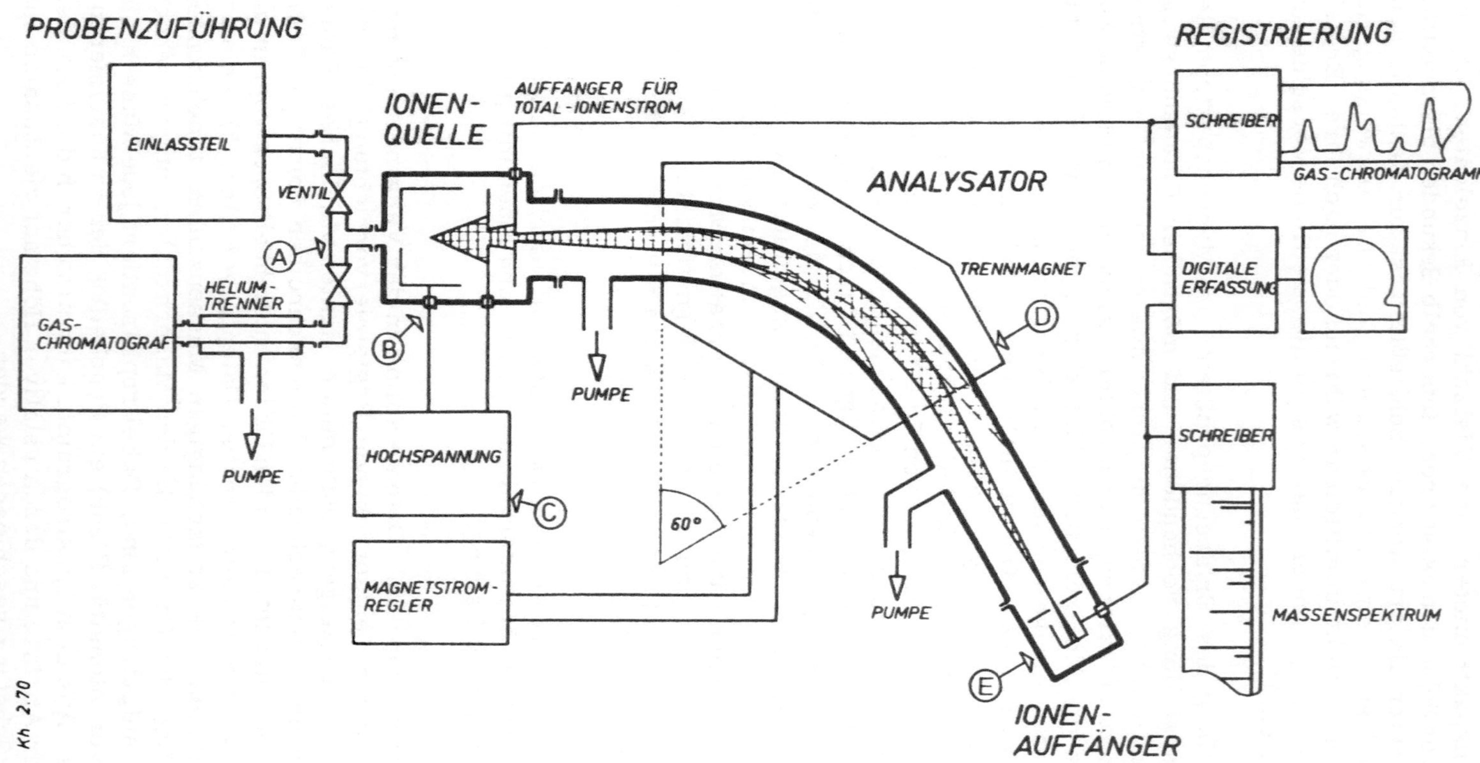

Abb. 4: Schematische Darstellung eines einfach-fokussierenden Massenspektrometers mit Peripheriegeräten

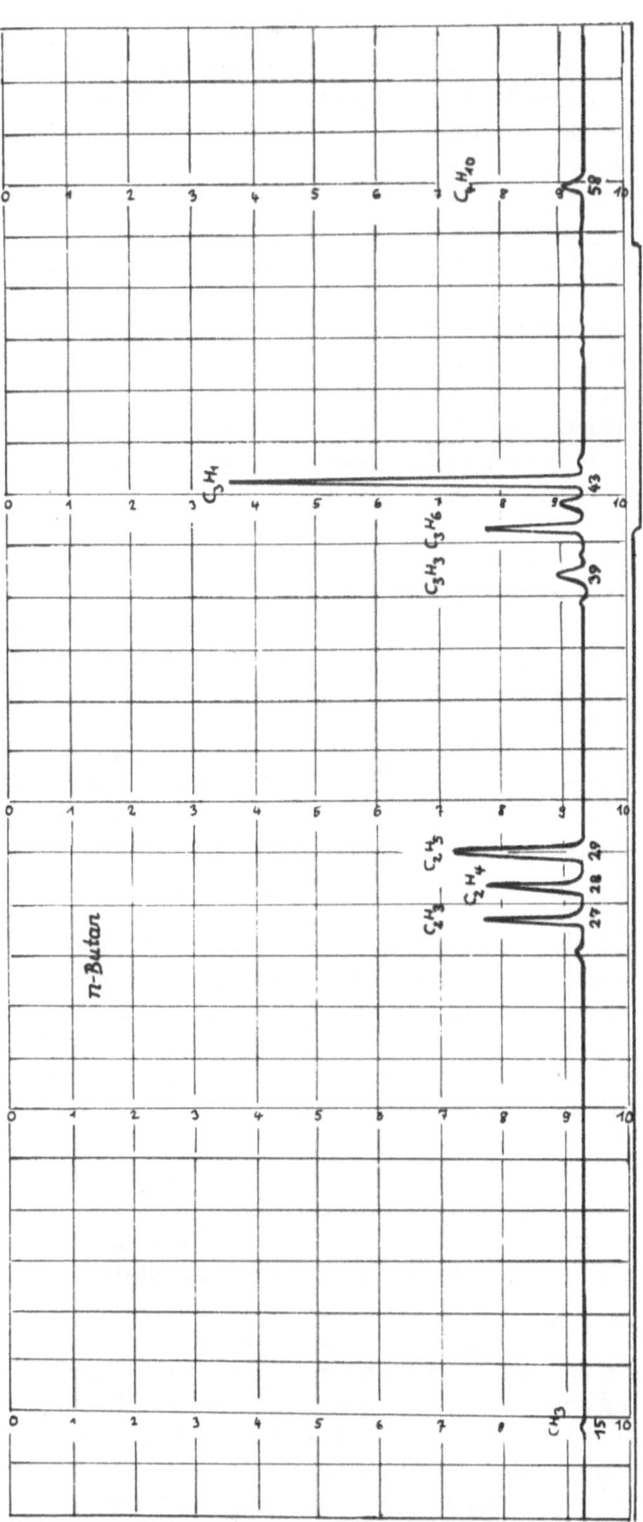

Abb. 5: Beispiel eines Gaschromatogramms

Noch höheren technischen Aufwand erfordert die Analyse, wenn in der Probe nicht eine Einzelsubstanz, sondern ein Gemisch enthalten ist. In diesen Fällen ist meist eine Vorzerlegung durch einen Gaschromatographen erforderlich, der die einzelnen Komponenten der Ausgangssubstanz in zeitlich aufeinander folgende Fraktionen gliedert. Diese Fraktionierung wird mit Hilfe einer Registriervorrichtung in Form eines Gaschromatogramms festgehalten. Dabei kann das Gaschromatogramm bis zu einigen Hundert Fraktionen (Peaks) enthalten, die innerhalb weniger Minuten fixiert werden müssen.

Der Gaschromatograph kann nun auch mit einem Massenspektrometer gekoppelt werden (sog. GC/MS-Kopplung). In diesen Fällen kann gleichzeitig mit der Fraktionierung durch den Gaschromatographen und der Registrierung auf dem Gaschromatogramm durch das gekoppelte Massenspektrometer für jede festgestellte Fraktion ein eigenes Spektrogramm (Abb. 6) erstellt werden.

Zur Identifizierung der analysierten Einzelsubstanz eines Spektrogramms ist einerseits eine Zuordnung der Massenzahlen, d. h. die Identifizierung der entsprechenden Bruchstücke, und andererseits eine Fixierung der Intensität, d. h. die Interpretation einer relativen Peakhöhe auf der Basis einer Eichmessung, erforderlich. Diese Arbeiten stellen jedoch hohe Anforderung an das Wissen und die Erfahrung des Auswerters und erfordern meist ein Vielfaches der Zeit (57), die vom Massenspektrometer zur Erstellung des Spektrums benötigt wird. Das ist auch dann der Fall, wenn Kataloge (58) mit ausgewerteten Spektrogrammen verwendet werden. Wenn dagegen die Substanz aus einem Gemisch besteht, dann müssen einerseits die Peaks des Gaschromatogramms ausgewertet werden und andererseits die je Fraktion erstellten Spektrogramme. Der dafür notwendige Zeitaufwand ist jedoch bei personeller Auswertung so hoch, daß sich eine genaue Analyse der Spektren verbietet. Mit einer Beschränkung auf eine oberflächliche Auswertung ergibt sich dann aber, daß die fixierten Daten hinsichtlich ihrer Aussagekraft bei weitem nicht ausgeschöpft werden.

Um den Auswerter von der routinemäßigen Bearbeitung der Spektrogramme und der Gaschromatogramme zu entlasten und um die verfügbaren Daten vollständig in die Auswertung einzubeziehen, wird die Datenverarbeitungsanlage auch für die Erfüllung der Auswer-

---

57) Der Zeitaufwand beträgt etwa 1/2 bis 2 Minuten zur Erstellung des Spektrums und bis zu 8 Stunden zu dessen Auswertung.

58) Die Aufstellung und Publikation von Katalogen für Spektrogramme wird von verschiedenen Forschungsinstituten betrieben. Ähnliche Arbeiten werden auch für die maschinelle Auswertung von Spektrogrammen von einzelnen Unternehmungen vorbereitet.

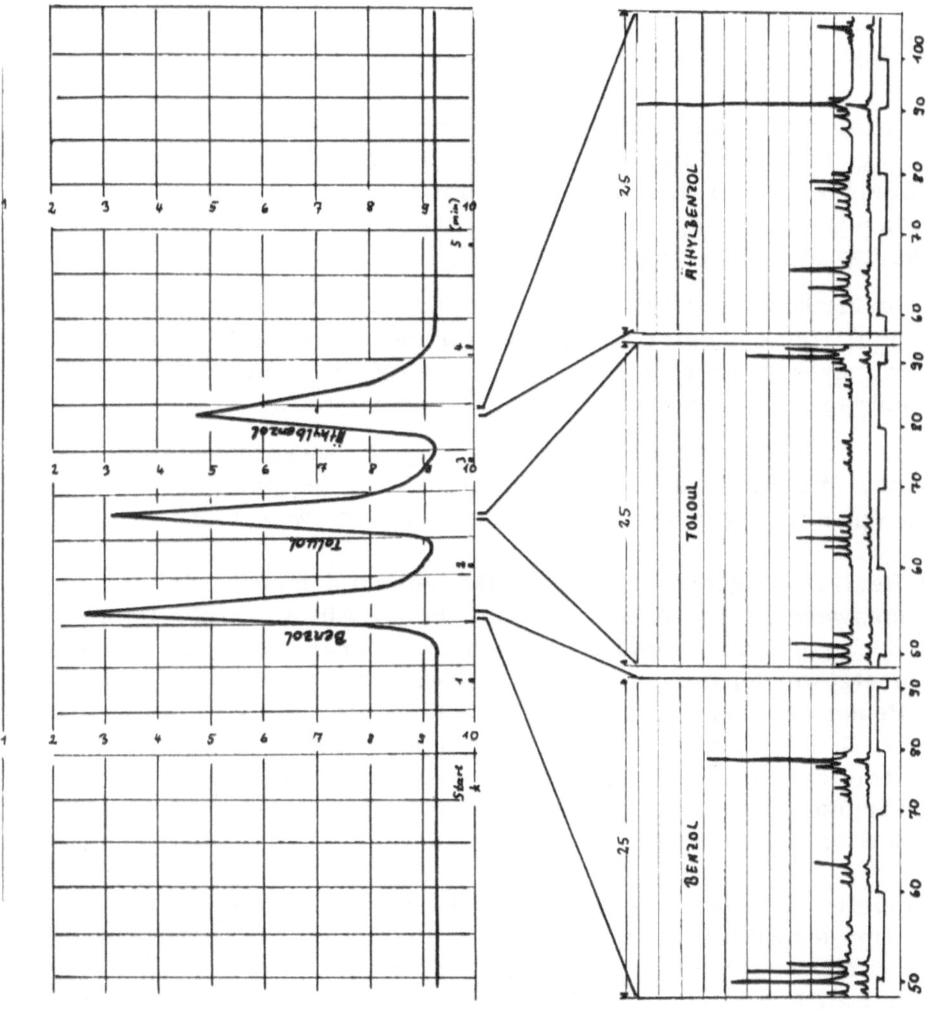

Abb. 6: Kombination von Gaschromatograph und Massenspektrometer

tungsaufgabe eingesetzt. Damit stellt sich auch hier das Problem der Datenerfassung.

Ausgehend von den vorliegenden, zur Zeit nur personell lesbaren Datenträgern wären als Lösungen denkbar:

die Methode der isolierten Fixierung und Erfassung (Vorcodierung) mit nachfolgender Transformation (Endcodierung), z. B. Übertragen der im Spektrogramm abgelesenen Werte auf einen Markierungsbeleg, Transformation Markierungsbeleg - Lochkarte, also Schemaweg A-B-C-D,

die Methode der isolierten Fixierung und Erfassung (Endcodie rung), ohne nachfolgende Transformation, z. B. Übertragen der im Spektrogramm abgelesenen Werte auf einen eingabefähigen Datenträger, also Schemaweg A-C-D oder

die Methode der isolierten Fixierung mit Integration von Erfassung und Eingabe, z. B. personelle Direkteingabe der im Spektrogramm abgelesenen Werte, also Schemaweg A-D.

Die Realisierung dieser drei Methoden und der daraus ableitbaren Lösungswege verbietet sich jedoch, da zur Ableitung der Daten aus den Spektrogrammen und den Gaschromatogrammen eine Fachkraft eingesetzt werden müßte. Nur dadurch wäre die Gewähr gegeben, daß die Peaks und deren Massenzahl richtig interpretiert werden. Mit dieser Ermittlung der exakten Daten durch die Fachkraft ist aber bereits der arbeitsaufwendigste Teil der bisher personell erledigten Auswertung vollzogen. Das bedeutet, daß eine Methode gewählt werden sollte, bei der die Ebene A nicht berührt wird.

Die möglichen Erfassungsmethoden kennzeichnen sich durch eine Integration der Fixierung mit anderen Teilaufgaben im Vorfeld der maschinellen Verarbeitung. Das bedeutet, daß die maschinell entstandenen Daten entweder vollständig oder in Auszügen auch auf einem maschinell lesbaren Datenträger fixiert werden (59) (Schemaweg C-D) oder direkt zur Verarbeitung eingegeben werden (Schemaweg D). Da die für die Realisierung dieser Erfassungsmethoden zu beachtenden Bedingungen gleich sind, sollen sie zunächst gemeinsam dargestellt werden.

Beide Methoden mit maschineller Erfassung erfordern einerseits eine Digitalisierung der Abzissenwerte, d. h. der kontinuierlich (zeitabhängig) steigenden Magnetfeldstärke beim Massenspektrometer

59) Es sei hier von der Methode der integrierten Fixierung und Erfassung (Vorcodierung) mit nachfolgender Transformation (Endcodierung), also Schemaweg B-C-D, abgesehen.

oder der Zeit selbst beim Gaschromatographen. Andererseits bedarf es einer Digitalisierung der Ordinatenwerte, d. h. der registrierten Intensitäten je Peak. Bei dieser Digitalisierung der Wertpaare (60) sind mehrere Bedingungen zu beachten:

1. die Streuung der Meßwerte darf durch die Digitalisierung nicht beeinflußt werden;
2. die Meßgenauigkeit muß denen der bisherigen Fixierung entsprechen;
3. die Abtastfrequenz bei der Digitalisierung muß der Arbeitsgeschwindigkeit des Massenspektrometers und des Gaschromatographen angepaßt sein.

Während die beiden ersten Bedingungen hinsichtlich des organisatorisch relevanten Erfassungsweges keine Auswirkungen zeigen, kann die dritte Bedingung den Erfassungsweg wegen technischer und/oder organisatorischer Probleme beeinflussen. Zur Darstellung dieses Falles sollen zwei realisierte individuelle Erfassungsverfahren (für Schemaweg C-D) kurz skizziert werden:

Bei einem Spektrogramm entsprechend Abb. 5 beträgt die erforderliche Abtastfrequenz für eine ausreichend genaue Auswertung etwa 50 kHz. Dabei entstehen 4-stellige Massenzahlen und 5-stellige Intensitätswerte (Peakhöhen). Bei einem Spektrum bis etwa zur Massenzahl 300 sind in etwa 30 Sekunden maximal 35 Peaks im Zeitpunkt ihrer Entstehung zu fixieren. Dazu ist einmal erforderlich, das vordere Minimum, das Maximum und das hintere Minimum eines jeden Peaks (61) zu ermitteln. Daneben ist die Zeitachse, d. h. die kontinuierlich wachsende Massezahl je Maximum, festzuhalten. Bei dieser Menge von 200 zu erfassenden 4- bzw. 5-stelligen Daten je Massenspektrum ist als Erfassungsmittel ein Lochstreifenstanzer geeignet, sofern einfache Pufferspeicher zwischengeschaltet werden.

Wenn aus technischen Gründen, z. B. einer höheren Arbeitsgeschwindigkeit eines Massenspektrometers oder eines Gaschromatographen mit angeschlossenem Massenspektrometer, eine höhere Abtastfrequenz erforderlich ist, dann muß eine derart große Zahl von Digitalwerten erfaßt werden, daß die Arbeitsgeschwindigkeit eines Lochstreifenlochers nicht mehr ausreicht. Deshalb muß für diesen Erfassungsprozeß ein Sachmittel höherer Leistung eingesetzt werden,

---

60) Es sind auch automatisierte Datenerfassungssysteme im Einsatz, bei denen nur eine zeitliche äquidistante Digitalisierung der Intensitätswerte erfolgt.

61) Die Fixierung der beiden Minima ist erforderlich, um eine Nullpunkt- (Peakhöhen-) Korrektur durchführen zu können.

z. B. eine Magnetbandstation. Die zu fixierenden Daten entstehen in einem solchen Fall weiterhin kontinuierlich und sie können nur dann direkt auf Magnetband fixiert werden, wenn die Schreibgeschwindigkeit des Gerätes genau der Abtastfrequenz entspricht. Da die Schreibleistung der Magnetbandstation jedoch größer ist, müssen auch hier die Daten in Pufferspeichern zwischengespeichert werden. Im Verlaufe dieses Prozesses können bereits bestimmte Gruppierungen der Daten eines Peaks vollzogen werden. Anschließend werden die jeweils gepufferten Daten diskontinuierlich auf das Magnetband ausgegeben.

In beiden Erfassungswegen entsprechend dem Schemaweg C-D werden die maschinell lesbaren Datenträger (Lochstreifen bzw. Magnetband) zu einem späteren Zeitpunkt entweder mittels einer räumlich zentralen Eingabestation oder mittels eines räumlich dezentral aufgestellten Terminals zur Verarbeitung eingegeben.

Auch ein konkreter Erfassungsweg entsprechend dem Schemaweg D ist denkbar. In diesem Fall würden die während der Arbeitsabläufe im Massenspektrometer und im Gaschromatographen entstehenden Daten sofort über entsprechende Leitungen eingegeben und der Verarbeitung zur Verfügung gestellt werden.

Die beiden Erfassungswege, in deren Verlauf ein maschinell lesbarer Datenträger entsteht, unterscheiden sich hinsichtlich ihrer Leistung nur durch die Zahl der je Zeiteinheit fixierten Digitalwerte. Das bedeutet, daß bei definiertem Datenvolumen je Spektrogramm (Gaschromatogramm) entweder beide Verfahren möglich sind (von denen das eine noch Kapazitätsreserven hat) oder nur das schnellere der beiden Verfahren zulässig ist. Hinsichtlich der Kosten ließen sich hier nur Aussagen über das Lochstreifengerät bzw. die Magnetbandstation treffen.

542. Datenerfassung im Einzelhandel

Die Warenwirtschaftszahlen, zu denen u. a. Wareneingang, Lagerbestand, Umsatz und Kalkulation gehören, stellen die für den Einzelhandel wesentlichen Daten dar. Sie bieten die Information für dispositive Maßnahmen des Einkäufers; sie sind um so aussagefähiger, je mehr sie ins Detail des Warensortiments gehen, d. h. über die Warenbewegung des einzelnen Artikels und der Sorten Auskunft geben.

Bei Sortimenten, die bei Großbetrieben des Einzelhandels wie den Warenhäusern weit über 100.000 Artikel umfassen, ist es ein Problem, die genannten Warenwirtschaftszahlen, nach Artikeln gegliedert, zu ermitteln. Das gilt weniger für die Feststellung der Bestellmengen, Wareneingänge und Bestände als für die Ermittlung des Umsatzes pro Artikel. Die Probleme vervielfältigen sich bei zentralem Einkauf, wenn es sich um ein Großunternehmen mit Filialen handelt. Entsprechend der unterschiedlichen Organisationsstruktur für Einkauf und Verkauf ergeben sich hier voneinander abweichende Informationsbedürfnisse, die die Datenverarbeitung und vor allem die Datenerfassung vor schwierige Aufgaben stellen.

Bei zentralisiertem Einkauf und dezentralisiertem Verkauf erwartet der Zentraleinkäufer Informationen, die es ihm ermöglichen, den Warenbedarf der einzelnen Filialen so ausreichend zu decken, daß bei geplanter Umsatzhöhe der Lagerbestand minimiert wird. Dazu müssen sich diese Informationen auf den einzelnen Artikel je Filiale beziehen. Aufgrund solcher Informationen stellt der Zentraleinkäufer für seine Warengruppe das Sortiment zusammen, trifft die Erstdispositionen für eine Saison und sorgt mit Nachtdispositionen zum richtigen Zeitpunkt in den richtigen Artikeln und richtigen Mengen für die Kontinuität des Warenflusses vom Lieferanten über die Verkaufstheken der einzelnen Filialen zum Verbraucher. Dabei kann die Nachdisposition von Stapelware automatisch durch die Datenverarbeitungsanlage erfolgen. Die Verkaufsleiter in den einzelnen Filialen wirken bei der Einkaufstätigkeit nur insofern mit, als sie dem Zentraleinkäufer durch Angabe der Bestände indirekt ihren Bedarf für die einzelnen Artikel anmelden.

Die Probleme der Informationsbeschaffung sind bei dezentralisiertem Einkauf geringer als beim zentralisierten Einkauf. Allein der visuelle Kontakt mit der Ware, den der Abteilungsleiter in der Filiale hat, ergibt Informationen, die dem Zentraleinkäufer im anderen Fall erst zugänglich gemacht werden müssen.

Je stärker die Entwicklung zur Zentralisierung des Einkaufs tendiert - und das ist bei schnell wachsenden Warenhausunternehmen der Fall -, um so mehr gewinnt die automatisierte Datenverarbeitung und damit die Datenerfassung in den Filialen an Bedeutung und um so größer werden die Forderungen des Einzelhandels an die eingesetzten Sachmittel, zur Sicherung der richtigen, vollständigen und unmittelbaren Erfassung und Verarbeitung des Datenanfalls. Fehlende und falsche Informationen ziehen Fehldispositionen und damit Gewinneinbußen nach sich. Eine Untersuchung einer amerikansichen Herstellerfirma von Datenverarbeitungsanlagen (62), die Ausgangspunkt für die Erarbeitung eines Systems der automatischen Nachbe-

62) Vgl. Retail IMPACT-Inventory Management Program and Control Application Description, hrsg. von IBM Corporation 1965, NY 10 601.

stellung war, geht so weit zu sagen, daß in amerikanischen Warenhausunternehmen bei je 100,- $ Umsatz 90,- $ Umsatz-Ausfall zu beklagen waren, weil Kundenwünsche wegen eines schlechten Servicegrades, d. h. wegen unzureichender Warenpräsenz, nicht erfüllt werden konnten.

Eine Verbesserung derartiger Verhältnisse ist nur möglich durch frühzeitige Bereitstellung von Informationen über den Warenabfluß, die der Einkäufer als Dispositionsgrundlage benötigt.

Wegen der technischen Beschränkungen der bisher üblichen Registrierkassen sowie aus Gründen der Wirtschaftlichkeit des Kasseneinsatzes war in der Vergangenheit die Umsatzermittlung auf Warengruppen oder Abteilungen begrenzt, ohne dabei den einzelnen Artikel nachzuweisen. Die in einer Abteilung aufgestellten Kassen sind nur als zu dieser Abteilung gehörend gekennzeichnet und ihre Einnahmen sind Umsatz der Abteilung bzw. der Warengruppe.

Soweit beim Kassiervorgang nur der Preis registriert wird und keine artikelbezogenen Daten, wie zum Beispiel die Artikelnummer, festgehalten werden, bleibt der Umsatz des einzelnen Artikels unbekannt. Die Steuerung des Einkaufes eines Artikels basiert daher zumeist auf Behelfsinformationen, die sich beim Wareneingang aus der Rechnung oder bei früheren Bestellungen aus manuell erstellten mengenstatistischen Aufzeichnungen ergeben. Für einige Artikel, wie zum Beispiel modische Artikel der Oberbekleidung oder andere großstückige Artikel aus dem Einrichtungsbereich, wurden auch schon in der Vergangenheit Verkaufswerte und -mengen festgehalten. Das geschah - und geschieht auch vielfach noch - mit Abrißetiketten, die beim Verkauf der Ware vom Stammetikett abgetrennt und zur späteren manuellen Verarbeitung an der Kasse gesammelt werden. Die manuelle Zusammenstellung der Verkaufsdaten der einzelnen Artikel war arbeitsaufwendig, zeitraubend und daher für die Information des Einkäufers selten zeitnah. Zudem beeinträchtigen verlorengegangene Etiketten die Richtigkeit der daraus erarbeiteten Mengenstatistik. Die daraus resultierenden Unsicherheiten veranlassen den Einkäufer, weniger auf die Verkaufsmengenstatistik zurückzugreifen als wieder seinen probaten Dispositionstechniken nach Augenschein und Fingerspitzengefühl zu folgen.

Den Anstoß zu einer detaillierteren Datenermittlung der Bestellmengen, der Wareneingänge und auch der Umsätze des einzelnen Artikels ergab die auch im Einzelhandel, vor allem in den Großbetrieben, schnell Fuß fassende automatisierte Datenverarbeitung. Wenn auch der Einsatz dieser Anlagen in den Großbetrieben des Einzelhandels zunächst für Zwecke des Rechnungswesens erfolgte, so wurde sehr bald die Möglichkeit erkannt, mit diesen neuen Organisationsmitteln die Massen von mengenstatistischen Daten des Ein- und Verkaufs zu verarbeiten. Voraussetzung für die automatisierte Verarbeitung dieser Daten aber sind geeignete Verfahren der Datenerfassung, vor allem zur Datenerfassung im Verkaufsraum bei der Abwicklung der einzelnen Verkaufsakte.

Für die Erfassung von Daten hinter der Szene, z. B. der Bestellmengen oder der Wareneingänge, ergeben sich weniger Probleme, da hier für die Aufgabe der Datenerfassung spezialisierte Mitarbeiter tätig sind. Demgegenüber muß die Abwicklung dieser Aufgabe beim Verkaufsakt dem Verkäufer übertragen werden, dessen Hauptaufgabe aber der Verkauf und nicht die Datenerfassung ist. Es war deshalb folgerichtig, das Gerät, das bisher schon vom Verkäufer zur Registrierung des Verkaufspreises bedient wurde, so weiterzuentwickeln, daß neben dem Verkaufspreis weitere Daten des Verkaufsvorganges, den Artikel, den Kunden oder den Verkäufer betreffend, personell erfaßt werden konnten (Schemaweg A-C-D).

Diese Entwicklung wurde vor allem durch die amerikanischen Warenhäuser und deren umfangreiches Kundenkreditgeschäft gefördert. Allein die erhebliche Personaleinsparung in den Büros der Kreditkontenverwaltung durch die Übernahme der hier bisher manuell durchgeführten Arbeiten auf die automatische Datenverarbeitungsanlage machte die teuren Investitionen für technisch vervollkommnete, zu Datenerfassungsgeräten erweiterte Kassen lohnend. Die Möglichkeiten, dabei mengenstatistische und wertstatistische Daten der Ware zum Zwecke besserer Dispositionen zu erfassen, wurden zunächst als ein Abfallprodukt angesehen und mit ihren Effekten nicht einmal in die Wirtschaftlichkeitsberechnung einbezogen.

Für deutsche Verhältnisse ist der Einsatz solcher Kassen, die gleichzeitig eine Reihe von Verkaufsdaten auf maschinenlesbare Datenträger übertragen, wegen der Bedeutungslosigkeit des Kreditgeschäftes im Vergleich zu den Gegebenheiten in den USA unter gänzlich anderen Aspekten zu sehen und zu beurteilen. Die Investitionen dafür sind nur dann lohnend, wenn die von den Kassen erfaßten Daten und die daraus resultierenden Informationen zu besseren Dispositionen führen, d. h. zu einer ausgewogeneren Lagerhaltung, einer besseren Warenpräsenz, zusätzlichen Umsätzen und damit einem höheren Gewinn.

Der Einsatz solcher Kassen bringt einige nachteilige Wirkungen mit sich, die nicht übersehen werden dürfen. Mit der zusätzlichen Erfassung mehrstelliger Artikelnummern neben dem Verkaufspreis und möglicherweise auch noch weiterer Daten, wie zum Beispiel der Kundennummer bei Kreditverkäufen, die entweder in einem oder in mehreren Registriergängen eingetastet werden müssen, ergeben sich zweifelsohne Verzögerungen in der Abwicklung des Kassiervorganges. Zudem ist trotz der Verwendung von Prüfziffern nicht ausgeschlossen, daß Erfassungsfehler falsche Informationen zur Folge haben. Darüber hinaus ist zu berücksichtigen, daß das Einlesen der beim Registriervorgang erstellten Lochstreifen oder maschinenlesbaren Kassen Kontrollstreifen den Eingabevorgang in die automatisierte Datenverarbeitungsanlage zu einem Engpaß machen. Das wird verständlich, wenn von einer Filiale mit 200 Kassen pro Tag eine Million Zeichen und mehr eingegeben werden müssen (63). Aus diesem Grunde erscheint der Einsatz solcher off-line arbeitenden Kassen nicht als besonders gute Lösung.

In Erkenntnis dieser Tatsache sind die Hersteller von Registrierkassen und DV-Anlagen dabei, ihre Kassen als on-line arbeitende Datenerfassungsgeräte zu Terminals einer im Warenhaus selbst installierten DV-Anlage weiterzuentwickeln. Dabei gibt es Systeme, die sich auf die Verkaufsdatenerfassung und Gruppierung der Umsätze nach Abteilung oder Artikelgruppe zur Messung des Umsatzerfolges beschränken, dann aber auch weiterentwickelte, die mit der permanenten Fortschreibung des Warenbestandes aufgrund von Wareneingangs- und -verkaufserfassung die Grundlage für Verkaufsplanung und Bestelldisposition schaffen. Die Notwendigkeit einer solch aufwendigen Datenerfassung kann sich für ein Warenhaus zum Beispiel ergeben, wenn die bisherige warengruppenorientierte Warenpräsentation im Verkauf auf eine bedarfsorientierte umgestellt werden soll. Die bisher gegebene Kongruenz zwischen den Einkaufsabteilungen und den Verkaufsabteilungen ist dann nicht mehr vorhanden. In einem Verkaufsbereich sind nunmehr zum Beispiel alle Artikel für das Bad zusammengefaßt, die von den verschiedenen Einkaufsbereichen beschafft werden. Würde hier weiter ohne Erfassung der Artikel-Nummer gearbeitet, fehlten den Facheinkäufern die notwendigen Informationen über die getätigten Verkäufe der verschiedenen Branchen, die in einem Verkaufsbereich zusammengefaßt sind.

Obwohl die amerikanischen Warenhausunternehmungen die ersten waren, die die bedarfsorientierte Warendarbietung in "shops in the shop" oder in "boutiques" anwandten, war diese neue Form des Verkaufs und die dazu notwendige Verarbeitung von Warenwirtschaftsdaten einmal für die Zwecke des Verkaufs, zum anderen für die des Einkaufs nicht der einzige und wichtigste Grund, die Datenerfassung beim Verkauf (point of sales recording) bis zur Direkteingabe zu vervollkommnen. Vorrangig war auch hier die sichere und schnellere Abwicklung des Kreditgeschäftes mit automatischer Kontrolle der Kreditberechtigung und die für den Kunden schnellere Abwicklung

63) Dieser Zahl liegt die Annahme zugrunde, daß arbeitstäglich über jede Kasse ca. 250 Kassiervorgänge mit je 20 zu erfassenden Zeichen erfolgen.

des Verkaufsvorganges mit automatischer Errechnung des zu zahlenden Betrages einschließlich der Steuer und des Rabattes sowie des Wechselgeldes beim Barverkauf. Nicht zuletzt war es die Absicherung gegen Verluste durch Unterschlagungen beim Kassiervorgang, die dieses System mit On-Line-Datenerfassungsgeräten, ausgebildet als Regionalkassen, als eine ideale Lösung der Datenerfassungsprobleme für das amerikanische Warenhaus erscheinen ließ (Abb. 7). Dieses System kann als technisch perfekt angesprochen werden, weil die Warenausgangsdaten unter Verwendung eines maschinenlesbaren Etiketts erfaßt werden (Schemaweg C-D). Dabei handelt es sich der Methode nach um eine "Vorerfassung", weil die Erstellung des maschinenlesbaren Datenträgers nicht im Zeitpunkt des Verkaufs oder nachgeschaltet aufgrund nicht maschinenlesbarer Datenträger erfolgt.

Die Ware muß einmal zur Information des Kunden, zum anderen für die Eingabe durch den Verkäufer preislich ausgezeichnet sein. Die individuellen betrieblichen Bedürfnisse machen die Erfassung weiterer Daten erforderlich wie Artikelnummer, Wareneingangsnummer und andere warenspezifische Daten. Unterlage für diese Daten ist die Eingangsrechnung, auf der betriebsinterne Angaben, wie Verkaufspreis und Wareneingangsnummer bereits manuell eingetragen wurden. Die Erfassung der beim späteren Verkauf aktuell werdenden Daten erfolgt gleichzeitig mit der Erfassung der Wareneingangsdaten durch den Druck des Etiketts, das auf zwei Abschnitten die oben genannten Daten enthält. Beide Abschnitte sind in normaler Maschinenschrift beschriftet, das zweite enthält die Daten zusätzlich auf einem Magnetstreifen. Der Einkaufspreis wird auf dem Magnetstreifen erfaßt, ohne daß er auf dem Etikett visuell lesbar erscheint.

Beim Verkauf der Ware wird der Magnetstreifenabriß des Etiketts über eine Leseeinrichtung des Kassen-Terminals eingelesen. Dabei werden Artikelnummer und Preis mit den auf Band oder Platte als Eingang gespeicherten Daten verglichen und bei Übereinstimmung als Ausgang bzw. Umsatz registriert.

Zum Zweck der automatisierten Prüfung und Erfassung des Kreditverkaufs verfügt das Kassen-Terminal über eine Leseeinrichtung für Kunden-Kreditkarten und einen Bildschirm für Auskünfte bezüglich des Kontostandes.

Nach Einlesen der Etiketten (Schemaweg C-D) sowie nach Eingabe über ein Tastenfeld, z. B. für kleinpreisige Artikel (Schemaweg A-D), die nicht mit einem Magnetstreifen-Etikett versehen sind, schreibt die Kasse einen Kassenzettel über die getätigten Verkäufe, wobei der Computer alle erforderlichen Rechenvorgänge vornimmt.

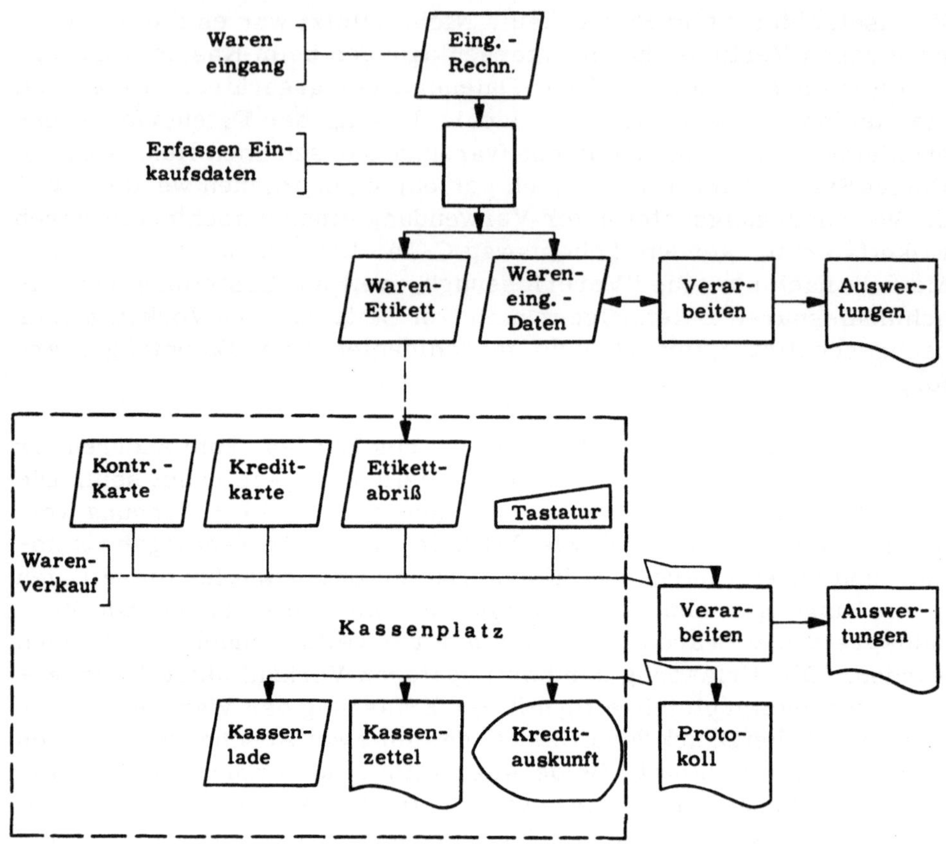

Abb. 7: Datenflußplan eines on-line - Datenerfassungssystems unter Verwendung maschinenlesbarer Etiketten

Dieses System bietet bessere Möglichkeiten der Kontrolle, die hier der Vollständigkeit wegen erwähnt werden sollen. Zur Kassenkontrolle muß die Aufsicht ihre Kontroll-Plastikkarte in die Kasse einlegen. Der Computer prüft die Kontrollberechtigung und veranlaßt die Öffnung der Kassenschublade. Die Kassenöffnung wird protokolliert mit Angabe der Personalnummer der Aufsicht, der Uhrzeit, dem über Tastenfeld eingegebenen Geld-Ist-Bestand und dem vom Computer errechneten Sollbestand mit Ausweis möglicher Differenzen.

Mit dem Einsatz dieser Kassen-Terminals verbessert sich die Produktivität des Verkaufspersonals merklich. Das Einlesen der Daten anstelle der Eingabe über Tastenfeld beschleunigt den Verkaufsvorgang und sichert die Datenerfassung in höherem Maße.

Die Kosten dieses Systems belaufen sich bei einem Jahresumsatz von 100 Mio. $ auf etwa 1 bis 1,5 Mio. $. Bei konsequenter Nutzung all seiner Möglichkeiten wird mit einer Verbesserung des Nettogewinns von 0,5 bis 2 % des Umsatzes gerechnet. Das ist bei einem durchschnittlichen Nettogewinn der amerikanischen Warenhäuser von 2,8 bis 3 % vom Umsatz eine beachtliche Steigerung.

Die Installation solcher Datenerfassungsgeräte, die on-line mit der Datenverarbeitungsanlage verbunden sind, wird in einem deutschen Warenhaus nicht so wirtschaftlich sein können. Die Kosten werden sich aufgrund der im Vergleich zu den USA höheren Maschinen-Mieten oder -Kaufpreisen auf etwa 3 % vom Umsatz stellen und die meßbaren Rationalisierungseffekte werden durch das Fehlen eines nennenswerten Kreditgeschäfts, in dessen automatisierter Abwicklung die wesentlichen Einsparungsmöglichkeiten liegen, weit geringer sein (bei einem Umsatzanteil bis zu 60 % ist das Kreditgeschäft in amerikanischen Warenhäusern rationalisierungsergiebiger als bei 3 bis 6 % Kreditumsatzanteil der deutschen Warenhäuser). Der höhere Integrationsgrad läßt sich in deutschen Warenhausunternehmen nicht in gleichem Maße ausnutzen.

Die Bewertung einer Ertragsverbesserung durch bessere Informationen über Umsätze und Bestände der einzelnen Artikel ist schwierig. Es erscheint fraglich, ob die Ergebnisse einer besseren Warenwirtschaft zusammen mit den Kosteneinsparungen durch Fortfall manueller statistischer Arbeiten ausreichen, den wirtschaftlichen Einsatz solcher auf die Bedürfnisse amerikanischer Warenhäuser zugeschnittenen Datenerfassungsinstallationen zu gewährleisten.

Zur Erzielung einer vertretbaren Kostenrelation wären beträchtliche Abstriche an einer solchen Anlagen-Konfiguration notwendig und damit aber auch an den daraus resultierenden Informationen. Unter diesem Aspekt sind für den europäischen Einzelhandel Systeme entwickelt worden, mit denen Verkaufsdaten bei einem Kostenansatz erfaßt und verarbeitet werden können, der mit 1 bis 1,5 % vom Umsatz den europäischen Verhältnissen angemessen erscheint.

Folgende Konzeption soll dafür beispielhaft sein: Als Erfassungsgerät fungiert eine Kasse mit Zehnertastatur, 6 Funktionstasten, elektronischer Anzeige, einer Schublade mit elektrischer Auslösung und einem Datenkanal zum Steuergerät, an das bis zu vier Verkaufsdatenerfassungsplätze angeschlossen werden können.

In der Zentraleinheit ist für jedes Terminal ein Speicherbereich definiert zur Speicherung der Umsätze, die nach den eingetasteten Lagerbegriffen sowie nach den angeschlossenen Datenerfassungsplätzen geordnet sind (Abb. 8).

Eine solche Installation der Datenerfassung, deren Kosten sich mindestens auf 1 % vom Umsatz stellen, wird auf die Dauer nicht nur zum Zwecke der Ermittlung der Umsätze der verschiedenen Warengruppen, die miteinander gemischt bedarfsorientiert verkauft werden, und zur Lösung des Problems "Interselling" (jede Ware kann an jeder Kasse bezahlt werden) eingesetzt werden. In mehreren Stufen des Ausbaus von Kasse und Steuereinheit müßten darüber hinaus artikelbezogene Wareninformationen zum Zwecke besserer Nachbestellung oder letztlich zur automatischen Disposition, wenn es sich

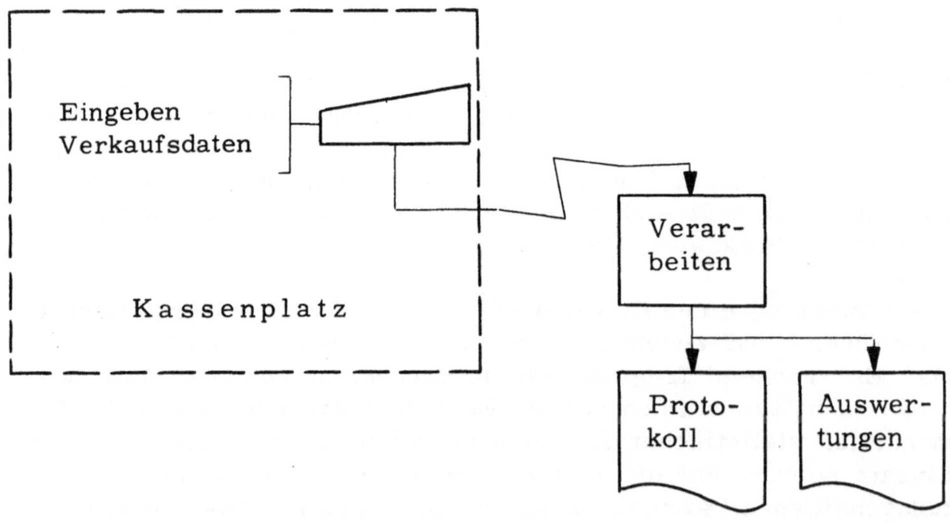

Abb. 8: Datenflußplan eines on line-Datenerfassungssystems mit Tastatureingabe

um problemlose Stapelware handelt, beschafft werden. In diesem Beispiel zeigt sich eindeutig, daß an sich perfekte technische Lösungsmöglichkeiten aus Gründen der Wirtschaftlichkeit beschnitten werden müssen. Es fehlen bei deutschen Warenhäusern durch die Bedeutungslosigkeit des Kreditgeschäftes zur Zeit wesentliche Voraussetzungen für eine integrative Rationalisierung, die einen höheren Automatisierungsgrad und die dadurch bedingten Kosten rechtfertigen.

543. Datenerfassung für die Debitorenbuchhaltung

Die Debitorenbuchhaltung als Teil des betrieblichen Rechnungswesens hat die Aufgabe, die durch Warenlieferungen und Leistungen entstandenen Forderungen im einzelnen nachzuweisen und den Zahlungseingang zu überwachen. Um diese Aufgabe erfüllen zu können, müssen sowohl die Daten des Rechnungsausgangs als auch die des Zahlungseingangs gebucht werden.

Bei Verwirklichung einer integrierten Datenverarbeitung können die Daten des Rechnungsausgangs auf maschinell lesbaren Datenträgern erfaßt werden und ohne weitere Bearbeitung in die Debitorenbuchhaltung einfließen. Die eigentliche Erfassungsaufgabe erstreckt sich dann auf die Zahlungseingangsdaten.

Erschwert wird die Aufgabe der Bereitstellung der Zahlungsdaten durch die Forderung nach einer eindeutigen Zuordnung jeder Zahlung zu dem korrespondierenden offenen Posten, da auf dem Zahlungseingangsbeleg häufig nur unvollständige Angaben über den Zweck der Zahlung vermerkt sind und die Ordnungsmerkmale der eigenen Organisation fehlen.

Zur Bewältigung der genannten Aufgaben in der Debitorenbuchhaltung sind in der Praxis zwei grundsätzlich voneinander abweichende Lösungen entwickelt worden:

- Das eine Verfahren benutzt zur Datenerfassung eine sogenannte Offene-Posten-Kartei. Die Datenträger dieser Kartei enthalten in maschinell abtastbarer Form die Daten des ursprünglichen Geschäftsvorfalls. Da alle den ursprünglichen Geschäftsvorfall identifizierenden Daten schon in maschinell abtastbarer Form vorliegen, beschränkt sich die Datenerfassung auf die Zahlungseingangsdaten, von denen ein Teil unter Umständen maschinell ergänzt werden kann.

- Im zweiten Verfahren werden die offenen Posten in einer Datei auf Magnetband oder Magnetplatte gespeichert. Die Daten des Zahlungseingangs und die zugehörigen identifizierenden Daten müssen auf einem neu zu erstellenden Datenträger vollständig erfaßt werden.

Bei Verfahren, die eine Offene-Posten-Kartei verwenden, kann die Zuordnung einer Zahlung zu einem offenen Posten vom Menschen flexibel gestaltet werden. Sie ist möglich anhand der Daten:

- Kundennummer und
- Rechnungsnummer und/oder
- Betrag und/oder
- Fälligkeit.

Dadurch ist auch bei unvollständigen Angaben auf dem Zahlungsbeleg eine sinnvolle Zuordnung (64) möglich, wenn der gegebene Ermessensspielraum vernünftig genutzt wird. Die Erfassung der Zahlungseingangsdaten kann ohne zusätzlichen Prüfvorgang erfolgen, da in maschinellen Abstimmverfahren Kontrollen durchgeführt werden können.

Für den Aufbau einer Offene-Posten-Kartei können Datenträger unterschiedlicher Art verwendet werden:

a) Verbundlochkarten

   In besonderen Schreibfeldern auf der OP-Karte werden die Zahlungseingangsdaten in Klarschrift fixiert. Da in einem anschließenden Arbeitsgang diese Daten in die gleiche Karte gelocht werden, ist die Feldanordnung der Klarschriftfelder so zu wählen, daß sie während des Lochvorgangs sichtbar bleiben.

b) Zeichenlochkarten

   Die auf dem Markt angebotenen technischen Lösungen des Zeichenlochverfahrens müssen als organisatorisch gleichwertige Verfahren betrachtet werden. Die Zahl der Markierungsstellen ist je nach Verfahren auf 27 bzw. 40 Stellen je Kartenseite begrenzt. Diese Stellenanzahl reicht aber aus, um die Zahlungseingangsdaten durch Markierung zu erfassen (siehe Abb. 9).

---

64) Zuordnungsfehler sind dabei denkbar, aufgrund mehrfacher Identifizierungsmerkmale jedoch relativ selten.

Den Kosten der Locharbeit, die durch einen maschinellen Transformationsprozeß ersetzt wird, stehen die zusätzlichen Maschinenkosten für die entsprechenden Transformationsgeräte (Zeichenlocheinrichtung) gegenüber.

c) Optisch lesbare Belege

Auch maschinell lesbare Klarschriftbelege lassen sich organisatorisch wie vorgestanzte Lochkarten einsetzen. Es werden alle die offenen Posten betreffenden Daten in maschinell lesbarer Schrift ausgedruckt. Die Zahlungseingangsdaten werden in den dafür vorgesehenen Feldern in Klarschrift(Maschinen- oder Handschrift) ergänzt.

Beim Einsatz dieses Verfahrens entstehen durch den Belegleser hohe zusätzliche Maschinenkosten, die sich weiter erhöhen, wenn man durch Einsatz eines Klarschriftbelegsortierers eine maschinelle Sortierbarkeit der Offene-Posten-Kartei ermöglichen will, die bei vorgestanzten Lochkarten ohne Zusatzkosten gegeben ist. Die Verfahren, die auf eine Offene-Posten-Kartei verzichten, erfordern die Führung einer Datei auf Magnetband oder Magnetplatte und die vollständige Erfassung aller relevanten Zahlungseingangsdaten.

Die maschinelle Zuordnung der Zahlungseingänge zu den offenen Posten (automatischer Kontenausgleich), die bei richtiger Angabe von Kundennummer und Rechnungsnummer möglich wäre, scheitert in der Regel an der Vielzahl unvollständiger und fehlerhafter Angaben. Hilfsmittel - wie Rechnungsabschnitte mit Kunden- und Rechnungsnummer, die der Kunde zur Identifizierung auf den Überweisungsträger kleben soll - werden häufig nicht benutzt. In diesen Fällen ist in periodischen Abständen eine Reorganisation der Offene-Posten-Datei durch Aufgabe von zusätzlichen Ausgleichsbuchungen erforderlich.

Um den Reorganisationsaufwand einzuschränken, können außer dem Vorhalten der Kopien der unbezahlten Rechnungen für die Debitorenbuchhalter andere Hilfsmittel geschaffen werden:

- eine Listung der offenen Posten, die periodisch (z. B. wöchentlich) erstellt wird und im Regelfall alle Gegenposten für die möglichen Zahlungseingänge der folgenden Woche enthält, oder

- eine Offene-Posten-Blattei, in der bei jeder Kontobewegung eines Kunden alle noch offenen Posten des Kunden ausgedruckt werden. Gegenüber der Liste wird zwar eine etwas größere Aktualität erreicht, aber das Einsortieren der Blätter verursacht zusätzlichen Aufwand.

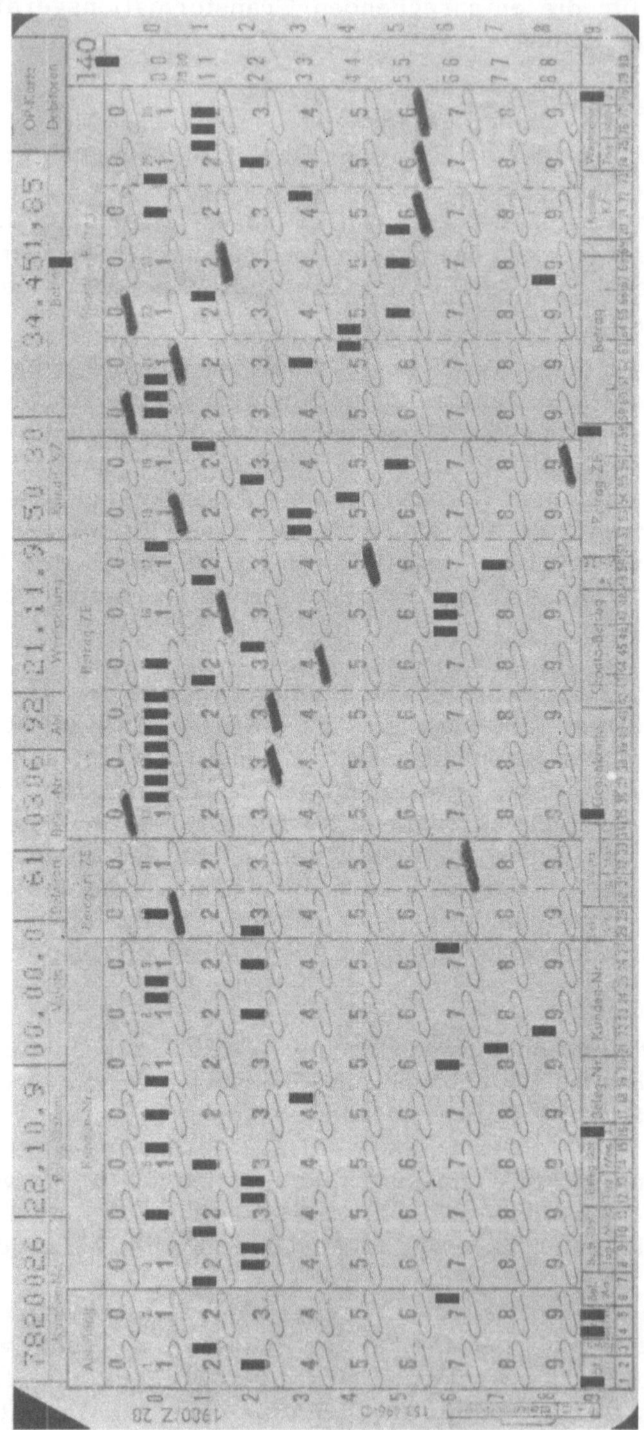

Abb. 9: Durch Markierung der Zahlungseingangsdaten ergänzte OP-Karte

Bei Verwendung dieser Hilfsmittel ist festzustellen, daß die Zuordnung der Zahlung zu einem offenen Posten doppelt - durch den Buchhalter manuell und anschließend durch die Datenverarbeitungsanlage maschinell - erfolgt.

In jedem Falle sind bei Verzicht auf eine Offene-Posten-Kartei die identifizierenden Daten (Kundennummer und Rechnungsnummer, evtl. statt der Rechnungsnummer eine Buchungspostennummer) und die übrigen Zahlungseingangsdaten zu erfassen.

Unabhängig vom Erfassungsverfahren sind bei den identifizierenden Daten Erfassungsfehler möglich, die bei der Zahlungseingangskontrolle nicht festgestellt werden können. Dagegen können Erfassungsfehler bei den anderen Zahlungseingangsdaten durch Abstimmungen bei der Zahlungseingangskontrolle aufgedeckt werden.

Bei Verzicht auf eine Offene-Posten-Kartei sind als Datenerfassungsverfahren einzusetzen:

a) Datenerfassung durch Lochen und Prüfen

   Da der Aufbau der Originalbelege für die Datenerfassung in der Regel wenig geeignet ist, sind bei der Kontierung die relevanten Daten des Zahlungseingangs auf besondere Ablochbelege zu übertragen. Übertragungsfehler werden bei dieser Tätigkeit niemals völlig ausgeschaltet werden können. Um gegen Lochfehler bei den identifizierenden Daten abgesichert zu sein, ist ein Prüfen zumindest dieser Daten erforderlich. Damit sind die Daten bis zur maschinellen Verarbeitung dreimal Gegenstand einer personellen Operation: beim Erstellen des Ablochbeleges, beim Lochen und beim Prüfen (Erfassungsweg A-A-C-D).

b) Datenerfassung mit Zeichenlochkarten

   Bei diesem Verfahren wird die zusätzliche Erstellung eines Ablochbeleges durch die personelle Vorcodierung auf einer Zeichenlochkarte ersetzt. An die Stelle des Lochens und Prüfens tritt der maschinelle Transformationsprozeß zur Erstellung der eingabefähigen Datenträger (Endcodierung; Erfassungsweg A-B-C-D). In Einzelfällen kann die begrenzte Anzahl der Markierungsstellen zu Schwierigkeiten führen.
   Der Einsparung an personellem Aufwand bei der Datenerfassung stehen die zusätzlichen Maschinenkosten für den Doppler mit Mark-Sensing-Einrichtung bzw. die Magnetolekteur-Maschinen gegenüber. Wegen der größeren Zahl der zu erfassenden Daten - die Identifizierungsdaten sind zusätzlich zu erfassen - macht sich hier die Reduzierung der manuellen Tätigkeit kostenmäßig stärker bemerkbar.

c) Datenerfassung auf optisch lesbaren Belegen

Die Datenerfassung erfolgt bei diesem Verfahren durch Ausstellung eines maschinell lesbaren Datenträgers, der zur Sicherstellung der Lesbarkeit unter bestimmten Formvorschriften ausgefüllt werden muß. Auch bei Einhaltung dieser Schriftnormen besteht die Gefahr der Substitution von Zeichen (Verwechselung von Zeichen durch die Maschine, wobei kein Fehler angezeigt wird). Solche Fehler können nur durch Anwendung besonderer Prüfverfahren entdeckt werden (Summenbildung, Nummernprüfung).

Bei den Verfahren, die eine Offene-Posten-Kartei verwenden, ist der Aufwand für die Datenerfassung in der Regel geringer, da keine neue Erfassung der identifizierenden Daten erfolgt, die somit auch mit Sicherheit ohne Erfassungsfehler aufgegeben werden. Eine Zuordnung der Zahlung zu offenen Posten (Postenausgleich) ist nur in sehr einfachen Fällen rein maschinell durch ein Programm durchführbar. In schwierigen und besonderen Fällen ist der Debitorenbuchhalter flexibler in bezug auf die richtige Zuordnung (65). Mit einer Offene-Posten-Liste oder mit Offen-Posten-Blättern erfolgt die Zuordnung logisch wie mit einer Offene-Posten-Kartei. Der Erfassungsaufwand ist aber - wie bereits gezeigt - höher.

Auch die Behandlung sich per Saldo ausgleichender Soll- und Haben-Posten (Nullsalden) eines Kunden, die bei der Verbuchung nicht eindeutig zugeordnet wurden, ist bei den einzelnen Verfahren unterschiedlich:

Bei Einsatz einer Offene-Posten-Kartei werden die sich ausgleichenden Posten (Karten) gezogen und abgestellt.

Bei Speicherung der offenen Posten auf Magnetband oder Magnetplatte muß in einem solchen Fall zusätzlich eine Lösung vorgenommen werden, um diese Posten aus der Datei der offenen Posten zu eliminieren.

Die zeitliche Beanspruchung der Datenverarbeitungsanlage ist bei den Verfahren ohne Offene-Posten-Kartei merklich größer, weil täglich nicht nur die Bewegungen des Tages verbucht, sondern auch maschinell der Postenausgleich durchgeführt werden muß. Abhängig von der Komplexität der Geschäftsvorfälle und der Perfektion des Ausgleichsprogramms können hier sehr lange Programmlaufzeiten auftreten.

---

65) Jede personell zu führende Kartei hat natürlich die Schwäche, daß falsches Einsortieren der Datenträger, besonders bei großen Beständen, das Auffinden der Daten erheblich erschwert.

Das Bestreben, die zeitliche Beanspruchung der Datenverarbeitungsanlage so weit wie möglich einzuschränken, gleichzeitig aber auch die manuelle Arbeit zu rationalisieren, führte zur Entwicklung des in Abbildung 10 dargestellten Verfahrens.

Anhand des Zahlungseingangsbeleges kann entweder über die Kundennummer oder über den Namen die Zuordnung der Zahlungen zu den korrespondierenden offenen Posten vorgenommen werden. Zu diesem Zweck werden aus der Offene-Posten-Kartei die entsprechenden Karten gezogen und die Zahlungseingangsdaten in Form von Zeichenlochmarkierungen vorcodiert.

Einen Überblick über die beim Stanzen der Karten bereits erfaßten bzw. durch Markierung zu ergänzenden Daten gibt die Tabelle 1.

beim Stanzen erfaßte Daten:		zu markierende Daten:	
Begriff	Stellen	Begriff	Stellen
Abteilung	2	Zahlungsart	2
Journal	1	Zahlungsbetrag	8
Deckblatt-Nr.	2	Skontobetrag	7
Beleg-Art	2	insgesamt	17
Buchungsdatum	4		
Beleg-Datum	5	Nur bei Teil- oder Vorauszahlungen zusätzlich:	
Beleg-Nr.	4		
Kunden-Nr.	7		
Sektor	1		
Gruppe	1	Abteilung	2
Gegenkonto	7	Kundennummer	7
Betrag	10		
Konditions-Kennz.	4		
Wertstellungsdatum	5		
Valuta-Datum	5		
insgesamt	60	insgesamt	26

Tabelle 1: Gegenüberstellung der vorgestanzten und der zu markierenden Daten

Fehler, die sich aus der Datenerfassung durch Markierung nur bei den Zahlungseingangsdaten ergeben können, werden im weiteren Ablauf des Verfahrens festgestellt und in der Zahlungseingangskontrollliste angezeigt.

Nach dem Ausstanzen der markierten Karten erfolgt eine maschinelle Prüfung des Zahlungseingangs. Geprüft wird dabei:

- Der Ausgleich des (der) offenen Posten durch den Zahlungseingang, wobei die Gleichung

  $$\text{Rechnungsbetrag} = + \begin{array}{l}\text{Zahlungsbetrag}\\ \text{Skontobetrag}\end{array}$$

  erfüllt sein muß;

- Die markierten Skontobeträge werden auf ihre Berechtigung (Einhaltung der Skontofrist) und auf rechnerische Richtigkeit geprüft.

Jede verarbeitete Karte wird in der Zahlungseingangskontrolliste in einer Zeile mit Fehlerhinweisen ausgedruckt, so daß der Sachbearbeiter eine Unterlage für die Bearbeitung der Soll- oder Haben-Restkarten erhält, die bei Überschreiten von Toleranzgrenzen ausgestanzt werden.

Die Fakturierungsergebnisse sind in den Programmen der Fakturierung auf einem "Rechnungsendbetragsband" erfaßt und fließen in die Programme der Debitorenbuchhaltung ein. Für alle nicht durch Bank-Lastschriften ausgeglichenen Rechnungen werden Offene-Posten-Karten ausgestanzt. Alle sonstigen Geschäftsvorfälle, die Debitorenkonten betreffen, sind nach Ausstellen von Buchungsbelegen durch Lochen und Prüfen erfaßt. Die bei der maschinellen Verarbeitung gestanzten Offene-Posten-Karten für

- Restbeträge
- Rechnungen
- Sonstige Buchungen

werden nach dem Lochschriftübersetzen manuell in die Offene-Posten-Kartei einsortiert (66).

Auf Journalisierung, Kontenführung und automatisiertes Mahnwesen soll hier nicht eingegangen werden, wennschon diese Vorgänge mit dem Erfassungsvorgang in Verbindung stehen.

66) Praktische Erfahrungen haben gezeigt, daß maschinelles Einsortieren nicht unbedingt vorteilhafter ist.

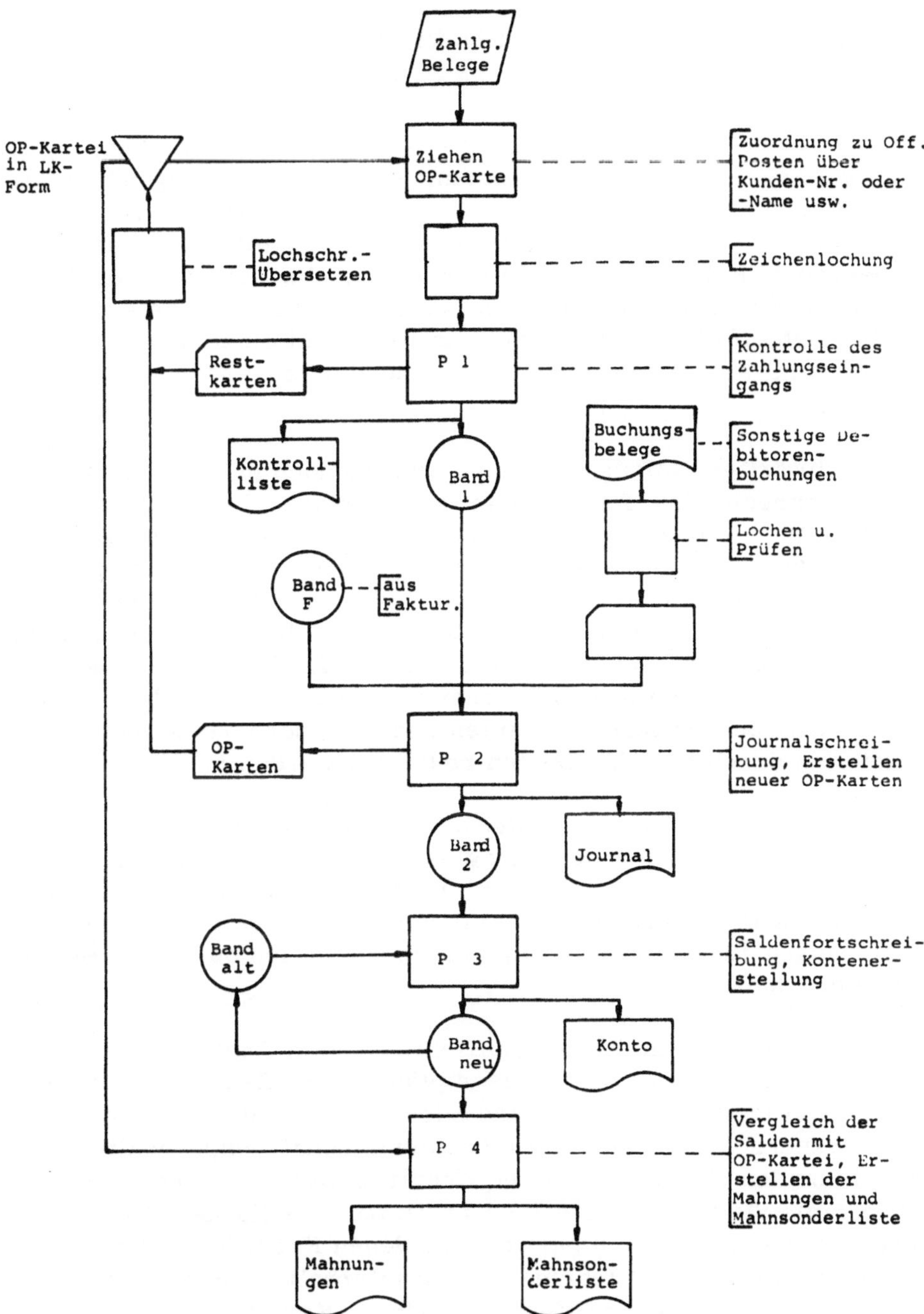

Abb. 10: Lösungsvorschlag Debitorenbuchhaltung

544. Datenerfassung im Zahlungsverkehr der Kreditinstitute

Die deutschen Kreditinstitute sehen sich im Zahlungsverkehr einer ständig wachsenden Arbeitsbelastung und Papierflut gegenüber. So ist die Zahl der Girokonten im Jahr 1969 auf rund 30 Mio. gestiegen, d. h. statistisch gesehen besitzt etwa jeder zweite Einwohner der Bundesrepublik Deutschland ein Girokonto. Die Zahl der Verfügungen im Zahlungsverkehr (Überweisungen, Schecks, Lastschriften) erhöhte sich auf über 3 Mrd. im Jahr 1969. Bei einzelnen Clearingzentren sind arbeitstäglich mehrere hunderttausend Posten zu bearbeiten.

Der gegenwärtige Umfang und die zu erwartenden starken Steigerungen des bargeldlosen Zahlungsverkehrs zwingen die Kreditinstitute und vor allem die Clearingstellen dazu, modernste technische Hilfsmittel einzusetzen, um die Kundenaufträge auch in Zukunft zuverlässig, schnell und sicher ausführen zu können. Die herkömmlichen manuellen oder maschinenunterstützten Verfahren zur Erfassung, Summierung und Aufbereitung der Daten des Zahlungsverkehrs werden abgelöst und der mit den Belegen verbundene manuelle Arbeitsaufwand wird bei größeren Instituten und insbesondere bei den Clearingstellen durch neue Verfahren reduziert werden müssen.

Im deutschen Kreditgewerbe laufen bereits seit Beginn der 60er Jahre Bestrebungen, mit Hilfe der Beleglesung eine maschinelle Bewältigung der Verfügungen im Zahlungsverkehr zu erreichen. In den Jahren 1965 bis 1969 wurden nach umfangreichen Vorarbeiten die Voraussetzungen für die Einführung der maschinellen optischen Beleglesung geschaffen.

In den Beleglauf vom Zahlungspflichtigen zum Zahlungsempfänger (Überweisung) bzw. vom Zahlungsempfänger zum Zahlungspflichtigen (Scheck und Lastschrift) sind eine oder mehrere Stationen des Zahlungsverkehrs in der deutschen Kreditwirtschaft eingeschaltet. Soweit die beiden Kunden desselben Kreditinstituts sind, geht der Beleg über die Stationen Kunde 1 - Kreditinstitut - Kunde 2 (Abb. 11). Wenn sie dagegen Konten bei verschiedenen Kreditinstituten innerhalb unterschiedlicher Clearingbezirke unterhalten, besteht die Kette des Beleglaufes aus den Gliedern Kunde 1 - Kreditinstitut 1 - Clearingstelle 1 - Clearingstelle 2 - Kreditinstitut 2 - Kunde 2 (Abb. 12). Es sind auch Konstellationen möglich, bei denen noch eine weitere Zwischenstation eingeschaltet ist.

Zur Bewältigung der Aufgaben des Zahlungsverkehrs müssen alle diese Institute die Belege in zweifacher Weise bearbeiten:

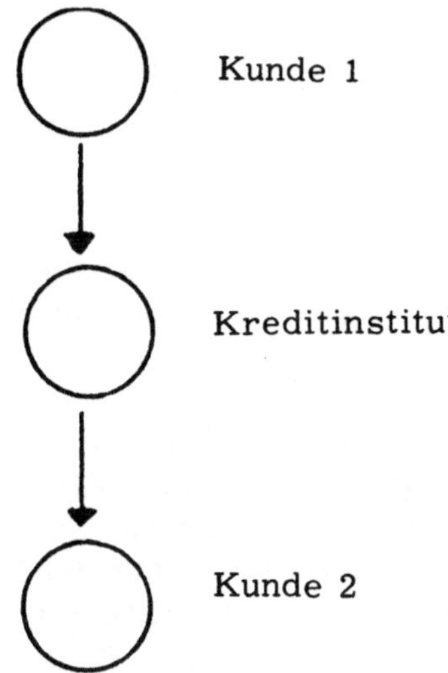

Abb. 11: Zahlungsverkehr zwischen Kunden eines Kreditinstituts

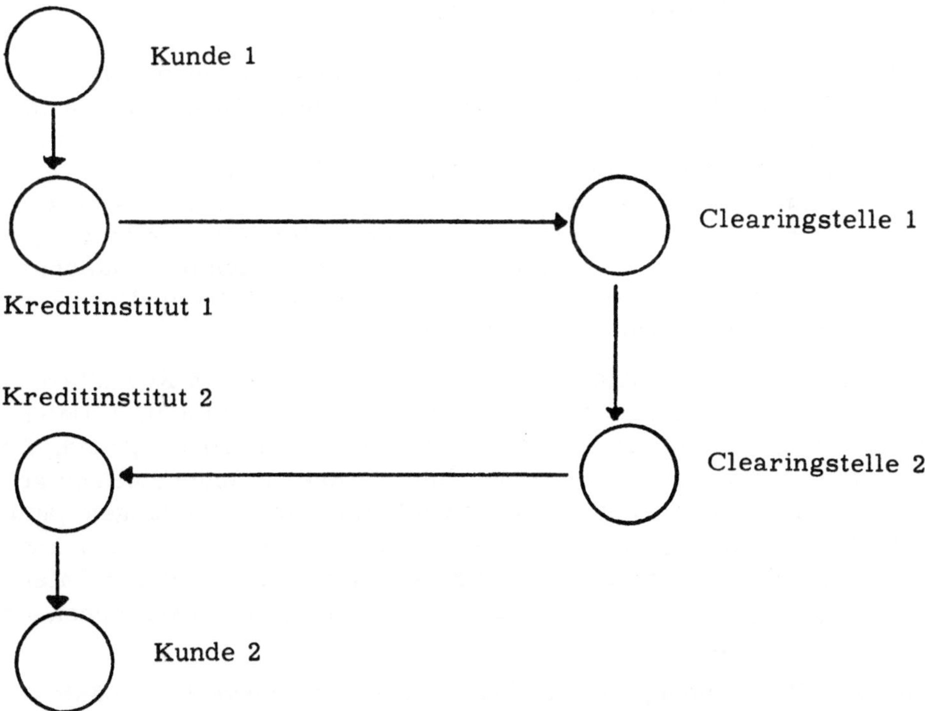

Abb. 12: Zahlungsverkehr zwischen Kunden unterschiedlicher Kreditinstitute an verschiedenen Orten

Verarbeitung der Belegdaten sowie

körperliche Sortierung der Belege.

Die Rationalisierungsaufgabe unterscheidet sich also von den meisten anderen im Verwaltungsbereich anfallenden dadurch, daß nicht nur die Daten verarbeitet werden müssen, sondern daß auch die dazugehörigen Belege zur Weiterleitung an den jeweiligen Empfänger körperlich zu sortieren sind.

Dieses Doppelproblem konnte bisher nur teilweise und keineswegs für alle Belegarten gültig gelöst werden. Als maschinelle Hilfsmittel kommen im wesentlichen die sogenannten Scheckabrechner zum Einsatz. Sie steuern durch manuelle Vorgabe des Sortierbegriffes (Fachnummer) die Belege in bestimmte Ablagefächer. Die dabei gleichzeitig eingegebenen Beträge werden je Fach summiert.

Ein anderer Ansatz betrachtet primär die Wertseite des Vorganges. Die über Datenträger oder die direkt eingegebenen Daten werden in der DV-Anlage nach Empfängerinstituten sortiert und in entsprechenden Ausgangsverzeichnissen ausgedruckt. Die Sortierung der dazugehörigen Belege geschieht manuell. Daraus erwachsen dann Abstimmungs- und Zuordnungsprobleme.

Der entscheidende Nachteil aller bisherigen Lösungsversuche lag darin, daß die Kreditinstitute und sogar deren Filialen diese Rationalisierungsaufgabe als innerbetriebliches Problem auffaßten und folglich zu individuellen Lösungen gelangten. Je nach Verfahren wurde jeweils eine Seite des Rationalisierungsproblems im Lösungsansatz bevorzugt. Dadurch war es bei maschineller Verarbeitung in jedem Falle notwendig, in jeder eingeschalteten Station des Zahlungsverkehrs die Daten erneut zu erfassen, zu verarbeiten und den körperlichen Sortiervorgang durchzuführen.

Bei der Rationalisierung des Zahlungsverkehrs durch Realisierung der maschinellen Belegsortierung und/oder der maschinellen Datenverarbeitung steht das Datenerfassungsproblem im Vordergrund. Es kann nur im Rahmen der externen Integration zufriedenstellend gelöst werden. Das bedeutet, daß einzelbetrieblichen Lösungen kaum umfassender Erfolg beschieden sein kann. Erst aufgrund der zwischenbetrieblichen Bemühungen zur externen Integration der Datenerfassung ergeben sich Chancen für die Lösung der entsprechenden innerbetrieblichen Probleme.

Für die Bewältigung der Aufgaben im Zahlungsverkehr bestehen grundsätzlich zwei Möglichkeiten:

Abwicklung des Zahlungsverkehrs ohne Belege

Automatisierung der Belegbehandlung.

Die technisch perfekte Lösung bietet zweifellos der völlige Verzicht auf Belege. Dabei werden von der DV-Anlage des Kunden 1 per Datenübertragung über die jeweiligen Anlagen der Kreditinstitute und Clearingstellen bis zur DV-Anlage des Kunden 2 die Posten und Daten vollautomatisch weitergeleitet, ohne daß dazwischen Papier ausgedruckt - es sei denn aus Gründen der Dokumentation und Revision - oder körperlich behandelt werden muß. Nach Erfassung und Eingabe der Daten beim Kunden 1 besteht dann für keine der zwischengeschalteten Stationen des Zahlungsverkehrs die Notwendigkeit zur erneuten Erfassung.

Die Realisierung dieser technischen Optimallösung hat aber eine geschlossene DV-Kette vom Kunden 1 über alle Kreditinstitute bis zum Kunden 2 zur Voraussetzung (67). Die deutschen Kreditinstitute bedienen sich zwar in zunehmendem Maße automatischer Datenverarbeitungsanlagen, doch sind die Größenordnungen der Maschine in weiten Bereichen für ein Projekt dieser Art noch ungeeignet. Allerdings kann angenommen werden, daß in wenigen Jahren alle deutschen Kreditinstitute ihre Datenverarbeitungsaufgaben entweder im eigenen Hause oder bei Buchungsgemeinschaften auf Anlagen entsprechender Größenordnung erledigen werden.

Einschränkungen dieser Art gelten aber in stärkerem Maße für die Kunden der Kreditinstitute; denn die Geschäftskundschaft ist nur teilweise mit DV-Anlagen ausgestattet, die Privatkunden überhaupt nicht. Wieweit sich hier durch Nutzung der Datenverarbeitung außer Haus bei den Geschäftskunden und durch Anschluß auch der Privatkundschaft an ein Computernetz umfassende Lösungsmöglichkeiten in der genannten Richtung ergeben, läßt sich heute noch nicht absehen. Die Kreditinstitute stehen jedenfalls noch längere Zeit vor der Notwendigkeit, Daten vom Beleg zu erfassen und diesen zu transportieren. Allerdings läßt sich die dargestellte zwischenbetriebliche Automatisierungsmöglichkeit in Teilbereichen relativ schnell verwirklichen. Dies gilt grundsätzlich dort, wo Zahlungsverkehrsvorgänge in DV-Anlagen verarbeitet werden und zumindest auf einer Teilstrecke die dargestellte geschlossene ADV-Kette besteht. Solange die verschiedenen DV-Anlagen nicht durch Datenübertragungseinrichtungen verbunden sind, bietet sich hier der Austausch maschinell lesbarer Datenträger an. Er wird bereits heute, insbesondere auf lokaler Basis, sowohl in der Beziehung Kunde - Kreditinstitut als auch zwischen Kreditinstituten praktiziert. Es handelt sich hier jedoch im wesentlichen immer um zweiseitige Vereinbarungen und nicht um die Teilverwirklichung einer umfassenden Konzeption zur Rationalisierung des Zahlungsverkehrs.

---

67) Es sei hier von anderen Voraussetzungen dieser Lösung abgesehen, z. B. von der Aufhebung der gesetzlichen Belegpflicht.

Gerade auf dem Gebiet des sogenannten Massenzahlungsverkehrs könnte sich jedoch die Chance ergeben, einen Teilbereich des Zahlungsverkehrs vollautomatisch abzuwickeln, ohne daß auf jeder Station im Zahlungsverkehr die Daten erfaßt und die Belege sortiert werden müssen. Dies gilt besonders für die bei den Kreditinstituten selbst entstehenden Vorgänge (Daueraufträge), im weiteren Verlauf aber auch für den gesamten Zahlungsverkehr, soweit er von ADV-Benutzern induziert wird. Voraussetzung dafür ist ein Übereinkommen über die einheitliche Strukturierung der Datensätze, wie es zum Beispiel bei der optischen Beleglesung in der Codierzeile bereits besteht. Die Bestrebungen auf diesem Gebiet nehmen zur Zeit konkrete Formen an.

Ein erheblicher Teil des Überweisungsverkehrs, der sogenannte individuelle Überweisungsverkehr, geht jedoch von Geschäfts- und Privatgirokunden ohne DV-Anlage aus. Selbst wenn unterstellt werden kann, daß der individuelle Überweisungsverkehr zugunsten des Massenüberweisungsverkehrs abnimmt, besteht kein Zweifel daran, daß bei großen Teilen des Zahlungsverkehrs auf lange Sicht auf die Ausfertigung der Überweisungsvordrucke und deren Weiterleitung nicht verzichtet werden kann.

Dasselbe trifft auch für den gesamten Scheckverkehr zu, bei dem der Beleg als Urkunde an das bezogene Kreditinstitut zu leiten ist. Die naheliegende Überlegung, zwar den Kundenauftrag auf einem Beleg hereinzunehmen, die Auftragsdaten mittels maschinell lesbaren Datenträgers oder auf dem Weg der Datenübertragung weiterzuleiten, endet beim Scheckverkehr mit dem Problem, die Urkunde an das bezogene Kreditinstitut weiterreichen zu müssen. Bei der Überweisung wäre der gesamte Auftragstext einschließlich der häufig sehr umfangreichen Angaben bezüglich des Verwendungszweckes (bis zu 700 Zeichen/Beleg) auf einem Datenträger zu erfassen. Dies würde den Aufwand bei der Datenerfassung für das Kreditinstitut derartig steigern, daß eine solche Möglichkeit bei den jetzigen technischen Gegebenheiten nicht ernsthaft in Betracht gezogen werden kann. Hier können sich zwar auf lange Sicht durchaus Tendenzen in der dargestellten Richtung ergeben. Da jedoch für einen großen Teil des bargeldlosen Zahlungsverkehrs auf einen Beleg nicht verzichtet werden kann, bietet sich für die Ausfertigung des Beleges die Methode der integrierten Fixierung und Erfassung an (Schemaweg C-D).

Bei einem Vergleich mit den Vereinigten Staaten von Amerika, wo bereits vor einer Reihe von Jahren die Automation des Zahlungsverkehrs mit Hilfe der Magnetschrift E 13 B eingeführt wurde, darf nicht übersehen werden, daß der amerikanische Zahlungsverkehr fast ausschließlich auf dem Scheck beruht. In Deutschland gibt es demgegenüber zumindest zwei weitere gleichwertige Möglichkeiten der bargeldlosen Zahlung, nämlich Überweisung und Lastschrift. Alle drei Arten von Verfügungen haben jedoch ihre charakteristischen Vorteile, so daß eine Automatisierung des Zahlungsverkehrs in Deutschland den Erfordernissen dieser Medien gerecht werden muß. Eine der wichtigsten Voraussetzungen dafür ist, daß sich die Schrift über einen gebräuchlichen Schnelldrucker (Zeichenteilung ein Zehntel Zoll) ausdrucken läßt. Aus diesem Grunde hat sich das deutsche Kreditgewerbe für die maschinelle optische Beleglesung und für den Start mit der Normschrift A (OCR-A, DIN 66008) ausgesprochen. Dieses Verfahren wird den augenblicklichen technischen und organisatorischen Gegebenheiten und Möglichkeiten weitgehend gerecht. Dies schließt jedoch nicht aus, daß später andere Verfahren vorteilhafter werden.

Nach der Grundidee der maschinellen optischen Beleglesung ist der Beleg selbst zu einem maschinell lesbaren Datenträger auszubilden (Schemaweg C-D) oder um entsprechende Codierung zu ergänzen (Schemaweg A-C-D). Die für die Buchung und die Sortierung benötigten Daten enthält der Datenträger in maschinenlesbarer Schrift in einer im Vordruckfuß angebrachten Codierzeile (Abb. 13). Es ist anzustreben, die Erfassung (Codierung) mit der Fixierung der Daten zu integrieren, so daß ohne vorhergehende Transformation eingegeben werden kann.

Unter Berücksichtigung der besonderen Verhältnisse des Zahlungsverkehrs kann gesagt werden, daß der Einsatz der maschinellen optischen Beleglesung sinnvoll ist,

- wenn ein für die erstmalige Verarbeitung zu codierender Beleg an mindestens noch einer Stelle zur unmittelbaren Eingabe verwendet werden kann,
- wenn ein bereits teilweise codierter Beleg nur noch mit einem Teil der Daten komplettiert werden muß,
- wenn der über einen Schnelldrucker beschriftete Beleg an einer anderen Stelle oder, nach Durchlaufen verschiedener Stationen, an der gleichen Stelle ohne neuen Erfassungsvorgang direkt in eine DV-Anlage eingelesen werden kann,
- wenn der Beleg zusätzlich zur Dateneingabe noch körperlich sortiert werden muß.

Bereits bei Vorliegen einer dieser Bedingungen ist der Einsatz der maschinellen optischen Beleglesung zweckmäßig. Der Effekt vergrößert sich dann, wenn derselbe Beleg wiederholt ohne neuerliche Erfassung unmittelbar eingegeben werden kann bzw. wenn die Möglichkeit der maschinellen Datenträgersortierung von verschiedenen Institutionen ausgenutzt wird.

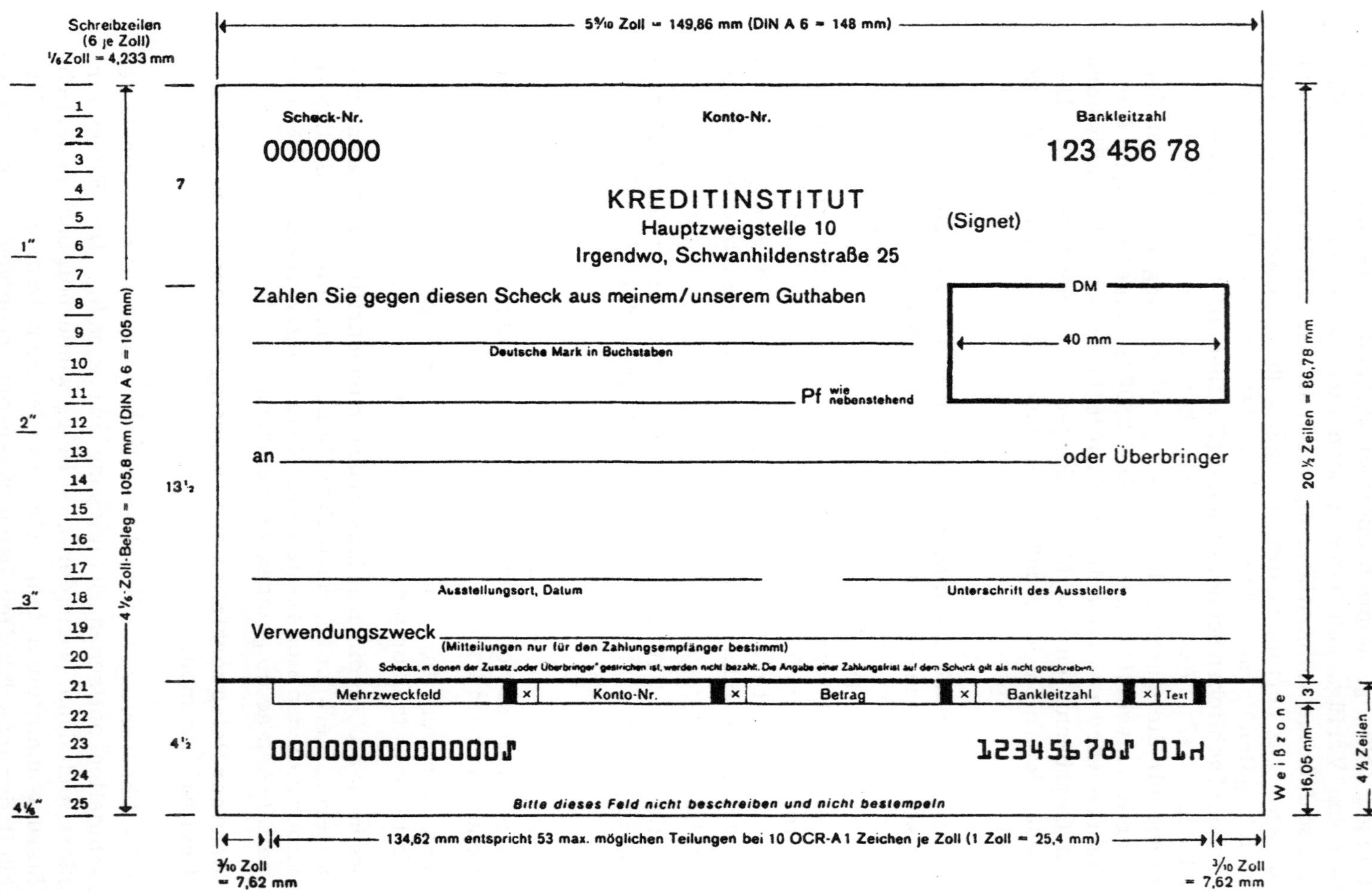

Abb. 13: Überbringerscheck mit Codierzeile

Um die manuellen Codiervorgänge möglichst gering zu halten, werden konstante Daten wie Kontonummer des Auftraggebers (Scheckaussteller), Textschlüssel, Scheckendnummer, Bankleitzahl des Scheckbezogenen in der Codierzeile bei der Vordruckerstellung eingedruckt oder vor der Ausgabe der Vordrucke an den Kunden rationell im Wiederholungsdruck mit Konstantendruckern aufgebracht. Bei der Hereinnahme der Zahlungsaufträge sind beispielsweise beim Scheck nur noch der Betrag, bei der Überweisungsgutschrift Betrag und Kontonummer sowie die Bankleitzahl nachträglich zu codieren. Sobald die Belege die Buchungs- bzw. Weiterleitungsdaten in maschinell lesbarer Schrift tragen, ist die wichtigste Voraussetzung geschaffen, um die Belege vollautomatisch einzulesen und zu sortieren.

Der Arbeitsaufwand des Codierens zur Buchung und Weiterleitung läßt sich dann reduzieren, wenn bei Belegen des Zahlungsverkehrs, die mit DV-Anlagen beschriftet werden, mit dem Ersteller vereinbart wird, daß bereits im Druckvorgang die Codierzeile in maschinell lesbarer Schrift geschrieben wird. Allerdings muß hierbei beachtet werden, daß an die Justage der hierbei eingesetzten Drucker besonders hohe Anforderungen zu stellen sind. Aus der Tatsache der Codierung und der dadurch geschaffenen Sortiermöglichkeit ergeben sich im Zusammenhang mit der zunächst zwischenbetrieblich konzipierten Automationslösung Vorteile für die innerbetriebliche Rationalisierung der Kreditinstitute, denen allerdings die Codierkosten bei der Belegerstellung gegenüberstehen. Ähnliche Rationalisierungsvorteile können sich auch bei den Kunden der Kreditinstitute ergeben. Ihnen wird in der Codierzeile das Mehrzweckfeld angeboten. Durch Codierung bei der Ausgabe - über DV-Anlage - läßt sich bei einem an den Aussteller zurücklaufenden Beleg eine automatisierte Datenerfassung durchführen.

Die Einführung dieser Konzeption macht erhebliche Investitionen in der gesamten Kreditwirtschaft erforderlich. Es handelt sich einmal um den Ausbau der DV-Anlagen durch Ausstattung mit Sortierlesern und die notwendige Aufstockung der zentralen Verarbeitungskapazität der DV-Anlagen. Dazu kommt noch die Anschaffung von Codiermaschinen.

Die weitgehend manuelle Bewältigung des bargeldlosen Zahlungsverkehrs führt in der Kreditwirtschaft immer wieder zu unliebsamen Verzögerungen. Die Beschleunigung dieser Abwicklung und gleichzeitig die Erhöhung der Sicherheit entsprechend dem einmal vorgegebenen Beleglauf sollte eines der entscheidenden Resultate der maschinellen optischen Beleglesung sein.

Die Einführung der Beleglesung im Kreditgewerbe ist die erste wirkliche überbetriebliche und umfassende Automatisierungsbestrebung in Deutschland über Firmen- und Konzerngrenzen hinaus. Wenn sie sich auch zunächst vorzugsweise auf eine Branche beschränkt, so war doch Voraussetzung, daß sich alle Angehörigen dieser Branche, die teilweise starke Konkurrenten sind, über die technischen Einzelheiten (Schrift, Codierzeile, Papier, Vordruckbild, Bankleitzahl) einigen mußten.

Im weiteren Verlauf werden sich auch Ausstrahlungen auf andere, in großem Maße am Zahlungsverkehr beteiligte Institutionen ergeben. Je größer die Zahl der Partizipierenden ist, desto größer sind die Chancen für jeden einzelnen.

545. Die Datenerfassung im Streckengeschäft

Täglich werden von einem 1.000 Reisende umfassenden Außendienst einer führenden Unternehmung auf dem Markenartikelsektor bis zu 8.000 Verkaufsabschlüsse im sogenannten Streckengeschäft durchgeführt. Die Ware, die der Reisende bei einem Außenlager einlädt und in seinem Wagen mitführt (Handlager), wird gegen eine Warenempfangsbestätigung an Einzelhändler ausgeliefert. Es erfolgt keine sofortige Bezahlung der verkauften Ware. Am Abend eines jeden Reisetages schickt der Reisende die Warenempfangsbestätigungen an die Unternehmungszentrale, wo die Fakturierung unter Einsatz einer Datenverarbeitungsanlage durchgeführt wird. Die tägliche Erfassung der artikel- und kundenbezogenen Daten von durchschnittlich 8.000 Belegen bei aktions- und saisonbedingten Schwankungen von ± 50 % ist das Hauptproblem für eine kontinuierliche und kurzfristig durchzuführende Rechnungsschreibung. Gleichzeitig muß aber auch die Datenerfassung für die bestandsmäßige Entlastung von 100 Lägern bei Warenauslieferungen an die Reisenden, für die Abrechnung der Handläger bei 1.000 Reisenden und für die Erstellung einer Leistungsstatistik je Reisender erfolgen.

Zum Verständnis des komplexen Datenerfassungsproblems bei den bisherigen Lösungen und bei einem sich anbietenden optimalen Verfahren erscheint eine kurze Darstellung des Vertriebssystems der Unternehmung sinnvoll. Die Produktpalette wird über ein Vertriebssystem abgesetzt, das sich auf den institutionellen Groß- und Einzelhandel als Distributionsorgan stützt. Der Hersteller versucht, durch Werbung die Nachfrage für seine Produkte direkt bei den Verbrauchern zu wecken. Diese Nachfrage wird daher zuerst bei den ca. 170.000 Einzelhändlern akut, die den bei ihnen entstehenden Bedarf bei ca. 7.000 Großhändlern zu decken versuchen. Die Großhändler wiederum wenden sich unmittelbar an den Hersteller, für den es entscheidend ist, stets sofort lieferbereit zu sein. Der Hersteller unterhält daher ein Lagersystem mit ca. 100 Außenlägern, die über das gesamte Bundesgebiet verteilt sind.

Aufgrund der teiloligopolistischen Struktur des Gesamtmarktes wird das Absatzgeschehen sehr stark durch die werblichen Aktionen der Wettbewerber bestimmt. Es ist deshalb wesentlich, Werbeaktionen der Konkurrenten möglichst schnell mit gezielten Gegenaktionen beantworten zu können. Jede dieser Aktionen ist produktorientiert und erstreckt sich über einen Zeitraum von zwei Monaten. Ein derart dynamisches Marktverhalten ist aber mit dem alleinigen Einsatz von Groß- und Einzelhändlern als Absatzmittler nicht zu verwirklichen. Für die wirkungsvolle Abwicklung der Verkaufsaktionen ist es deshalb erforderlich, einen eigenen Reisendenstamm als aktives Absatzinstrument zu unterhalten.

Um zu verhindern, daß durch die Aktionen die Absatztätigkeit der Großhändler beeinträchtigt wird, werden diese mit in das Streckengeschäft eingeschaltet, indem der Reisende zwar im Namen des Herstellers, aber für Rechnung des Großhändlers verkauft. Für den Produzenten ergibt sich aufgrund dieser Regelung weiter die Möglichkeit, für die im Einzugsbereich eines Großhändlers erzielten Verkäufe eines oder mehrerer Tage nur eine Sammelrechnung zu erstellen, wodurch die Rechnungsschreibungskosten je Verkaufsvorgang sehr stark reduziert werden. Die Weiterberechnung an den Einzelhändler führt wie beim normalen Verkaufsgeschäft der Großhändler durch. Der Unterschied in der Abwicklung besteht somit nur in der Auslieferung der Ware, nicht in der Fakturierung (vgl. Abb. 14). Bei der Einführung des Streckengeschäfts erfolgte die Datenerfassung in ähnlicher Weise wie sie bei der Warenauslieferung vom Lager an Großhändler durchgeführt wurde:

Die Auslieferungen vom Lager an den Großhändler wurden vom Lagerhalter auf einer Lieferanzeige fixiert, indem er in dem ablochfähig gestalteten Kopfteil die kunden- und lagerbezogenen Angaben eintrug. Da im unteren Teil des Beleges die Artikelpalette mit dazugehörigen Mengenfeldern vorgedruckt war, mußten nur noch die Mengen der ausgelieferten Produkte festgehalten werden.

Die in der Unternehmung als organisatorisch gestaltete Ablochbelege eintreffenden Lieferanzeigen wurden, soweit erforderlich, um Rabatte und Sonderkonditionen in der Verkaufsabteilung ergänzt und zur Durchführung der Datenverarbeitungsaufgabe ins Rechenzentrum gegeben. Die im Kopf des Beleges stehenden Angaben wurden in eine Rechnungsleitkarte gelocht, während die Erfassung der Artikelpositionen über eine Ziehkartei erfolgte. Die Ziehkartei bestand als Verbrauchskartei aus Mark-Sensing-Lochkarten, in denen die artikelbezogenen Daten (Artikel-Nr., Artikelbezeichnung, Kurzbezeich-

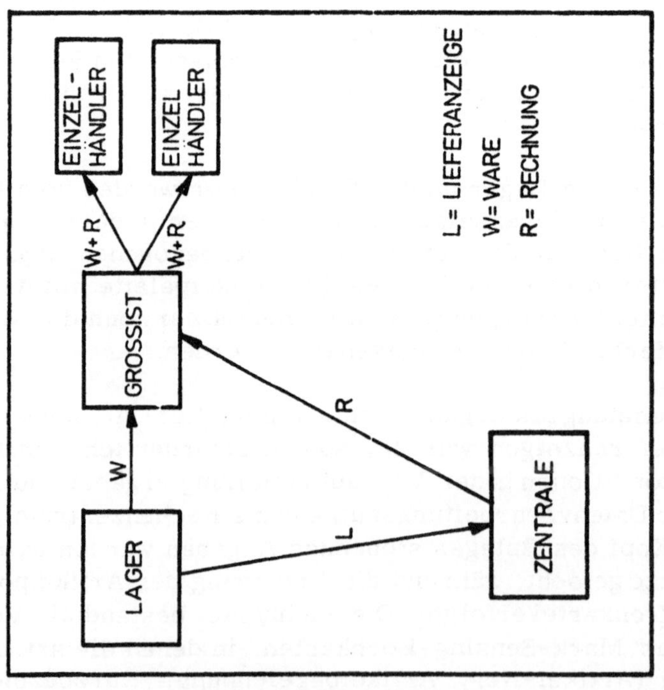

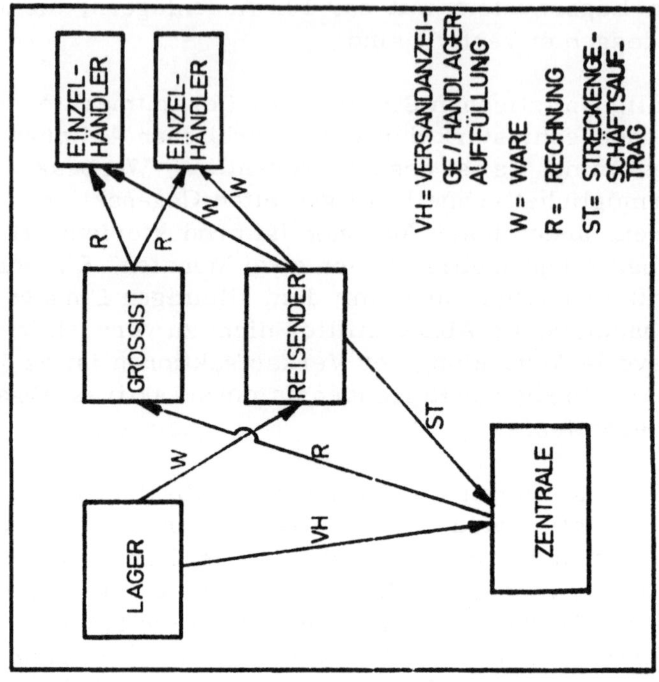

Abb. 14: Gegenüberstellung von Großhandels- und Streckengeschäft

nung, Gewicht, Preise u. dgl.) bereits vorgestanzt waren. Pro ausgelieferten Artikel wird eine Karte gezogen und die entsprechende Menge markiert. Die Markierungen wurden auf einem Kartendoppler mit Mark-Sensing-Zusatzeinrichtung maschinell in Lochungen transformiert, dabei gleichzeitig die kundenbezogenen Angaben aus der Rechnungsleitkarte in jede Rechnungspositionskarte (Mark-Sensing-Karte) dupliziert. Diese Karten flossen anschließend in das Fakturierungsprogramm.

Beim Streckengeschäft wurden die eingehenden Warenempfangsbestätigungen je Großhändler zusammengefaßt, je Artikel verdichtet und auf eine Lieferanzeige übertragen. Diese wurde wie die übrigen Lieferanzeigen erfaßt.

Durch die Verkaufsaktionen im Streckengeschäft entstand wegen der pro Großhändler personell durchzuführenden Zusammenfassung der Warenempfangsbestätigungen und der personellen Transformation auf eine Lieferanzeige für den Außenstab der Unternehmung eine immer stärkere Arbeitsbelastung. Diese konnte nur beseitigt werden, indem die Zusammenfassung der Warenempfangsbestätigungen zu einer Lieferanzeige maschinell erfolgte. Das allerdings war nur zu realisieren, wenn der Reisende schon bei der Fixierung einen maschinell lesbaren Datenträger erstellte. Durch die Entwicklung des Markierungsleseverfahrens wurde das ermöglicht. Es darf nicht übersehen werden, daß eine Beurteilung der organisatorischen Abwicklung nur aufgrund der zur jeweiligen Zeit angebotenen Verfahren möglich ist. Bei der dargestellten Lösung war eine off-line-Transformation Markierungsbeleg-Lochkarte durchaus sinnvoll (Erfassungsweg B-C-D).

Der Reisende füllte in Klarschrift den Belegsatz "Warenempfangsbestätigung" aus, bei dem das oberste Blatt als Markierungsbeleg gestaltet war (Abb. 15). Da auf den Kopien für den Warenempfänger und den Großhändler die Markierungsstriche als störend empfunden wurden, mußte der Reisende nach der Trennung des Satzes die Mengeneintragungen in Markierungen übersetzen. Jede Mengenangabe war dazu in Positionen mit unterschiedlichen Wertzuordnungen zu stückeln. Die täglich eingehenden Markierungsbelege wurden mit zwei Kopien, die der Rechnung beigelegt wurden, in einen Karteilift hinter mit Kunden- und Warenempfängernummer markierten Leitbelegen einsortiert und aufbewahrt, bis sie in einem frei wählbaren Rhythmus (normalerweise 14 Tage) für die maschinelle Lesung im Rechenzentrum entnommen wurden. Durch die Vorgabe des Leitbeleges konnten die Kundenangaben beim Lesen der Markierungsbelege in jede Lochkarte dupliziert werden. Da jedoch die anfallenden Lochkarten bei den Mengenangaben nicht Lochungen im Standardcode aufwiesen, sondern die Lochungen die gleichen Wertzuordnungen wie die

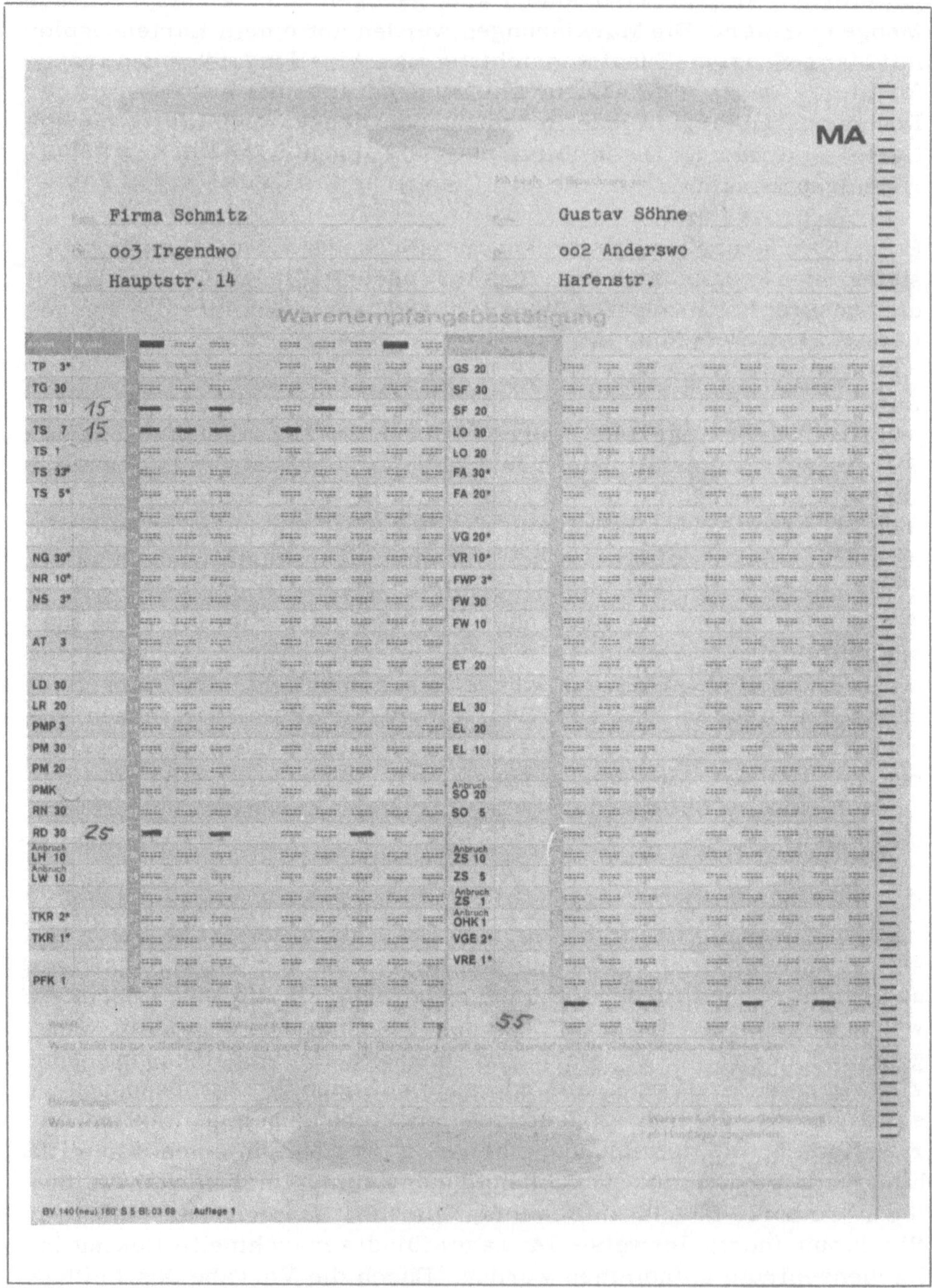

MA

Firma Schmitz
003 Irgendwo
Hauptstr. 14

Gustav Söhne
002 Anderswo
Hafenstr.

Warenempfangsbestätigung

TP 3*
TG 30
TR 10 15
TS 7 15
TS 1
TS 3?*
TS 5*
NG 30*
NR 10*
NS 3*
AT 3
LD 30
LR 20
PMP 3
PM 30
PM 20
PMK
RN 30
RD 30 25
Anbruch LH 10
Anbruch LW 10
TKR 2*
TKR 1*
PFK 1

GS 20
SF 30
SF 20
LO 30
LO 20
FA 30*
FA 20*
VG 20*
VR 10*
FWP 3*
FW 30
FW 10
ET 20
EL 30
EL 20
EL 10
Anbruch SO 20
SO 5
Anbruch ZS 10
ZS 5
Anbruch ZS 1
Anbruch OHK 1
VGE 2*
VRE 1*
55

BV 140 (neu) 160' S 5 Bl. 03 68 Auflage 1

Abb. 15: Markierungsbeleg "Warenempfangsbestätigung"

Markierungen besaßen, mußten diese sogenannten Dualkarten in einem speziellen Maschinenlauf in der DV-Anlage mit einer Spezialeinrichtung "Dualkartenumwandlung" in eingabegerechte Lochkarten transformiert werden, welche dann erst in das Fakturierungsprogramm eingegeben werden konnten (Erfassungsweg B-B-C-D).

Eine Untersuchung dieser beiden Datenerfassungsverfahren im Streckengeschäft in bezug auf die Erfassungswege fordert zweifellos zur Kritik dieser Lösungen heraus:

Ablauf Lösung 1:

- Fixierung auf nur personell lesbarem Datenträger (Warenempfangsbestätigung);
- Zusammenfassung und 1. personelle Transformation auf nur personell lesbaren, ablochfähig gestalteten Datenträger (Lieferanzeige);
- 2. personelle Transformation auf maschinell lesbaren, teils eingabefähigen (Rechnungsleitkarte), teils nicht eingabefähigen Datenträger (Rechnungspositionskarte);
- 3. (maschinelle) Transformation von maschinell lesbaren, nicht eingabefähigen Daten (Markierungen) in eingabefähige Daten Zeichenlochen in dieselbe Karte).

Bei diesem Verfahren wurden somit an Teilaufgaben im Vorfeld der automatisierten Datenverarbeitung die Fixierung, zwei personelle Transformationen und eine maschinelle durchgeführt, bevor ein eingabefähiger Datenträger entstand (Erfassungsweg A-A-B-C-D).

Ablauf Lösung 2:

- Fixierung von nur personell lesbaren Daten auf maschinell lesbarem Datenträger (Markierungsbeleg "Warenempfangsbestätigung");
- 1. Transformation (personelle Vorcodierung) durch Aufstückeln der Menge in Markierungen;
- 2. Transformation durch maschinelles Lesen der Belege und Erstellen von Duallochkarten;
- 3. Transformation durch maschinelle Umwandlung der Dualkarten in eingabefähige Lochkarten im Standardcode (Endcodierung).

Der Unterschied zur ersten Lösung besteht darin, daß die zweite personelle Transformation durch eine maschinelle Transformation ersetzt wird, wodurch der Personalaufwand verringert wird. An Arbeitsprozessen werden ausgeführt: die Fixierung, eine personelle und zwei maschinelle Transformationen (Erfassungsweg A-B-B-C-D) (68).

Jeder Transformationsakt benötigt Zeit, verursacht Kosten und stellt eine zusätzliche Fehlerquelle dar. Darum war das zweite, kostengünstigere und wegen der Arbeitsersparnis für den Außendienst sinnvollere Verfahren nur so lange vertretbar, wie keine technischen Hilfsmittel angeboten wurden, mit denen die isolierten Stufen im Vorfeld der Datenverarbeitung auf eine Stufe reduziert werden konnten, nämlich durch die Integration von Fixierung und Endcodierung (Erfassungsweg C-D).

Da davon auszugehen ist, daß beim Streckengeschäft auf einen personell lesbaren Beleg aus organisatorischen Gründen nicht verzichtet werden kann, sind unter Berücksichtigung von wirtschaftlichen Gesichtspunkten von den technisch perfekten Datenerfassungsmethoden nur zwei sinnvoll:

- die Methode der integrierten Fixierung und Erfassung (Endcodierung) unter Einsatz von on-line arbeitenden Lesegeräten;
- die Methode der integrierten Fixierung und Erfassung (Vorcodierung) mit nachfolgender Transformation (Endcodierung) unter Einsatz von off-line arbeitenden Lesesystemen.

Da sich die Verkaufstätigkeit der Reisenden an wechselnden Orten abspielt, eignen sich hier Geräte wie Schreibmaschinen u. ä. kaum zur Datenerfassung. Ernsthaft in Betracht kommt allein der Schreibstift (Kugelschreiber). Aus diesem Grunde sind nur Verfahren einer Analyse wert, die einen Handschriftleser einsetzen. Beide genannten Methoden erfüllen diese Bedingung, und so reduziert sich das Auswahlproblem auf die Wirtschaftlichkeitsüberlegungen. Aufgrund der gegenwärtigen Preisstellung verlangt die Verwirklichung der zweiten Methode einen besonders hohen Belegdurchsatz.

Für die Realisierung des Datenerfassungsverfahrens nach der ersten Methode bieten sich Klar- und Handschriftlesegeräte an. Dabei ist solchen der Vorzug zu geben, bei denen die Möglichkeit besteht, von der Maschine nicht zu identifizierende Zeichen über eine Tastatur vom Operator direkt ins System eingeben zu lassen. Diese Möglichkeit der sogenannten on-line Korrektur ist bei handschriftlich erstellten Belegen für einen hohen Belegdurchsatz von großer Bedeutung.

---

68) Bei der im konkreten Falle vorhandenen Maschinenkonfiguration muß der Markierungsbeleg als nicht eingabefähiger Datenträger angesehen werden.

Die nach diesen Erkenntnissen gestaltete Lösung unterscheidet sich in ablauforganisatorischer Sicht nur unwesentlich von der Lösung, die den Markierungsleser einsetzt. Der Beleg "Warenempfangsbestätigung" ist als Klarschriftbeleg gestaltet (Abb. 16). Dadurch fixiert und codiert gleichzeitig der Reisende bei seinen handschriftlichen Eintragungen. Die Aufstückerlung von Mengenangaben und die zusätzliche Markierungstätigkeit entfallen.

Die aus alphanumerischen Symbolkombinationen bestehende, handschriftlich eingetragene Anschrift kann von den heutigen Lesegeräten nicht gelesen werden. Deshalb bietet sich für die Erfassung der Kundenangaben die Verwendung von Leitbelegen als Konserven an, auf die die Kunden- und Warenempfängernummer nebst Sonderkonditionen in stilisierter Schrift (OCR-A) mit dem Schnelldrucker vorgedruckt sind (Abb. 17). Über die Kundennummer wird die Anschrift aus dem Kundenstammsatz übernommen. Die Verwendung des Leitbeleges hat neben der fast 100 %igen Lesesicherheit bei stilisierter Schrift den Vorteil, daß die Aufgabe von Kunden-, Warenempfängernummer und Konditionen auf jedem einzelnen Datenbeleg der Reisenden entfällt. Dadurch wird erheblicher Mehraufwand vermieden, der bei der Verkaufstätigkeit des Reisenden durch Beachtung strenger Schreibvorschriften, durch Heraussuchen von Schlüsselnummern und durch Maßnahmen zur Absicherung gegen Übertragungsfehler entstehen würde. Der Arbeitsablauf bei dieser Lösung stimmt bis zum Einlesevorgang mit dem bei Einsatz des Markierungslesers überein (Kontrolle, Ergänzung und Einordnung der Belege hinter die Leitbelege). Dann allerdings kommt der grundlegende Unterschied zur Geltung, indem die beiden maschinellen Transformationsprozesse und die isolierte Eingabe in das Fakturierungsprogramm durch das Einlesen der Belege über den Klarschriftleser ersetzt werden. Damit ergibt sich die Lösung der integrierten Fixierung und Erfassung (Endcodierung) (Erfassungsweg C-D). Es entfallen alle Transformationsprozesse, der personelle und die beiden maschinellen.

Beim Einlesen wird von der DV-Anlage ein Fehlerprotokoll erstellt, in dem durch Plausibilitätskontrollen und Summenprüfungen fehlerhaft erstellte Belege und durch Verletzung der Schreib- und Belegbehandlungsvorschriften nicht vollständig zu lesende Belege ausgedruckt werden. Dadurch wird die Korrektur dieser Belege für ein zweites Einlesen erleichtert. Die Fehlerquote, bezogen auf die Beleganzahl, beträgt - nach einer höheren Fehlerquote während der Anlaufphase des Verfahrens - nunmehr 1 bis 2 Prozent. Auf die Anzahl der Zeichen bezogen liegt die Fehlerquote naturgemäß wesentlich niedriger.

Im Gegensatz zu den früheren Lösungen wird neben der Fakturierung auch die Handlagerabrechnung der Reisenden maschinell durchge-

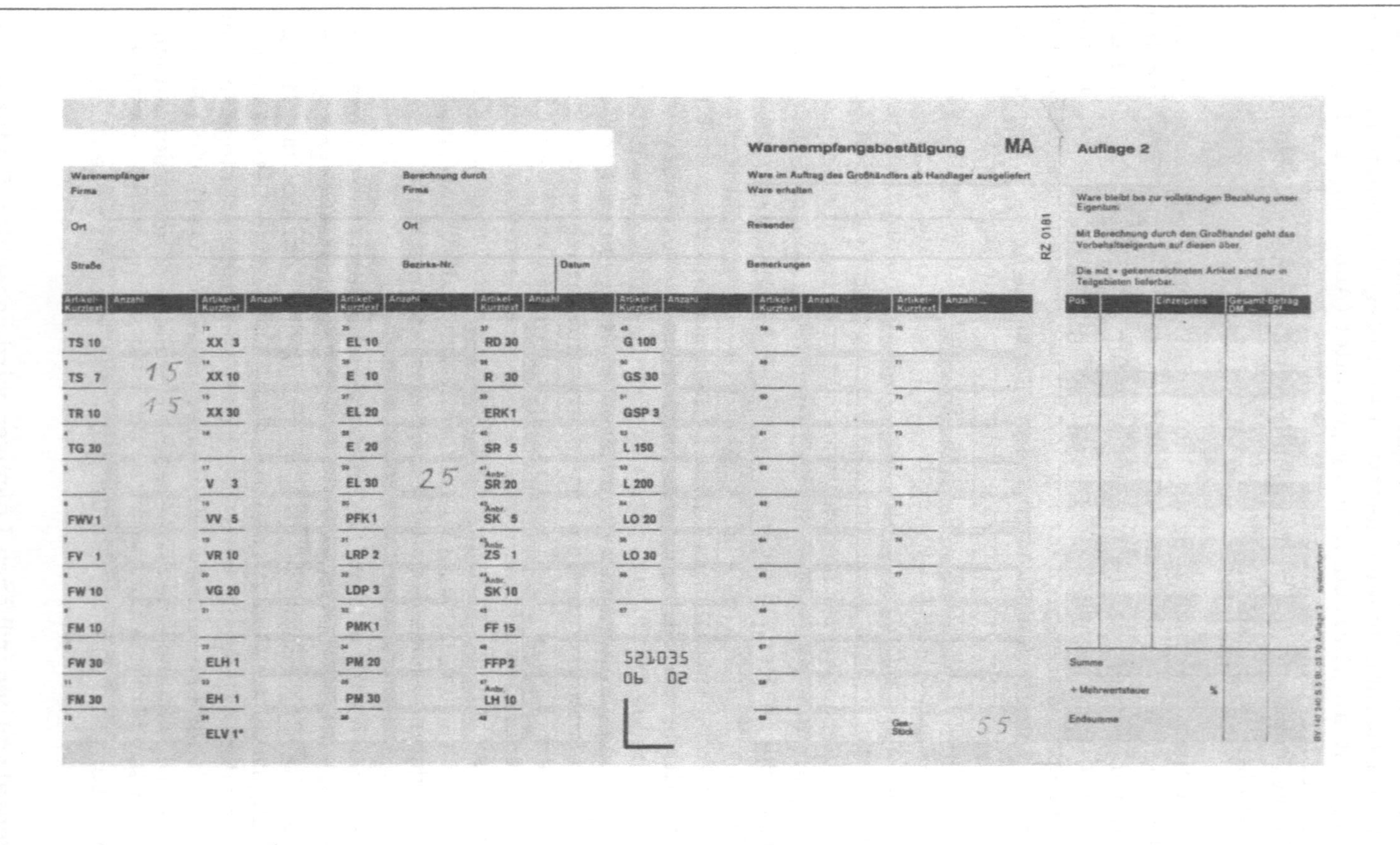

Warenempfangsbestätigung MA — Auflage 2

RZ 0181

Warenempfänger
Firma
Ort
Straße

Berechnung durch
Firma
Ort
Bezirks-Nr. | Datum

Ware im Auftrag des Großhändlers ab Handlager ausgeliefert
Ware erhalten
Reisender
Bemerkungen

Ware bleibt bis zur vollständigen Bezahlung unser Eigentum.
Mit Berechnung durch den Großhandel geht das Vorbehaltseigentum auf diesen über.
Die mit * gekennzeichneten Artikel sind nur in Teilgebieten lieferbar.

Artikel-Kurztext	Anzahl	Artikel-Kurztext	Anzahl	Artikel-Kurztext	Anzahl	Artikel-Kurztext	Anzahl	Artikel-Kurztext	Anzahl	Artikel-Kurztext	Anzahl	Artikel-Kurztext	Anzahl
TS 10		XX 3		EL 10		RD 30		G 100					
TS 7	15	XX 10		E 10		R 30		GS 30					
TR 10	15	XX 30		EL 20		ERK 1		GSP 3					
TG 30				E 20		SR 5		L 150					
		V 3		EL 30	25	Anbr. SR 20		L 200					
FWV 1		VV 5		PFK 1		Anbr. SK 5		LO 20					
FV 1		VR 10		LRP 2		Anbr. ZS 1		LO 30					
FW 10		VG 20		LDP 3		Anbr. SK 10							
FM 10				PMK 1		FF 15							
FW 30		ELH 1		PM 20		FFP 2		521035					
FM 30		EH 1		PM 30		Anbr. LH 10		06 02					
		ELV 1*										Ges.-Stück	55

Pos.		Einzelpreis	Gesamt-Betrag DM — Pf

Summe
+ Mehrwertsteuer %
Endsumme

Abb. 16: Klarschriftbeleg "Warenempfangsbestätigung"

Kunde

JOHANNESWERK E.V. BIELEFELD
WIRTSCHAFTSABTEILUNG

4800 BIELEFELD
SCHILDESCHER-STR. 101-103

Warenempfänger

EV. JOHANNESWERK E.V.

4300 ESSEN-WEST
HELENENSTR. 55

Bemerkungen

▶ Bezirk 000

Kunden-Nr. 7090401

Warenempfänger-Nr. 0001 ◀

7

Waggonrabatt

Feinseifenrabatt

Mengenvergütung

Wertrabatt

05 01

systemform

führt. Eine wöchentlich ausgedruckte Handlagerfortschreibung erspart dem Reisenden eine eigene Lagerbuchhaltung. Als weiteres Ergebnis der Beleglesung fällt eine Reisendenleistungsstatistik an, die die Verkaufsabteilungen in die Lage versetzt, den Einsatz der Reisenden qualitativ zu werten und rationell zu steuern.

Bei der ersten Lösung hatten sich beim Außenstab und bei der Verkaufsabteilung durch das wachsende Streckengeschäft unzumutbare Arbeitsbelastungen ergeben. Das steigende Belegaufkommen konnte nicht mehr bewältigt werden. Auch der Lochraum und die Ziehkartei waren stark durch dieses Verfahren belastet.

Bei der zweiten Lösung war schon nach kurzer Zeit der Markierungsleser voll ausgelastet, so daß Überlegungen angestellt werden mußten, einen weiteren Markierungsleser anzumieten. Durch die Entscheidung für die optische Lesung von Klarschriftbelegen wurden diese Überlegungen hinfällig.

Bei optischer Lesung der Klarschriftbelege beträgt die tägliche Lesezeit für 6. 000 bis 8. 000 Belege des Streckengeschäfts durchschnittlich 1 bis 1, 5 Stunden. Wegen dieser kurzen Lesezeit können im Gegensatz zu früher auch außergewöhnliche Spitzen im Beleganfall ohne Schwierigkeiten verkraftet werden. So mußten aus abrechnungstechnischen und aktionsbedingten Gründen schon bis zu 30. 000 Belege allein aus dem Streckengeschäft an einem Tag verarbeitet werden.

Wird die Wirtschaftlichkeit des neuen Verfahrens kritisch beleuchtet, sind die Vorteile gegenüber den früheren und auch anderen, technisch möglichen Lösungen klar zu erkennen: Wird eine tägliche Beanspruchung des Lesers von 10 Stunden angenommen - darüber sollte aus Sicherheitsgründen nicht hinausgegangen werden -, so halten sich die anteiligen Kosten der Maschinenmiete des Lesers mit den Mietkosten des Markierungslesers die Waage. Das gleiche gilt für die Kosten, die durch die Benutzung der DV-Anlage bei der Aufbereitung des gelesenen Stoffes für die Fakturierung verursacht werden.

Indessen konnten die Preise für die Belegsätze trotz der hohen Belegspezifikationen gegenüber denen der Markierungssätze wegen des kleineren Formats gesenkt werden. Zudem entfallen sämtliche Kosten für Lochkarten (Dualkarten, Rechnungsleit- und Positionskarten) wie auch die durch diese Datenträger verursachten Einlesezeiten. Stark entlastend für die Fachabteilung wirkte sich der völlige Fortfall der früher häufig vorkommenden Übertragungsfehler aus.

Durch die Hinzunahme der Handlagerauffüllung ins Klarschriftleseverfahren und die maschinelle Abwicklung der Handlagerabrechnung entfallen pro Reisenden täglich eine Stunde Schreibarbeit sowie die

Notwendigkeit einer zusätzlichen Kontrolle der früher vom Reisenden durchgeführten Abrechnung in der Zentrale.

Bei der Konzipierung dieses Anwendungsfalles der Klarschriftbeleglesung wurde weitgehend Neuland beschritten. Es gab kaum empirisch gesicherte Aussagen, inwieweit dieses System organisatorisch überhaupt durchsetzbar und mit welchen Schwierigkeiten zu rechnen sein würde. Es kann nach nunmehr einem Jahr festgestellt werden, daß sich das Verfahren der optischen Beleglesung für die integrierte Fixierung und Erfassung vollauf bewährt hat. Mit geringem Aufwand, einer etwa 2stündigen Unterweisung der Reisenden und einer Handschriftenschulung mit vereinzelt notwendigen schriftlichen Hinweisen in der Ablaufphase, konnte das gute Ergebnis von 98 % im ersten Versuch richtig gelesener Belege erzielt werden.

Die Notwendigkeit zur Einhaltung der engen Schreibregeln, die für die Frage der organisatorischen Durchsetzbarkeit als hemmender Faktor anzusehen sind, nahm jedoch, nicht ganz unerwartet, positiven Einfluß auf die materielle Richtigkeit der eingesandten Belege. Da nämlich der Reisende fehlerhafte Angaben nicht durchstreichen und durch Überschreiben korrigieren darf, überlegt er vor dem Ausfüllen eines Beleges gewissenhafter als früher, ob die Angaben auch materiell richtig sind, um sich ein erneutes Erstellen eines Beleges zu ersparen. Die eigehenden Belege sind sauberer, die Zahlen deutlich geschrieben, visuelle Fehldeutungen werden fast vollkommen vermieden, wodurch sich die Zahl der Zweifelsfälle erheblich reduziert, in denen telefonische oder schriftliche Rücksprachen mit den Reisenden erforderlich sind.

Der wesentlichste Fortschritt liegt jedoch in der Möglichkeit, die Verantwortung für aufgetretene Fehler eindeutig zuzuordnen, was durch die früher häufig auftretenden Übertragungsfehler bei allen Transformationsprozessen nicht immer oder nur unter Schwierigkeiten möglich war. Daß sich durch den Wegfall der Übertragungsfehler auch die Such- und Korrekturarbeiten verringern, ist einleuchtend, kommt aber in der Anlaufphase in den Fachabteilungen noch nicht zur Geltung. Ein sicherer Hinweis, daß auch die Fachabteilungen Erleichterungen verspüren, sobald sie mit dem neuen System einigermaßen vertraut sind, ist die Entschiedenheit, mit der sie die optische Beleglesung verteidigen.

546. Die Datenerfassung bei der Volkszählung 1970

Niemand vermag zu sagen, wieviele Menschen auf der Erde zu einem bestimmten Zeitpunkt leben, wovon sie leben, wie sie wohnen, welche Ausbildung sie haben usw. Das liegt nicht daran, daß in jedem Augenblick Menschen geboren werden und sterben oder daß die Rechenverfahren und entsprechende Sachmittel fehlen, mit deren Hilfe die Berechnungen in kürzester Zeit durchgeführt werden können. Der Grund für dieses Unvermögen ist vielmehr darin zu sehen, daß alle notwendigen Daten jedes Menschen für die zu erstellenden Statistiken erfaßt, d. h. für das eingesetzte Sachmittel verfügbar gemacht werden müssen.

Am 27. Mai 1970 fand in Deutschland eine Volkszählung für die etwa 60 Millionen in der Bundesrepublik lebenden Einwohner statt. Das Hauptproblem dieser Erhebung war, wie in allen früheren Fällen, der Zeitbedarf, der nötig ist, um die erfragten Daten für die Auswertung durch maschinelle Sachmittel zu erfassen.

Jedesmal, wenn eine Volkszählung durchgeführt wird, werden die Fragen nach dem Sinn gestellt und Zweifel geäußert, ob der erhebliche Aufwand und die hohen Kosten sich überhaupt lohnen werden. Der Staat muß für seine Bürger planen und vorsorgen. Um diese Verpflichtungen erfüllen zu können, benötigt er Angaben über die Bevölkerung und ihre Zusammensetzung als Grundlagen für seine finanz-, wirtschafts-, kultur- und sozialpolitischen Entscheidungen und Maßnahmen. Zur Erreichung dieses Zieles genügen bei der Erhebung Angaben zur Person wie Name, Anschrift, Alter, Religion und Staatsangehörigkeit nicht. Diese Angaben könnten auch aus den Aufzeichnungen bei den Meldebehörden ermittelt werden, die dort infolge der Meldepflicht vorhanden sind. Anders verhält es sich jedoch bezüglich Angaben über Schulausbildung, Beruf und Berufswechsel, Arbeitsstätten, Entfernungen und Verkehrswege zwischen Arbeitsstätten und Wohnorten, zu deren Anzeigen bei den Meldebehörden niemand verpflichtet ist und wegen der Häufigkeit der hier eintretenden Änderungen auch nicht verpflichtet werden kann. Alle diese Angaben, die insbesondere bildungspolitischen Maßnahmen und der Verkehrsplanung dienen, können nur von Zeit zu Zeit über eine Volkszählung ermittelt werden, und zwar wird diese immer dann unumgänglich, wenn das vorhandene Zahlenmaterial so veraltet ist, daß daraus gewonnene Auswertungen offensichtlich an der Wirklichkeit vorbeigehen. Auch wird verständlich, daß sich eine Befragung nicht auf einige wenige Angaben beschränken kann, sondern daß eine Vielzahl von Fragen und Antworten vonnöten ist.

Rechtsgrundlage für die Volkszählung 1970 ist das "Gesetz über eine Volks-, Berufs- und Arbeitsstättenzählung (Volkszählungsgesetz 1970)" vom 14. April 1969 (69), das jeden Bürger zur Beantwortung der Fragen verpflichtet, selbstverständlich unter Zusicherung der Geheimhaltung und der Nichtverwendung für steuerliche Zwecke. Be-

69) Bundesgesetzblatt 1969, Teil I, S. 292

fragt wird die gesamte Wohnbevölkerung in der Bundesrepublik, auch Kinder, Soldaten, Anstaltsbewohner und ausländische Arbeitnehmer.

Für die Organisation und Durchführung der Zählung sind die Statistischen Landesämter verantwortlich. Die eigentliche Erhebung, die Befragung der Personen, müssen die rund 24.000 Gemeinden durchführen. Diese senden das Erhebungsmaterial an die Statistischen Landesämter, wo die Fragebögen für die Auswertung maschinell gelesen werden. Die Erhebungsergebnisse faßt das Statistische Bundesamt, das auch für die Vorarbeiten zum Zählungsgesetz, für die Gesamtkonzeption, die Erhebungsbögen und -unterlagen und die Tabellenprogramme verantwortlich ist, zum Bundesergebnis zusammen.

Volkszählungen sind schon seit 5.000 Jahren bekannt. Sie wurden in der Frühzeit der Menschheitsgeschichte in den Hochkulturen des Nahen und Fernen Ostens, bei Griechen und Römern sowie unter den Kulturvölkern Mittel- und Südamerikas durchgeführt, meistens in der eindeutigen Absicht, Unterlagen über die Zahl der Wehrfähigen und Steuerpflichtigen zu erhalten, dann auch, um die Versorgung der Bevölkerung sicherzustellen. Zur bekanntesten Volkszählung wurde die unter Kaiser Augustus, als "ein Gebot von Kaiser Augustus ausging, daß alle Welt geschätzet würde".

Selbstverständlich verursachten auch frühere Volkszählungen sehr viel Aufwand, und die Auswertung nahm viel Zeit in Anspruch; das Datenerfassungsproblem im Sinne der Verfügbarmachung der Daten für eine maschinelle Verarbeitung ergab sich allerdings erst, nachdem bei der Volkszählung in Amerika im Jahre 1880 der damals 20-jährige Hermann Hollerith an der mühsamen manuellen Auswertung beteiligt war und, unbefriedigt über die lange Zeitdauer der Auswertung, in Anlehnung an über Lochkarten gesteuerte mechanische Webstühle Lochkartenmaschinen entwickelte, die die in Lochkarten gestanzten Angaben der Volkszählung maschinell auszuwerten vermochten. Schon bei der nächsten Volkszählung im Jahre 1890 wurde mit diesen Maschinen ausgewertet. Die Durchführung benötigte nur noch ein Sechstel der früher verwendeten Zeit. Von diesem Zeitpunkt an bestand allerdings das Problem, die Angaben der Volkszählung aus den Erhebungsblättern in Lochkarten zu übertragen. Je schneller im Laufe der 50er Jahre durch die Entwicklung besserer Sachmittel die Auswertungen erfolgten, um so unbefriedigender war der Zeitaufwand, der auf die Datenerfassung verwandt werden mußte.

Der technische Stand der Sachmittel, die für die statistische Auswertung der Volkszählungsdaten in Frage kamen, war in den 60er Jahren soweit gediehen, daß eine wesentliche Verkürzung der Zeitspanne von der Erhebung bis zum Ausdruck der Ergebnisse nur noch erzielt werden konnte, wenn die personelle Transformation der Antworten durch eine maschinelle Transformation oder durch eine Direkteingabe ersetzt wurde.

Aus diesem Grunde entwickelte das "Bureau of the Census", das in den USA die Volkszählungen durchführt, das sogenannte FOSDIC-Verfahren (FOSDIC = Film Optical Sensing Device for Input to Computers). "Das Verfahren wurde erstmals in größerem Umfang für die Volks- und Haushaltszählung 1960 eingesetzt. Die Fragebogen waren so gestaltet, daß die Antworten durch Punktierung bestimmter Felder gegeben wurden. Die 60 Millionen Fragebogen wurden dezentral mikroverfilmt und die Mikrofilme - mehr als 30.000 Rollen - an die Zentralstellen geschickt, wo die FOSDIC-Maschinen aufgestellt waren. Die FOSDIC-Maschinen übertragen mit einer Geschwindigkeit von 100 Mikrofilmbildern je Minute oder 6.000 je Stunde die Informationen auf Magnetbänder. Damit werden die Magnetbänder mit ihren hohen Eingabegeschwindigkeiten das Übertragungsmedium für den Computer. Wenn man berücksichtigt, daß auf den Fragebogen Informationen für insgesamt 20 Personen und 4 Haushaltungen enthalten sind, wird deutlich, daß die Zahl der hierzu einzusetzenden Lochkarten als Eingabemedium wesentlich höher liegen müßte und daß diese dann auch abzulochen wären, wohingegen beim FOSDIC-Verfahren die Urschrift 'gelesen' wird." (70).

Die Daten der letzten in Deutschland durchgeführten Volkszählung im Jahre 1961 wurden nicht mehr abgelocht, sondern durch personelle und maschinelle Transformation im Wege des Zeichenlochverfahrens erfaßt. Die ersten greifbaren Ergebnisse standen erst nach zwei Jahren zur Verfügung, die endgültigen Ergebnisse lagen wesentlich später vor.

Diese in der Vergangenheit angewandten Erfassungsverfahren - Ablochen, Zeichenlochen, Mikroverfilmen - müssen wegen der damit verbundenen Zeitbeanspruchung und der mit den personellen und/oder maschinellen Transformationsprozessen verbundenen Kosten als unbefriedigend angesehen werden. Denn wie immer auch nach den bisherigen Lösungen die Verfügbarmachung der Erhebungsdaten für die maschinelle Auswertung erreicht worden ist, es bleibt festzustellen, daß sich die Erfassung der Daten als Engpaß erwies. Selbst wenn man sich mit einer Verwirklichung der Datenerfassung durch Lochen und Prüfen (Erfassungsweg A-C-D) in einem Zeitraum von einem Jahr abfinden wollte, ist zu fragen, wo diese Freikapazität an Personen und Lochmaschinen zu finden ist.

---

70) Meller, Friedrich und Reinhard, Ludwig: Elektronische Datenverarbeitungsanlagen. Entwicklungen der letzten 5 Jahre und zukünftige Erwartungen. In: Die elektronische Datenverarbeitung. Forschung - Anwendung - Ausbildung, hrsg. von Ausschuß für wirtschaftliche Verwaltung (AWV), Berlin 1964, S. 23.

Die Durchführung der Datenerfassung im Wege des Zeichenlochverfahrens (Erfassungsweg A-B-C-D) läßt unter Umständen eine größere Streubreite zu, da für die Schaffung eines maschinenlesbaren Datenträgers keine Geräte benutzt werden müssen. Der Schwerpunkt des Problems verlagert sich in bezug auf die Engpaßsituation auf den Transformationsakt Zeichenlochkarten - Lochkarten. Außerdem muß die Markierung bei der Stellenanzahl, die durch den Fragebogen vorgegeben ist, als noch zeitaufwendiger bezeichnet werden. Auch bei Einsatz des FOSDIC-Verfahrens ist eine kritische Beurteilung der Relationen zwischen der Zeitbeanspruchung und dem Kapitaleinsatz für die Spezialgeräte gerechtfertigt. Dieses Verhältnis hat offenbar das Bureau of the Census bewogen, trotz der fortgeschrittenen Entwicklung die Geräte auch für die Volkszählung 1970 in den USA einzusetzen.

Mit den im Laufe der letzten Jahre entwickelten optischen Leseverfahren wurden Möglichkeiten geschaffen, die bei der Zählung über Erhebungsbögen erfragten Daten maschinell zu lesen und ohne weitere Transformationsprozesse in die Datenverarbeitungsanlage einzugeben (Erfassungsweg C-D).

Jede Volkszählung bedarf einer intensiven wissenschaftlichen, technischen und organisatorischen Vorbereitung. Diese Vorbereitungsarbeiten, für die das Statistische Bundesamt in Wiesbaden zuständig ist, betreffen vor allem:

- die Vorarbeiten für das Zählungsgesetz (einschließlich der Kostenkalkulation),
- das Ausarbeiten einer Gesamtkonzeption, der Erhebungsbögen und der dazugehörigen umfangreichen Erhebungsanweisungen,
- die Tabellenprogramme für die Auswertung (71).

Für die am 27. Mai 1970 in der Bundesrepublik Deutschland durchgeführte "Volks-, Berufs- und Arbeitsstättenzählung" wurde in Verhandlungen mit internationalen Organisationen das Zählungsprogramm mit der UNO, der EWG und anderen Stellen abgestimmt. Um die Erhebungsbögen und die dazugehörige Ausfüllanleitung auf ihre Verständlichkeit und die Exaktheit der Befolgung zu prüfen sowie die Effizienz der Erhebungsorganisation zu testen, wurden auf der Basis der optischen Beleglesung allein sechs Probeerhebungen durchgeführt. Während die ersten Erhebungen noch mit Hilfe von Markierungslesern durchgeführt wurden (Abb. 18), konzentrierten sich die Bemühungen bei der 5. und 6. Probeerhebung darauf, festzustellen,

71) Vgl. Presseinformationen des Statistischen Bundesamtes, Wiesbaden: "Volkszählung, 27. Mai 1970", Nr. 1 - 27.

Bitte mit Bleistift ausfüllen

Volks- und Berufszählung

5. Probeerhebung

Name | Vorname

Straße / Hausnummer | Telefon (Privat)

Kreis | Gemeinde | Zählbezirk | Kenn-Nummer

1. Geschlecht	männlich · weiblich
2. Stellung zum Haushaltsvorstand (HV) *) auch des Ehepartners d. HV	Haushaltsvorstand (HV) · Ehepartner des HV · Sohn, Tochter usw. des HV · Enkel, Urenkel des HV*) · Vater, Mutter des HV*) · Großvater, Großmutter d. HV*) · Andere mit dem HV verwandte od. verschwägerte Person · Familienfremde Person
3. Haben Sie außer dieser noch eine andere Wohnung oder Unterkunft?	nein · ja — a) Gehen Sie von der weiteren Wohnung aus zur Arbeit oder Schule/Hochschule? ja · nein — b) Leben Sie überwiegend in der weiteren Wohnung? ja · nein — c) Sind Sie in der weiteren Wohnung behördlich gemeldet? ja, mit Hauptwohn. · ja, mit Nebenwohn. · nicht gemeldet — d) Befindet sich die weitere Wohnung im Ausland? ja · nein
4. a) Geburtsjahr	Erste drei Stellen des Geburtsjahres: 186 , 187 · 188 · 189 · 190 · 191 · 192 · 193 · 194 · 195 · 196 — Letzte Stelle des Geburtsjahres: 0 · 1 · 2 · 3 · 4 · 5 · 6 · 7 · 8 · 9
b) Liegt Ihr Geburtstag	in der Zeit vom 1. 1. bis 23. 5. · oder in der Zeit vom 24. 5. bis 31. 12.
5. Familienstand	ledig · verheiratet · verwitwet · geschieden
6. Religionszugehörigkeit	Evang. Landeskirche · Evang. Freikirche · Röm.-kath. Kirche · Jüdische Rel. Gemeinsch. · andere christl. Kirche od. Gem. · sonstige religiöse Gemeinschaften — welche? · gemeinschaftslos — 10-11
7. Staatsangehörigkeit	deutsch · nicht deutsch → welche? — 12-14
8. Wovon leben Sie überwiegend?	Erwerbs-/Berufstätigkeit · Arbeitslosengeld/-hilfe · Unterhalt durch Eltern, Ehemann usw. · Rente, Pension · Sozialhilfe und sonstige Unterstützungen · Eigenes Vermögen, Vermietung, Zinsen, Altenteil
9. a) Welchen Schulabschluß haben Sie?	Volksschule · mittlere Reife · Abitur · Hochschule · Berufsschule · Ingenieurschule · Berufsfach- oder Fachschule · keinen
b) Besuchen Sie gegenwärtig eine Schule? Welche?	Volksschule · Realschule · Gymnasium · Hochschule · Berufsschule · Ingenieurschule · Berufsfach- od. Fachschule · keine
10. Sind Sie	Hausfrau · Soldat, Grundwehrdienst bzw. Wehrübung · Zeit-/Berufssoldat
11. Sind Sie	erwerbstätig, und zwar wöchentlich: unter 15 Std. · 15-24 Std. · 25-36 Std. · über 36 Std. · arbeitslos · arbeitsuchend · nicht erwerbstätig
12. a) Wo arbeiten Sie bzw. wo gehen Sie zur Schule / Hochschule?	Name des Betriebes bzw. der Schule/Hochschule — 15-19 — (Postleitzahl) Gemeinde · Straße/Hausnummer
b) Geschäftszweig (Branche, Wirtschaftszweig), zu der der Betrieb (Firma, Dienststelle) gehört	Geschäftszweig des Betriebes
13. Sind Sie	Arbeiter · Angestellter · Beamter / Richter · Selbständiger · Gewerblicher Lehrling · Kaufm. Lehrling · Mithelfender Familienangehöriger
14. Üben Sie noch eine weitere Tätigkeit aus?	landwirtschaftl. Tätigkeit · sonstige Tätigkeit · keine
15. Welches Verkehrsmittel haben Sie im letzten Monat auf dem Weg z. Arbeit od. Schule/Hochschule hauptsächlich benutzt?	kein Verkehrsmittel · Eisenbahn · Bus (Bahn-/Postbus, öffentlicher oder privater Linienbus) · Werkbus, Schulbus · Straßenbahn · S-Bahn, U-Bahn, Hochbahn · eigenes Auto · fremdes Auto (auch Mitfahrt) — Entfernung → bis 10 km · über 10 km · Motorrad, Moped, Fahrrad · sonstiges Verkehrsmittel
16. Wieviel Zeit benötigen Sie normalerweise für den Hinweg zur Arbeit od. Schule/Hochschule?	unter 15 Minuten · 15 bis unter 30 Minuten · 30 bis unter 60 Minuten · 60 Minuten und mehr

Bitte Rückseite beachten

Abb. 18: Erhebungsbögen der 5. Probeerhebung (Blatt 1)

Nur auszufüllen von Personen mit deutscher Staatsangehörigkeit

Für alle Personen

17. a) Wohnsitz am 1.9.1939 (Kriegsausbruch)
Für Personen, die nach dem 1.9.1939 geboren sind: Wohnsitz des Vaters am 1.9.1939 oder, wenn Wohnsitz des Vaters nicht bekannt, Wohnsitz der Mutter am 1.9.1939 — 20
- Bundesgebiet einschl. Berlin (West) 1
- Sowjetische Besatzungszone bzw. Sowjetsektor von Berlin 2
- Deutsche Ostgebiete (z. B. Ostpommern, Ostpreußen), Sudetenland sowie Ost- und Südosteuropa 3
- Übrige Gebiete 4

b) Sind Sie nach Kriegsende aus der sowjetischen Besatzungszone bzw. aus dem Sowjetsektor von Berlin zugezogen? — 21
- ja 5
- nein 6

18. Besitzen Sie einen Bundesvertriebenenausweis A oder B bzw. einen Bundesflüchtlingsausweis C? — 22
- Ausweis A 1
- Ausweis B 2
- Ausweis C 3
- keinen 4

Für Erwerbstätige

19. a) Wie wird die von Ihnen ausgeübte Tätigkeit (Beruf) bezeichnet? — 23-26

b) Worin besteht diese hauptsächlich? (Stichwortartige Beschreibung/siehe Erläuterung)

20. Wie hoch ist Ihr monatliches Netto-Einkommen aus Ihrer Erwerbstätigkeit?
(Für Selbständige in der Landwirtschaft oder Mithelfende Familienangehörige nicht zu beantworten) — 27
- unter 650 DM 1
- 650 - 799 DM 2
- 800 - 1199 DM 3
- 1200 - 1799 DM 4
- 1800 - 1999 DM 5
- 2000 - 2499 DM 6
- 2500 DM u. mehr 7

Für Personen in leitender od. aufsichtführender Stellung

21. Sind Sie — 28
- Vorstandsmitglied, Leiter oder Geschäftsführer oder dgl. eines Unternehmens oder Betriebes 1
- Industriemeister, Werkmeister, Meister, Polier oder dgl. 2
- Kolonnenführer, Vorarbeiter oder dgl. 3
- sonstige leitende oder aufsichtführende Tätigkeit 4

welche? ....

Für Selbständige

22. a) Wie viele Personen sind in Ihrem Betrieb beschäftigt (einschl. tätige Inhaber, Leiter, Mithelf. Familienangehörige)? — 29-32

b) Sind darunter Lohn- oder Gehaltsempfänger? — 30
- ja 1
- nein 2

Für Besitzer, auch Pächter, von landwirtschaftlich genutzten Flächen oder Gartenland
Vor Ausfüllung bitte Erläuterungen genau lesen!

23. Wie groß ist die gesamte Fläche? (Einschl. gepachteter, aber ohne verpachtete Fläche) — ha ar qm — 34-38

Für Personen über 14 Jahre

24. a) Haben Sie eine praktische Berufsausbildung (Lehre, Anlernzeit o. dgl.) — 39
- nein
- ja → Dauer in Jahren

b) Auf welchen Beruf bezog sich diese Ausbildung? — 40-43

25. a) Waren Sie früher erwerbstätig? (Nur für Nichterwerbstätige)
- nein
- ja

b) In welchem Jahr wurde die Erwerbstätigkeit aufgegeben? 19.. — 44-45

Für Personen, die eine berufsbildende Schule abgeschlossen haben

26. a) Welche berufsbildenden Schulen haben Sie besucht? (Nicht Berufsschule) — 46
- Ingenieurschule 1
- Technikerschule 2
- Sonst. Berufsfach-/Fachschule 3

b) Wie viele Jahre dauerte diese Ausbildung? Jahre — 47

c) Hauptfachrichtung des letzten Abschlusses? — 48-49

Für Personen, die eine Hochschulausbildung abgeschlossen haben (oder Lehrerausbildung)

27. a) Wie lange dauerte die Hochschulausbildung (Studium)? Jahre — 50

b) Art des Abschlusses? — 51-52

c) Jahr des Abschlusses? 19.. — 53-54

d) Hauptfachrichtung des letzten Abschlusses? — 55-56

Für Verheiratete, Verwitwete und Geschiedene

28. a) Wann wurde Ihre jetzige bzw. letzte Ehe geschlossen? Jahr 19.. — 57-58

b) Waren Sie vorher schon einmal verheiratet? — 59
- ja 1
- nein 2

Für Frauen

29. Geburtsjahre aller lebendgeborenen ehelichen Kinder — Keine Kinder

1. Kind	19..	4. Kind	19..	7. Kind	19..
2. Kind	19..	5. Kind	19..	8. Kind	19..
3. Kind	19..	6. Kind	19..	9. Kind	19..

Geburtsjahre weiterer Kinder ....

Abb. 18: Fragebogen der 5. Probeerhebung (Blatt 2)

ob die im Herbst 1969 vorgestellten Seitenleser sich für die Erfassung der Erhebungsbelege eigneten. Die fünfte Erhebung zeigte ein grundsätzlich positives Ergebnis; die sechste Probeerhebung war auf die zu verwendende Erkennungstechnik abgestellt.

Zur Auswahl stand einmal eine Verfahrensweise, bei der in die Antwortkästchen der Fragen Ziffern in OCR-A Schrift vorgedruckt waren, von denen bei der Beantwortung eine oder mehrere durchzustreichen waren. Das Fehlen des Leseergebnisses zeigte an (nicht lesbare Zeichen), welche Antwort als zutreffend gekennzeichnet worden war (Abb. 19).

Das andere Verfahren bediente sich der Einstellenmarkierungslesung, deren Erkennungslogik bei den Lesegeräten als Zusatz installiert wurde. Die jeweiligen Antworten waren durch einen waagerechten Bleistiftstrich in vorgedruckten Feldern zu markieren. Die Versuche ergeben eindeutig, daß es sinnvoller war, eine Antwort durch eine Markierung zu geben als durch Streichung eines oder mehrerer Zahlen, deren Bedeutung nicht offenkundig war.

Als Ergebnis all dieser Probeerhebungen entstand ein Erhebungsbeleg, der 39 Fragen umfaßt (Abb. 20). Da jedoch bei vielen Fragen ein repräsentativer Charakter unterstellt wurde, konnte für 90 % der Bevölkerung ein Fragebogen verwendet werden, auf dem nur 18 Fragen zu beantworten waren. Die Ergebnisse der übrigen Fragen (19 - 39), die nur jedem zehnten Befragten gestellt wurden, wurde auf die gesamte Bevölkerung übertragen. Bei einigen Fragen, so bei Frage 2, 12, 15, 23 wäre die Beantwortung in Form von Markierungen zu platzaufwendig und zu schwierig gewesen. Die handschriftlich eingesetzten Antworten wurden daher vor der Beleglesung von geschulten Hilfskräften in besondere Felder als maschinell lesbare Ziffern übertragen (für diese Fragen Erfassungsweg A-C-D).

Die Fragebögen wurden für spezifische Bevölkerungsgruppen modifiziert; so wäre es wenig sinnvoll gewesen, Soldaten die Frage nach dem Geschlecht beantworten zu lassen. Auch für Anstaltsbewohner wurden abgewandelte Erhebungsbögen entworfen. Ebenso wurden für die Gastarbeiter Fragebögen in italienisch, kroatisch, griechisch, spanisch und türkisch bereitgestellt.

Die intensive Vorbereitung der Volkszählung 1970 drückte sich auch in der Art der Fehlerbehandlung aus. Nur schwere Fehler, wie verschmutzte oder beschädigte Belege, bewirken eine Rückweisung der Belege. Lesefehler, die über Plausibilitätskontrollen ermittelt werden, oder nicht beantwortete Fragen, werden maschinell nach Wahrscheinlichkeitsberechnungen korrigiert oder ergänzt. Über die Korrektur wird ein Protokoll erstellt, so daß von Sachbearbeitern eine Prüfung über die Richtigkeit der Korrektur erfolgen kann.

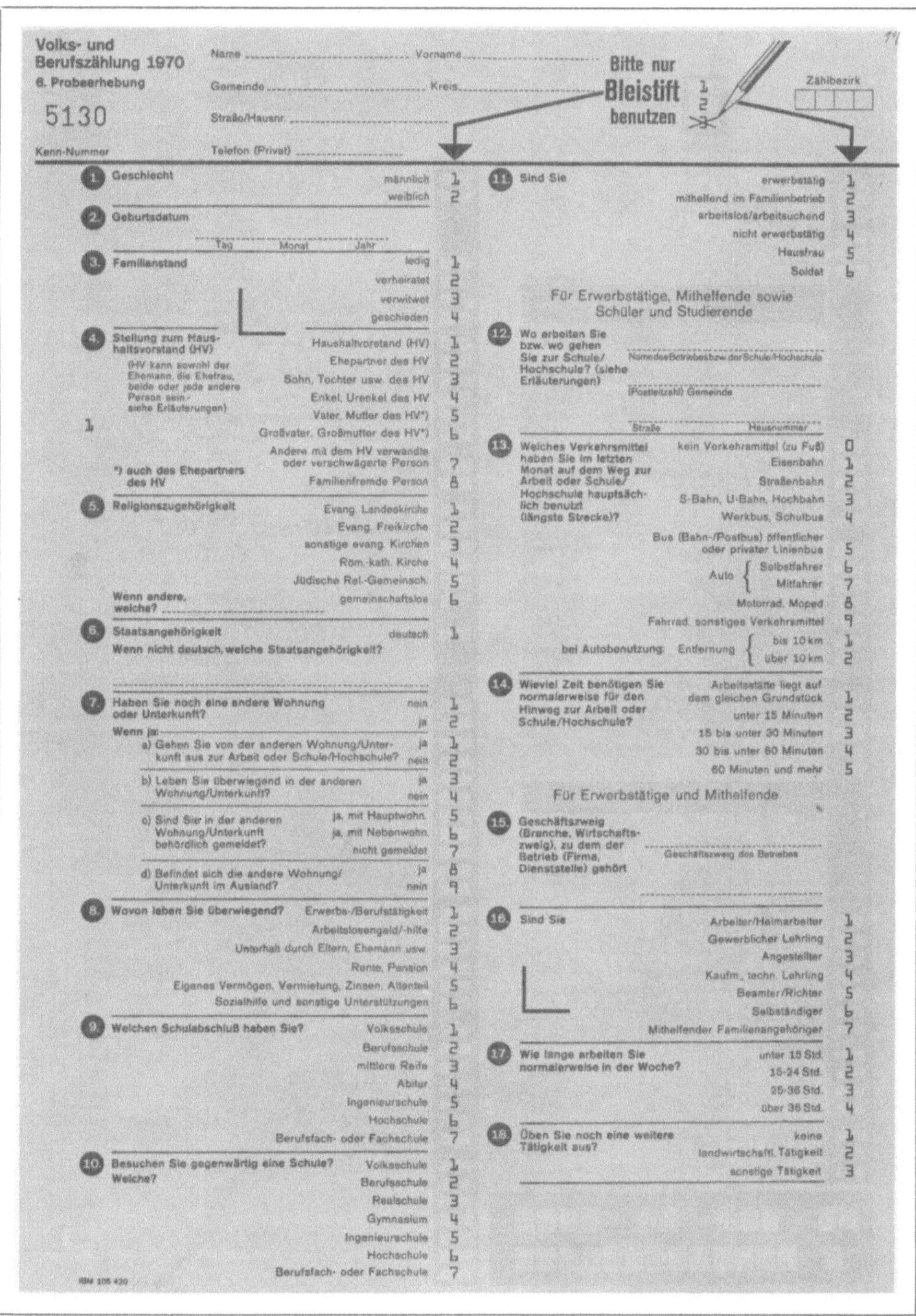

Volks- und Berufszählung 1970
6. Probeerhebung

5130
Kenn-Nummer

Name .... Vorname ....
Gemeinde .... Kreis ....
Straße/Hausnr. ....
Telefon (Privat) ....

Bitte nur **Bleistift** benutzen 1 2 3

Zählbezirk

1. Geschlecht
männlich 1
weiblich 2

2. Geburtsdatum
Tag Monat Jahr

3. Familienstand
ledig 1
verheiratet 2
verwitwet 3
geschieden 4

4. Stellung zum Haushaltsvorstand (HV)
(HV kann sowohl der Ehemann, die Ehefrau, beide oder jede andere Person sein - siehe Erläuterungen)
Haushaltvorstand (HV) 1
Ehepartner des HV 2
Sohn, Tochter usw. des HV 3
Enkel, Urenkel des HV 4
Vater, Mutter des HV*) 5
Großvater, Großmutter des HV*) 6
Andere mit dem HV verwandte oder verschwägerte Person 7
Familienfremde Person 8
*) auch des Ehepartners des HV

5. Religionszugehörigkeit
Evang. Landeskirche 1
Evang. Freikirche 2
sonstige evang. Kirchen 3
Röm.-kath. Kirche 4
Jüdische Rel.-Gemeinsch. 5
gemeinschaftslos 6
Wenn andere, welche? ....

6. Staatsangehörigkeit
deutsch 1
Wenn nicht deutsch, welche Staatsangehörigkeit?

7. Haben Sie noch eine andere Wohnung oder Unterkunft?
nein 1
ja 2
Wenn ja:
a) Gehen Sie von der anderen Wohnung/Unterkunft aus zur Arbeit oder Schule/Hochschule? ja 1, nein 2
b) Leben Sie überwiegend in der anderen Wohnung/Unterkunft? ja 3, nein 4
c) Sind Sie in der anderen Wohnung/Unterkunft behördlich gemeldet? ja, mit Hauptwohn. 5, ja, mit Nebenwohn. 6, nicht gemeldet 7
d) Befindet sich die andere Wohnung/Unterkunft im Ausland? ja 8, nein 9

8. Wovon leben Sie überwiegend?
Erwerbs-/Berufstätigkeit 1
Arbeitslosengeld/-hilfe 2
Unterhalt durch Eltern, Ehemann usw. 3
Rente, Pension 4
Eigenes Vermögen, Vermietung, Zinsen, Altenteil 5
Sozialhilfe und sonstige Unterstützungen 6

9. Welchen Schulabschluß haben Sie?
Volksschule 1
Berufsschule 2
mittlere Reife 3
Abitur 4
Ingenieurschule 5
Hochschule 6
Berufsfach- oder Fachschule 7

10. Besuchen Sie gegenwärtig eine Schule? Welche?
Volksschule 1
Berufsschule 2
Realschule 3
Gymnasium 4
Ingenieurschule 5
Hochschule 6
Berufsfach- oder Fachschule 7

IBM 105 420

11. Sind Sie
erwerbstätig 1
mithelfend im Familienbetrieb 2
arbeitslos/arbeitsuchend 3
nicht erwerbstätig 4
Hausfrau 5
Soldat 6

Für Erwerbstätige, Mithelfende sowie Schüler und Studierende

12. Wo arbeiten Sie bzw. wo gehen Sie zur Schule/Hochschule? (siehe Erläuterungen)
Name des Betriebes bzw. der Schule/Hochschule
(Postleitzahl) Gemeinde
Straße Hausnummer

13. Welches Verkehrsmittel haben Sie im letzten Monat auf dem Weg zur Arbeit oder Schule/Hochschule hauptsächlich benutzt (längste Strecke)?
kein Verkehrsmittel (zu Fuß) 0
Eisenbahn 1
Straßenbahn 2
S-Bahn, U-Bahn, Hochbahn 3
Werkbus, Schulbus 4
Bus (Bahn-/Postbus) öffentlicher oder privater Linienbus 5
Auto: Selbstfahrer 6
Auto: Mitfahrer 7
Motorrad, Moped 8
Fahrrad, sonstiges Verkehrsmittel 9
bei Autobenutzung: Entfernung bis 10 km 1
bei Autobenutzung: Entfernung über 10 km 2

14. Wieviel Zeit benötigen Sie normalerweise für den Hinweg zur Arbeit oder Schule/Hochschule?
Arbeitsstätte liegt auf dem gleichen Grundstück 1
unter 15 Minuten 2
15 bis unter 30 Minuten 3
30 bis unter 60 Minuten 4
60 Minuten und mehr 5

Für Erwerbstätige und Mithelfende

15. Geschäftszweig (Branche, Wirtschaftszweig), zu dem der Betrieb (Firma, Dienststelle) gehört
Geschäftszweig des Betriebes

16. Sind Sie
Arbeiter/Heimarbeiter 1
Gewerblicher Lehrling 2
Angestellter 3
Kaufm., techn. Lehrling 4
Beamter/Richter 5
Selbständiger 6
Mithelfender Familienangehöriger 7

17. Wie lange arbeiten Sie normalerweise in der Woche?
unter 15 Std. 1
15-24 Std. 2
25-36 Std. 3
über 36 Std. 4

18. Üben Sie noch eine weitere Tätigkeit aus?
keine 1
landwirtschaftl. Tätigkeit 2
sonstige Tätigkeit 3

Abb. 19: Erhebungsbogen der 6. Probeerhebung

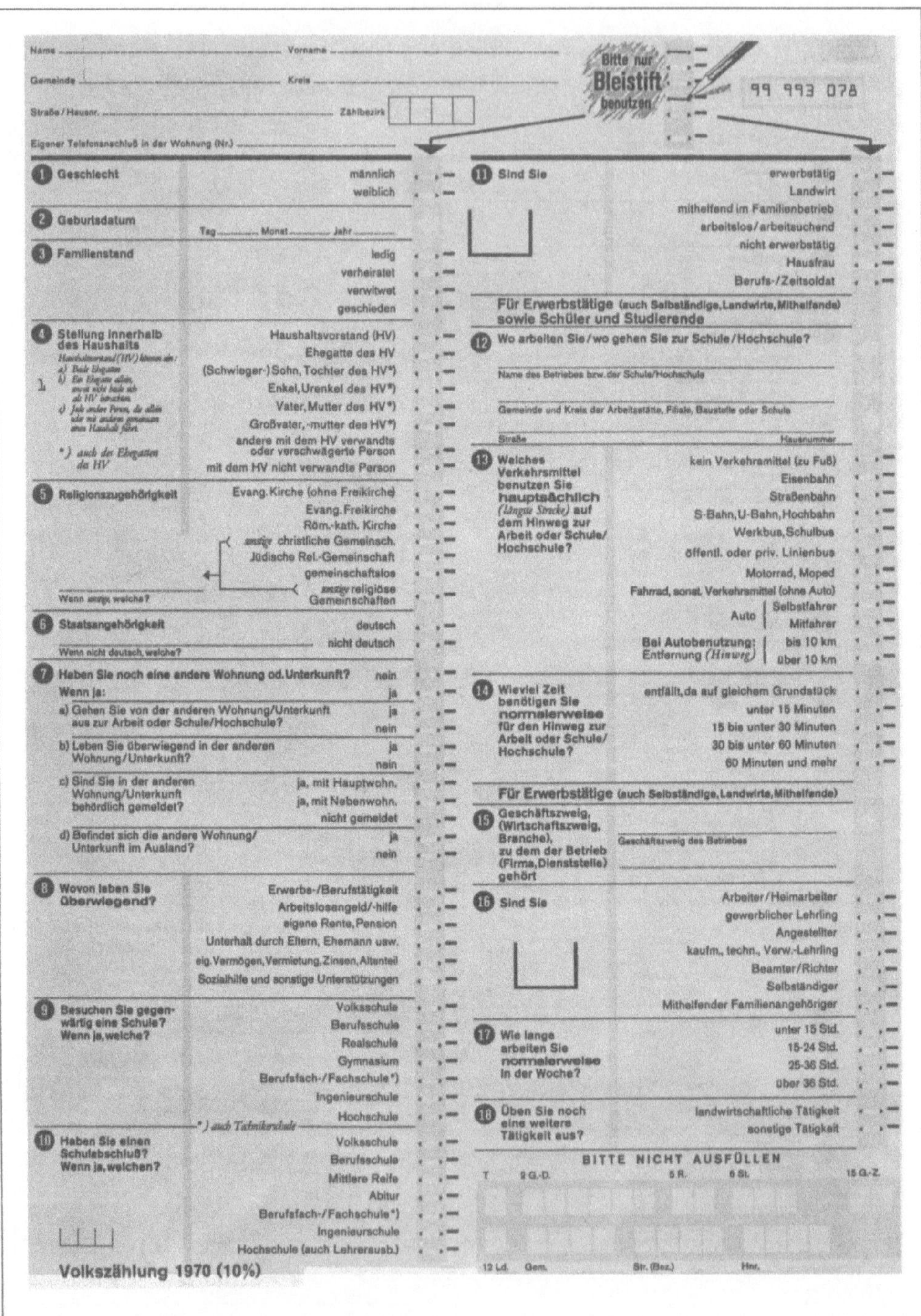

Name .... Vorname ....

Gemeinde .... Kreis ....

Straße/Hausnr. .... Zählbezirk

Eigener Telefonanschluß in der Wohnung (Nr.) ....

Bitte nur Bleistift benutzen

99 993 078

1 Geschlecht — männlich / weiblich

2 Geburtsdatum — Tag ...... Monat ...... Jahr ......

3 Familienstand — ledig / verheiratet / verwitwet / geschieden

4 Stellung innerhalb des Haushalts

Haushaltsvorstand (HV) können sein: a) Beide Ehegatten b) Ein Ehegatte allein, soweit nicht beide sich als HV betrachten c) Jede andere Person, die allein oder mit anderen gemeinsam einen Haushalt führt

**) auch des Ehegatten des HV*

Haushaltsvorstand (HV) / Ehegatte des HV / (Schwieger-)Sohn, Tochter des HV*) / Enkel, Urenkel des HV*) / Vater, Mutter des HV*) / Großvater, -mutter des HV*) / andere mit dem HV verwandte oder verschwägerte Person / mit dem HV nicht verwandte Person

5 Religionszugehörigkeit — Evang. Kirche (ohne Freikirche) / Evang. Freikirche / Röm.-kath. Kirche / *sonstige* christliche Gemeinsch. / Jüdische Rel.-Gemeinschaft / gemeinschaftslos / *sonstige* religiöse Gemeinschaften

Wenn *sonstige*, welche?

6 Staatsangehörigkeit — deutsch / nicht deutsch

Wenn nicht deutsch, welche?

7 Haben Sie noch eine andere Wohnung od. Unterkunft? — nein

Wenn ja: — ja

a) Gehen Sie von der anderen Wohnung/Unterkunft aus zur Arbeit oder Schule/Hochschule? — ja / nein

b) Leben Sie überwiegend in der anderen Wohnung/Unterkunft? — ja / nein

c) Sind Sie in der anderen Wohnung/Unterkunft behördlich gemeldet? — ja, mit Hauptwohn. / ja, mit Nebenwohn. / nicht gemeldet

d) Befindet sich die andere Wohnung/Unterkunft im Ausland? — ja / nein

8 Wovon leben Sie überwiegend? — Erwerbs-/Berufstätigkeit / Arbeitslosengeld/-hilfe / eigene Rente, Pension / Unterhalt durch Eltern, Ehemann usw. / eig. Vermögen, Vermietung, Zinsen, Altenteil / Sozialhilfe und sonstige Unterstützungen

9 Besuchen Sie gegenwärtig eine Schule? Wenn ja, welche? — Volksschule / Berufsschule / Realschule / Gymnasium / Berufsfach-/Fachschule*) / Ingenieurschule / Hochschule

**) auch Technikerschule*

10 Haben Sie einen Schulabschluß? Wenn ja, welchen? — Volksschule / Berufsschule / Mittlere Reife / Abitur / Berufsfach-/Fachschule*) / Ingenieurschule / Hochschule (auch Lehrerausb.)

Volkszählung 1970 (10%)

11 Sind Sie — erwerbstätig / Landwirt / mithelfend im Familienbetrieb / arbeitslos/arbeitsuchend / nicht erwerbstätig / Hausfrau / Berufs-/Zeitsoldat

Für Erwerbstätige (auch Selbständige, Landwirte, Mithelfende) **sowie Schüler und Studierende**

12 Wo arbeiten Sie/wo gehen Sie zur Schule/Hochschule?

Name des Betriebes bzw. der Schule/Hochschule

Gemeinde und Kreis der Arbeitsstätte, Filiale, Baustelle oder Schule

Straße .... Hausnummer

13 Welches Verkehrsmittel benutzen Sie hauptsächlich *(längste Strecke)* **auf dem Hinweg zur Arbeit oder Schule/Hochschule?** — kein Verkehrsmittel (zu Fuß) / Eisenbahn / Straßenbahn / S-Bahn, U-Bahn, Hochbahn / Werkbus, Schulbus / öffentl. oder priv. Linienbus / Motorrad, Moped / Fahrrad, sonst. Verkehrsmittel (ohne Auto) / Auto: Selbstfahrer / Mitfahrer

Bei Autobenutzung: Entfernung *(Hinweg)* — bis 10 km / über 10 km

14 Wieviel Zeit benötigen Sie normalerweise für den Hinweg zur Arbeit oder Schule/Hochschule? — entfällt, da auf gleichem Grundstück / unter 15 Minuten / 15 bis unter 30 Minuten / 30 bis unter 60 Minuten / 60 Minuten und mehr

Für Erwerbstätige (auch Selbständige, Landwirte, Mithelfende)

15 Geschäftszweig, (Wirtschaftszweig, Branche), zu dem der Betrieb (Firma, Dienststelle) gehört

Geschäftszweig des Betriebes

16 Sind Sie — Arbeiter/Heimarbeiter / gewerblicher Lehrling / Angestellter / kaufm., techn., Verw.-Lehrling / Beamter/Richter / Selbständiger / Mithelfender Familienangehöriger

17 Wie lange arbeiten Sie normalerweise in der Woche? — unter 15 Std. / 15-24 Std. / 25-36 Std. / über 36 Std.

18 Üben Sie noch eine weitere Tätigkeit aus? — landwirtschaftliche Tätigkeit / sonstige Tätigkeit

BITTE NICHT AUSFÜLLEN

T 2 G.-D. 5 R. 6 St. 15 G.-Z.

12 Ld. Gem. Str. (Bez.) Hnr.

Abb. 20: Endgültiger Erhebungsbogen (Blatt 1)

Diese Seite ist nur von Personen mit deutscher Staatsangehörigkeit auszufüllen

Für alle Personen

19 Wohnsitz am 1.9.1939 (Kriegsausbruch)
Für nach dem 1.9.1939 Geborene: Wohnsitz des Vaters am 1.9.1939 oder, wenn Wohnsitz d. Vaters unbek., Wohnsitz der Mutter

- Bundesgebiet einschl. Berlin (West)
- Sowjetzone bzw. Ostberlin
- Deutsche Ostgebiete
- Tschechoslowakei (einschl. Sudetenland)
- östliche Nachbarländer, Südosteuropa
- übrige Gebiete

20 Sind Sie nach Kriegsende aus der Sowjetzone bzw. aus Ostberlin zugezogen?
- ja
- nein

21 Besitzen Sie einen Bundesvertriebenen- bzw. Bundesflüchtlingsausweis?
2 **Wenn ja, welchen?**
- Ausweis A
- Ausweis B
- Ausweis C

Für Nichterwerbstätige über 14 Jahre
(auch Hausfrauen, Rentner, Pensionäre)

22 Waren Sie früher erwerbs- oder berufstätig?
- ja
- nein

23 In welchem Jahr wurde die Erwerbstätigkeit aufgegeben? 19........

Für Erwerbstätige (auch Selbständige, Landwirte, Mithelfende)

24 Ausgeübte Tätigkeit
a) Beruf *(bei Beamten Amtsbezeichnung)* ____________
b) Stichwortartige Beschreibung *(Arbeitsvorgang, Werkstoff, Ware u. dgl.)* ____________

25 Bedienen Sie bei Ihrer Tätigkeit überwiegend eine
- voll-/halbautomatische Maschine
- sonstige Maschine
- keine Maschine

26 Wie hoch ist Ihr monatliches Nettoeinkommen aus Ihrer Erwerbstätigkeit?
(Für Selbständige in der Landwirtschaft und für Mithelfende Familienangehörige nicht zu beantworten.)
- unter 300 DM
- 300 bis unter 500 DM
- 500 bis unter 800 DM
- 800 bis unter 1200 DM
- 1200 bis unter 1800 DM
- 1800 bis unter 2500 DM
- 2500 DM u. mehr

Für Personen in leitender oder aufsichtführender Stellung
(ohne Selbständige)

27 Sind Sie
- Industriemeister, Werkmeister, Meister, Polier oder dgl.
- Kolonnenführer, Vorarbeiter oder dgl.
- Leiter, Geschäftsführer, Vorstandsmitglied oder dgl. eines Unternehmens od. Betriebes
- sonstwie leitend oder aufsichtführend tätig

Für Selbständige

28 Wie viele Personen sind in Ihrem Betrieb beschäftigt?
(einschl. tätige Inhaber, Leiter, Mithelfende Familienangeh.)
Anzahl ....

29 Sind darunter Lohn- und Gehaltsempfänger?
- ja
- nein

Für Besitzer, auch Pächter, von landwirtschaftlich genutzten Flächen. Bei Gartenland ab 0,5 ha (5000 qm)
Vor Ausfüllung bitte Erläuterung genau lesen!

30 Wie groß ist die gesamte Fläche?
(einschließlich gepachteter, aber ohne verpachtete Fläche)
ha | ar | qm

Für Personen über 14 Jahre

31 Haben Sie eine praktische Berufsausbildung beendet?
(Lehre, Anlernzeit oder dgl.)
- nein
- ja — Wenn ja: ________ Dauer in Jahren

32 Auf welchen Beruf bezog sich diese Ausbildung? ____________

Für Personen, die eine berufsbildende Schule bzw. Hochschulausbildung (auch Lehrerausbildung) abgeschlossen haben

33 Welche der folgenden Schulen haben Sie besucht und abgeschlossen?
(nicht Berufsschule!)
- Technikerschule
- sonst. Berufsfach-/Fachschule
- Ingenieurschule
- Hochschule (auch Lehrerausbildung)

34 Wie viele Jahre dauerte die gesamte Ausbildung an den in Frage (33) genannten Schulen bis zum letzten Abschluß?
(siehe Erläuterungen)
Anzahl der Jahre ....

35 Hauptfachrichtung des letzten Abschlusses?
(siehe Erläuterungen) ____________

36 Jahr des letzten Abschlusses? 19........

Für Verheiratete, Verwitwete und Geschiedene

37 Wann wurde Ihre jetzige bzw. letzte Ehe geschlossen? 19........

38 Waren Sie vorher schon einmal verheiratet?
- ja
- nein

Für Frauen

39 Geburtsjahre aller lebendgeborenen ehelichen Kinder
- keine Kinder

1. Kind 19........	7. Kind 19........
2. Kind 19........	8. Kind 19........
3. Kind 19........	9. Kind 19........
4. Kind 19........	10. Kind 19........
5. Kind 19........	11. Kind 19........
6. Kind 19........	12. Kind 19........

BITTE NICHT AUSFÜLLEN

23 A. d. ET | 24 Ber. | 24 A | 28 Bsch. | 30 h | a | q | 31 Abl. | 32 E Ber. | 34 D

35 Hfr. | 36 Abschl. | 37 Ehe | 39 Kd

99 993 078

Abb. 20: Endgültiger Erhebungsbogen (Blatt 2)

Der Vorteil des bei der Volkszählung 1970 angewandten Erfassungsverfahrens lag darin, daß die meisten Fragen von der Bevölkerung so codiert wurden, daß maschinelle Transformationsprozesse durchweg unterbleiben konnten und personelle Transformationen sich auf einige wenige Felder beschränkten. Die Zeit vom Stichtag der Volkszählung bis zum Beginn der Auswertung verkürzte sich durch den Einsatz von elf Lesegeräten auf ein halbes Jahr.

Eine exakte Wirtschaftlichkeitsberechnung kann naturgemäß kaum durchgeführt werden. Nur ein Vergleich zu früher durchgeführten Zählungen kann Aufschluß über die Leistungen und die Kosten der Volkszählung 1970 geben. Während 1961 die Gesamtkosten bei 117, 5 Millionen DM lagen, bewilligte der Gesetzgeber 1970 insgesamt 177 Millionen DM (72). Diese werden in der Hauptsache benötigt für die Konzipierung und die übrigen organisatorischen Vorbereitungen, für die Durchführung der Erhebung (Entgeld für 500. 000 Erhebungspersonen), für die Mietkosten der Lesegeräte und die Auswertungen auf den DV-Anlagen. Gegenüber früheren Volkszählungen sind nach den Vorausschätzungen bessere Ergebnisse zu erwarten. Welche Bedeutung die Zeitverkürzung der Erfassungsdauer auf ein halbes Jahr für die Auswertung der Ergebnisse haben wird, läßt sich nur vermuten.

Bei dem Entschluß, optische Lesegeräte für die Erfassung einzusetzen, bestanden keine Zweifel darüber, daß an die Bevölkerung bei der Beantwortung der Fragen bestimmte Anforderungen gestellt werden mußten. Um vernünftige Leseergebnisse erzielen zu können, wurde deshalb sehr viel Wert auf eine intensive psychologische Vorbereitung der Bevölkerung gelegt, um einmal das Verständnis der Bevölkerung für den Sinn und Zweck einer Volkszählung zu wecken und zum anderen ihr das Beantworten der Fragen zu erleichtern. So wurden in den Tagen vor dem 27. Mai in kurzen Werbespots nach den Abendnachrichten, in Fernsehen und Rundfunk, sowie in Zeitungen und Zeitschriften die Volkszählung 1970 wiederholt erläutert.

55. Der Weg zur individuellen optimalen Lösung

Nachdem in den vorangegangenen Kapiteln verschiedene Teilaspekte der optimalen Lösung untersucht und durch Beispiele erläutert worden sind, soll nun versucht werden, einen Weg zur Entscheidungsfindung in bezug auf die optimale Lösung im individuellen Anwendungsfall aufzuzeigen.

72) Eine Gegenüberstellung sagt jedoch wenig aus, da der Umfang der Aktion geändert wurde und die Preissituation sich in neun Jahren grundlegend gewandelt hat.

Bei der Wahl des optimalen Erfassungsverfahrens handelt es sich um ein komplexes Investitionsproblem, auf das quantitativ ausgerichtete Optimierungsmethoden angewandt werden können. Vom Lösungsansatz her erscheinen weniger solche Verfahren als zweckmäßig, die operations-analytisch ausgerichtet sind, als vielmehr solche, die numerisch-iterativ oder eliminierend nach der symbolischen Logik (73) vorgehen. Das numerisch-iterative Vorgehen kann als systematisches Probieren mit schrittweiser Lösungsverbesserung charakterisiert werden, wobei Ziel- und Lösungsbedingungen quantifiziert werden müssen. Die Matrizenrechnung gehört in diese Gruppe. Bei den Eliminierungsverfahren der symbolischen Logik wird durch intuitive allgemeingültige Schlußbildung die Lösung auf wenige Alternativen beschränkt, von denen die optimale(n) durch anschließenden Wirtschaftlichkeitsvergleich ermittelt wird (werden). Das Problem bedarf zu diesem Zwecke keiner durchgängigen Quantifizierung, vielmehr werden auch nichtmathematische Symbole verwandt. Typische Ausprägung dieser Methode ist der sogenannte Entscheidungsbaum, bei dem die - in eine bestimmte Reihenfolge gebrachten - Problembedingungen abgefragt und durch Ja-Nein-Entscheidungen die Lösungsmöglichkeiten auf wenige vorteilhafte reduziert werden.

Bei sehr großer Komplexität des Auswahlproblems eignen sich Simulationsmodelle zur Auflösung der Verflechtungen. Die Simulationstechnik ist ein an einem Modell durchzuführendes experimentelles Suchen nach einer relativ optimalen Lösung.

Grundsätzlich sind alle diese Methoden in der Lage, Auswahlprobleme zu lösen. Der Studienkreis hatte vor allem die Anwendbarkeit der Eliminierungsverfahren der Logik eingehend geprüft, weil sie geeignet erschienen, mit einem Minimum an Quantifizierung und Abstraktion befriedigende Ergebnisse zu liefern. Als Charakteristikum ergab sich, daß vor dem Eintritt in das Optimierungsverfahren nicht nur die Problembedingungen festgelegt werden müssen, sondern auch die Reihenfolge der Bedingungen. Die Reihenfolge hat aber entscheidenden Einfluß auf die Lage des Optimums; sie wird durch die individuelle Problemstellung bestimmt. Das bedeutet, daß sich kein allgemeingültiger Lösungsalgorithmus in der Form eines Frage- und Antwortspiels aufbauen läßt, der im konkreten Falle das optimale Datenerfassungsverfahren finden hilft.

Da die Sortierung der relevanten, abzufragenden Merkmale das Kernproblem ist, bietet es sich an, dieses Problem dadurch zu umgehen,

---

73) Zu den Verfahren vgl. Kern, Werner: Operations Research - Eine Einführung in die Optimierungskunde, 2. Auflage, Stuttgart 1966, S. 16 ff.

daß die Fragen in einer Prüfliste (Check-Liste) zusammengefaßt werden. Die Check Liste (Tabelle 2) muß mit ihren Kriterien alle wesentlichen Gesichtspunkte abdecken, die bei der Bestimmung des Erfassungsverfahrens zu berücksichtigen sind, und gliedert sich in die Hauptstufen:

- Kennzeichnung des Datenerfassungsproblems anhand der Einzelbedingungen und
- Ableitung des Erfassungsverfahrens aus den Einzelbedingungen.

Tabelle 2: Check-Liste

Vorbemerkung

Anliegen dieser Check-Liste ist, die wichtigsten Einzelfakten, die bei der Lösung einer Datenerfassungsaufgabe zu berücksichtigen sind, übersichtlich darzustellen. Bei einer Verwendung dieser Check-Liste muß jedoch beachtet werden, daß die angesprochenen Einzelfakten eine außerordentlich hohe Abhängigkeit von dem jeweils vorliegenden Problem besitzen, deshalb muß Inhalt und Aufbau der Check-Liste mit folgenden Einschränkungen gesehen werden:

1. Der Inhalt und die Reihenfolge der Hauptgruppen ist von subjektiven Einflüssen geprägt, doch sind die durch die Hauptgruppen angesprochenen Problemkreise vollständig.

2. Die Aufgliederung der Hauptgruppen in die jeweiligen Gruppen und die Zuordnung bestimmter Problembereiche zu den Hauptgruppen ist von individuellen Zielsetzungen beeinflußt. Es wurde versucht, mit den durch die Gruppen angesprochenen Bereichen alle generellen Aspekte eines Datenerfassungsproblems zu umfassen.

3. Die Zusammenstellung der Einzelfakten kann schließlich nur beispielhaft sein, da hier eine Fülle von Besonderheiten vorliegen kann, deren Darstellung hier den Rahmen sprengen würde und trotzdem noch nicht alle relevanten Einzelfakten umfassen könnte.

Hauptgruppe	Gruppe	Einzelfakten
Darstellung des Problems	Bezeichnung Organisatorische Zugehörigkeit nach Sachbereich Stellung und Bedeutung im Gesamtablauf Charakterisierung Teil- oder Gesamtproblem Zeitliche Befristung	
Datengesamt	Datenart	gegliedert nach Darstellungsstruktur: analog, digital Zeichenart: alphabetische, numerische Zeichen, Sonderzeichen Verwendung: Identifikationsdaten, Rechendaten
	Datenumfang je Periode	Anzahl der Erfassungseinheiten Anzahl der Zeichen je Erfassungseinheit
	Darstellungsform der zu erfassenden Daten	Datenträger Code Satzaufbau
Zeitliche Bedingungen	Zeitliche Verteilung in der Periode	gegliedert nach Einmaligkeit Stetigkeit Periodizität Aperiodizität
	Physische Beständigkeit der Daten	flüchtig dauerhaft
	Beständigkeit des Informationswertes	sinkender Informationswert gleichbleibender Informationswert steigender Informationswert

Hauptgruppe	Gruppe	Einzelfakten
Räumliche Bedingungen	Zentrale Datenentstehung	institutionalisiert nicht institutionalisiert
	Dezentrale Datenentstehung	gegliedert nach Verteilung: räumlich konzentriert räumlich verstreut Standort der Datenquelle: ambulant stationär
Restriktionen durch das Personal	Personal an der Datenquelle	Zahl der Personen Ausbildung/Vorbildung organisatorische Beeinflußbarkeit
	Personal bei der Erfassung	Zahl der Personen Qualifikation der Personen in bezug auf Ausbildung Erfahrung Zuverlässigkeit Fluktuation
Restriktionen durch die Realtechnik	Eingesetzte Sachmittel	gegliedert nach Funktionen: fixierende Sachmittel erfassende Sachmittel transformierende Sachmittel eingebende Sachmittel integrierende Sachmittel freien Kapazitäten bei den fixierenden Sachmitteln erfassenden Sachmitteln transformierenden Sachmitteln eingebenden Sachmitteln integrierenden Sachmitteln Formatbedingungen

Hauptgruppe	Gruppe	Einzelfakten
	Angebotene Sachmittel	gegliedert nach mengenmäßigen Leistungsmerkmalen ergänzenden Leistungsmerkmalen wie Fehlersicherheit Bedienungskomfort Universalität Funktionsumfang
Restriktionen durch Normen	Fremdgesetzte Normen	materielle Richtigkeit formelle Richtigkeit Vollständigkeit Rekonstruierbarkeit
	Eigengesetzte Normen	aufgabenbezogene Normen verfahrensbezogene Normen
Vorgaben durch die Unternehmung	Liquidität	Verfügbarer Betrag/Periode
	Kalkulation	Gesamtkosten je Periode Gesamtkosten je Erfassungseinheit
	Datenträger	personelle Lesbarkeit Transporteignung Wiederverwendbarkeit
	Zeit	zulässige Zeitspanne zwischen Datenentstehung und -verarbeitung
	Raum	Datenübertragung Datenträgertransport
	Sicherheit	Wahrung der Vertraulichkeit Kontrollintensität
	Elastizität	bezüglich Verfahrensänderungen quantitativer Änderungen
Möglichkeiten des Aufgabenverbundes im Vorfeld	Fixierungsverbund	Möglichkeiten zur Verbindung von Fixierungsprozessen durch Übereinstimmung in der Datenquelle in den Ordnungsbegriffen
	Erfassungsverbund	Verwendbarkeit des Datenträgers Aufgabenträgers

In der ersten Stufe wird, losgelöst von bestimmten Methoden und Sachmitteln, anhand von Einzelbedingungen das Datenerfassungsproblem beschrieben und damit die Grundlage für die spätere Entscheidung geschaffen.

Im Verlauf der zweiten Lösungsstufe werden mittels bestimmter Kriterien sowohl die optimale(n) Methode(n) als auch die entsprechenden geeigneten Aufgabenträger und intermediären Sachmittel (in Form der Datenträger) ermittelt. Der Vorgang der eigentlichen Problemlösung wird sich hauptsächlich in Anwendung der bei der Methodenkritik herausgearbeiteten Kriterien und des Kriteriums der Wirtschaftlichkeit vollziehen (74). Ergebnis dieses Lösungsprozesses können mehrere alternative Vorschläge sein, sofern nicht schon durch andere als die formalen Kriterien, wie persönliche Präferenzen oder Geschäftsbeziehungen, bestimmte Erfassungsverfahren ausgeschlossen werden. Die Entscheidung über die Wahl eines der vorgeschlagenen Verfahren muß dann nicht unbedingt vom Kriterium der Wirtschaftlichkeit abhängen; vielmehr können ebenso hier Gesichtspunkte nicht rechenbarer Art die Wahl bestimmen.

551. Der Abriß des Datenerfassungsproblems als Kurzfassung der Problemstellung

Jede Datenerfassungsaufgabe ist vor Untersuchungsbeginn als solche eindeutig zu bezeichnen und hinsichtlich des Aufgabenbereichs klar abzugrenzen. Damit ist der Beziehungszusammenhang der zu erfassenden Daten wie auch der betroffene Bereich der Verarbeitung festgelegt.

Die Darstellung des Aufgabenumfangs soll vorhandene Integrationspunkte im Rahmen der Gesamtorganisation erkennen lassen und eine Beurteilung der Bedeutung des Erfassungsproblems als Teilaufgabe ermöglichen (z. B. unter dem Aspekt der wiederholten Verarbeitungsmöglichkeit einmalig erfaßter Daten). Darüber hinaus soll die Andeutung der Integrationszusammenhänge im Vorfeld der Verarbeitung sowie mit der Verarbeitung selbst zur Beurteilung der organisatorischen Gesamtkonzeption beitragen.

---

74) Die Reihenfolge der weiter unten angeschnittenen Fragen kann nicht als allgemein gültig angesehen werden. Sie kann im Einzelfall unterschiedlich festzulegen sein.

552. Die Kennzeichnung des Problems nach Einzelbedingungen

5521. Der Umfang und die Stellung des Erfassungsproblems innerhalb des Gesamtablaufs

Der Umfang des Problems der Datenerfassung hängt entscheidend davon ab, ob es als Teil- oder als Gesamtproblem anzusehen ist. Hierzu ist die Frage zu klären, ob die Lösung für sämtliche sich stellenden Erfassungsaufgaben einer Unternehmung einheitlich festgelegt wird oder nur für einen bestimmten Ausschnitt der Gesamtaufgabe gültig sein soll. Dementsprechend muß die Wahl der Methoden und der Sachmittel getroffen werden. Zu beachten ist, daß der Umfang der Datenerfassungsprobleme meistens dann reduziert werden kann, wenn sich die Lösung an bestehende Verfahren anlehnt.

5522. Die zeitliche Begrenzung des Problems

Gerade bei Erfassungsaufgaben, die sich als Teilproblem stellen, kann der Zeitraum, für den eine Lösung gefunden werden soll, begrenzt sein. Oft gilt es nur, für einen bestimmten Zeitraum oder einen bestimmten Fall eine Lösung zu finden. Liegen diese Einschränkungen vor, so sind sie im Rahmen des Verfahrensvergleichs, unter Umständen bereits bei der Methodenbestimmung, mit zu berücksichtigen. So kann es bei diesen befristeten Erfassungsproblemen sinnvoll sein, den formalen Kriterien nicht entsprechende Verfahren zu wählen, wenn zu befürchten ist, daß bei der Wahl von kostengünstigeren Verfahren durch den größeren Aufwand bei der organisatorischen Vorbereitung der Problemlösung oder durch Friktionen in der

Anlaufphase höhere Kosten entstehen, als mit diesem Verfahren eingespart werden können.

5523. Die Struktur des Datengesamts

Die in die Ableitung des Erfassungsverfahrens eingehenden Faktoren setzen sich im wesentlichen aus den Bedingungen der Datenentstehung und der sich anschließenden Verarbeitung zusammen.

Die Problembedingungen der Datenentstehung sind durch die Struktur des anfallenden Datengesamts, d. h. dessen Anfall im Zeitablauf, durch Umfang und Zusammensetzung nach Datenarten gegeben. Das Datengesamt ist dahingehend zu analysieren und nach qualitativen wie quantitativen Merkmalen zu charakterisieren. Dieser Analyse kommt insofern besondere Bedeutung zu, als damit die Dimensionen des Erfassungsproblems sichtbar werden.

55231. Die Anfallweise der Daten

Das Datengesamt, bezogen auf eine bestimmte Einheit (z. B. Unternehmung, Betrieb, Abteilung), fällt am Anfang des Datenerfassungsweges qualitativ wie quantitativ in bestimmter Weise an. Die qualitative Beschreibung kann anhand der Kriterien des Raumes und der Zeit vorgenommen werden. Auf die Anfallweise in quantitativer Hinsicht wird danach gesondert eingegangen.

Beim Kriterium des räumlichen Anfalls der Daten wird die Beziehung zwischen dem Ort der Datenentstehung und dem Standort der Datenverarbeitungsanlage betrachtet. Die räumliche Beziehung darf dabei nicht zu eng ausgelegt werden. Fallen Daten an einem oder mehreren Orten an, die mit dem Ort der Verarbeitung räumlich zusammenhängen, so wird im allgemeinen von zentralem Datenanfall gesprochen. Unabhängig davon bleibt die Frage der Lokalisierung der Erfassung, die sich darauf bezieht, ob am Ort des Datenursprungs selbst (dezentral) oder an einem Ort, der gemeinhin nahe zur Verarbeitung liegt (zentral), zu erfassen ist. Bedeutung erlangt diese Frage bei dezentralem Datenanfall, bei dem vom Datenursprung bis zur Verarbeitung räumliche Distanzen zu überbrücken sind. Hier entsteht die Alternative, dezentral zu erfassen (möglichst im Wege der Integrierung mit der Fixierung) oder zentral, wobei dann die Erfassung in aller Regel institutionalisiert erfolgen wird. Aus der Beantwortung dieser Frage ergeben sich verschiedene Konsequenzen für die weiteren Gestaltungsmöglichkeiten bei den Verfahren. Andererseits kann hier die Regelung bereits durch andere Bedingungen, die noch zu behandeln sind, in der Form der dezentralen Erfassung gefordert sein. In diesem Fall ergibt sich als Folgefrage, ob die Übermittlung der Daten wie bisher körperlich durch den Transport der Datenträger oder unkörperlich durch energetische Übertragung über Fernleitungen erfolgen soll.

Die Analyse des Datengesamts in zeitlicher Sicht hat zum Ziel, die Verteilung des Datenanfalls über bestimmte Zeiträume (etwa Tag, Monat) festzustellen. Hierbei ist zu unterscheiden einmal die Häufigkeit realer Vorfälle, die zu einem (zu fixierenden) Datenanfall führen (Datenereignisse) und zum anderen deren zeitliche Terminierung.

Die Datenereignisse können auftreten

- einmalig
- stetig
    - periodisch, d. h. in festliegenden Abständen (z. B. monatlich)
    - aperiodisch, d. h. fallweise.

Bei stetig (periodisch oder aperiodisch) auftretendem Datenanfall kann für den betrachteten Zeitraum die Anzahl der Datenereignisse angegeben werden.

Die Art der zeitlichen Verteilung des Datengesamts hat Bedeutung für die Dimensionierung des Verfahrens, etwa derart, daß auch Spitzen im Datenanfall termingerecht bewältigt werden können.

55232. Der Umfang des Datengesamts

Das inbezug auf eine wirtschaftende Einheit anfallende Datengesamt ist schließlich noch in quantitativer Hinsicht zu untersuchen. Der quantitative Umfang (Volumen) des Datengesamts ist zeitlich zu relativieren, also auf eine bestimmte Periode zu beziehen.

Der Datenumfang einer Periode ergibt sich zunächst als die Summe der während der Datenereignisse anfallenden Datenmengen (Anzahl der Zeichen). Wird je Ereignis eine gleich große Datenmenge unterstellt, so ergeben sich als Komponenten des Datenumfangs einmal die je Ereignis anfallende Datenmenge und zum anderen die Anzahl der Datenereignisse in der betrachteten Periode. Darüber hinaus kann es in besonderen Fällen sinnvoll sein, die Datenmenge je Ereignis aufzulösen in die Dauer des Datenanfalls (Flußdauer) und in die anfallende Datenmenge je Zeiteinheit als Fließgeschwindigkeit je Ereignis. Die Fließgeschwindigkeit läßt sich jedoch nur bei kontinuierlich gleichmäßigem Datenanfall exakt angeben. In allen anderen Fällen müßten Durchschnittswerte eingesetzt werden. Für die Ermittlung der Datenmenge einer Periode können somit folgende rechnerische Ansätze in Frage kommen:

$$D_g = \sum_{i=1}^{n} D_i = \bar{D} \cdot n = \sum_{i=1}^{n} V_i \cdot T_i,$$

wobei D_g das Datengesamt,

D_i die Datenmenge je Ereignis

$\bar{D}$ die je Ereignis gleichbleibende oder durchschnittliche Datenmenge,

V_i die Fließgeschwindigkeit je Ereignis,

T_i die Flußdauer je Ereignis und

n die Anzahl der Ereignisse in der Periode

bedeuten.

Eine Möglichkeit der weitergehenden Differenzierung besteht darin, die Datenmengen getrennt nach Datenarten zu ermitteln.

55233. Die Zusammensetzung des Datengesamts

Ist das im Verlauf eines bestimmten Zeitabschnitts anfallende Datengesamt nach Arten, Zeiten und Mengen analysiert, so kann seine Zusammensetzung nach Datenarten in absoluten Mengen oder Prozenten angegeben werden. In der Vielfalt und im jeweiligen Umfang der anfallenden Datenarten drückt sich dann der Homogenitäts- bzw. Heterogenitätsgrad des Datengesamts aus.

Hohe Heterogenität führt zu laufend wechselnden Bedingungen im Verlauf des Erfassungsweges und erfordert eine hohe Flexibilität des Verfahrens. Neben dem mengenmäßigen Umfang muß also auch die Zusammensetzung des Datengesamts nach Datenarten zu den verschiedenen möglichen Verfahren in Beziehung gesetzt werden.

5524. Die verarbeitungsbedingten Anforderungen

Der Einsatz von DV-Anlagen bedingt, daß an die zu verarbeitenden Daten hinsichtlich Form und Art der Bereitstellung eindeutig festliegende Anforderungen zu stellen sind. Im günstigsten Fall steht es dem Organisator frei, ein Eingabemedium heranzuziehen, für das ein mit der installierten Anlage kompatibles Eingabegerät angeboten wird. Muß dagegen die bereits vorhandene Eingabeperipherie als einschränkende Bedingung für das Eingabemedium beachtet werden, so müssen für die Darstellung der Daten sowohl Code als auch Eingabemedium (Datenträger oder energetischer Träger) den gegebenen Möglichkeiten entsprechend gewählt werden. Noch weitergehende Formalbedingungen können durch die maschinelle Verarbeitung im Wege der Aufgabenverlagerung gesetzt sein. So können der Erfassung Bedingungen betreffend den Satzaufbau (Formatspezifikationen) vorgegeben sein.

Weiterhin ist bei der Gestaltung der Arbeitsprozesse im Vorfeld den von der nachfolgenden Verarbeitung in bezug auf Zeit und Ort der Datenbereitstellung gesetzten Bedingungen zu entsprechen. Gerade die terminlichen Anforderungen müssen bei der Verfahrensbestimmung mit berücksichtigt werden, da bei bestimmten Daten der Informationswert im Zeitablauf sehr stark abnimmt. Hieraus leiten sich wesentliche vom Verfahren, vor allem von den Sachmitteln, zu erfüllende Leistungsansprüche (etwa bezüglich Eintast-, Übertragungs-, Codiergeschwindigkeit) her. In zeitlicher Hinsicht kann gefordert sein, daß die Daten unmittelbar mit ihrer Entstehung in verarbeitbarer Form verfügbar sind. Je weiter in der Anwendung der automatisierten Datenverarbeitung die Integration von Arbeitsgebieten vorangetrieben wird, desto mehr muß im sachlichen Zusammenhang der Forderung Rechnung getragen werden, die Daten inhaltlich vorgeprüft bereitzustellen. Allerdings ist zu beachten, daß dies eine Aufgabenverlagerung aus der Verarbeitung in das Vorfeld bedeutet.

5525. Die normenabhängigen Anforderungen

Die für ein Erfassungsproblem gültigen betriebsinternen und -externen Festlegungen, die die Vollständigkeit der Daten und ihre formelle wie materielle Richtigkeit betreffen, können den Kreis der technisch möglichen Alternativen einengen, wenn die geforderte Sicherheit über die vom Hersteller zugesicherte betriebstechnische Sicherheit hinausgeht.

553. Die Ableitung des Erfassungsverfahrens

5531. Die Bestimmung des Eingabemediums

Das Problem des Einsatzes von Datenträgern - und damit der Anwendung einer nicht alle unterscheidbaren Teilvorgänge im Vorfeld der automatisierten Verarbeitung integrierenden Methode - ist vielschichtig und kann im konkreten Anwendungsfall nur nach Würdigung der Gesamtheit der einzelnen Aufgabenbedingungen sinnvoll gelöst werden. Selbst wenn diese Frage aufgrund vorgegebener Normen - zum Beispiel Erfüllung einer aus dem Sicherheitsdenken resultierenden Forderung nach Belegfunktion - dem Grundsatz nach bereits vorentschieden ist, bleibt noch die schwierige Entscheidung über Wahl und praktische Ausgestaltung des Datenträgers.

Es wird zu klären sein, ob nach Maßgabe der fremd- und selbstgesetzten Vorschriften über den Zweck der Belegfunktion der in die Fixierung eingehende Tatbestand als solcher oder erst nach einer personell oder maschinell durchgeführten Verarbeitung zu belegen ist. Entsprechend dem Grundsatz des kürzesten Erfassungsweges sollte der aus der Fixierung hervorgehende Datenträger möglichst maschinell lesbar sein, nicht aber in jedem Fall auch personell lesbar. Wenn jedoch der Erfassungsweg einem bereits gegebenen Bearbeitungsweg im personellen Bereich zu überlagern ist, dann wird der Datenträger, unabhängig von der extern geforderten Belegfähigkeit, visuell lesbar, zumindest aber personell bearbeitbar, d. h. singulärer Art und damit einzelnen Vorfällen zuordnungsfähig sein müssen. Diese Forderung kann selbstverständlich auch durch simultane Erstellung eines entsprechenden zusätzlichen Datenträgers erfüllt werden. Schließlich ist bei der Wahl und Gestaltung des Datenträgers die aufgrund des zu erfassenden Datenumfangs je Vorfall erforderliche Datenkapazität zu berücksichtigen.

Insgesamt ist hier festzustellen: Solange ein Datenträger im Vorfeld der Verarbeitung nicht aufgrund extern oder intern gesetzter Normen gefordert ist, bleibt die Frage des Eingabemediums bis zur Entscheidung über die zu realisierende Erfassungsmethode offen.

5532. Die Bestimmung der Erfassungsmethode(n)

Besteht kein sachbedingter Zwang zur Verwendung eines Datenträgers, ergibt sich als mögliche Lösung zunächst die Methode der integrierten Fixierung, Erfassung und Eingabe (Direkteingabe, Schemaweg D).

Liegen weiterhin keine terminlichen Einschränkungen vor, die nur im Wege der direkten Eingabe einzuhalten sind, so kann aus Gründen der Kostenverminderung ein Datenträger als Eingabemedium eingeführt werden. Hierzu bietet sich dann zunächst der gesamte Kreis der nichteingabeintegrierenden Erfassungsmethoden an. Doch ist, soweit nicht besondere Interessen entgegenstehen, ein möglichst direkter Erfassungsweg einzuschlagen, d. h. ein Weg, der höchstens über die Stufen A-C-D führt, wobei dann noch zu prüfen ist, ob nicht die Stufen A und C, also Fixierung und Erfassung, integriert werden können. Auf jeden Fall sollten Zwischenstufen in Form von Transformationen aus Gründen der Datensicherheit (75) vermieden werden. Wird dennoch, etwa aus Kostengründen (geringere Gerätemieten), eine Transformation vorgesehen, so ist unbedingt anzustreben, daß diese automatisiert bewältigt werden kann, z. B. bei Transformation von B nach C oder innerhalb der Ebene C (Erfassungsweg B-C-D) und C-C-D). In jedem Falle ist eine geringe Transformationsintensität anzustreben, um mögliche Fehlerquellen auszuschalten.

Kann ein Datenträger aus dem Vorgang der Fixierung ("Urbeleg") nicht entbehrt werden, so kommen als Methoden die "isolierte Fixierung mit Integration von Erfassung und Eingabe" und die "integrierte Fixierung und Erfassung" mit nachfolgender Eingabe in Betracht (Schemaweg A-D bzw. C-D).

Durch fortschreitendes Berücksichtigen restriktiver Vorgaben kann die technische Ziellösung (Direkteingabe) von der Methodenseite her nach und nach auf die im konkreten Anwendungsfall optimale Lösung reduziert werden.

Eine ähnliche Aussage kann für die Bestimmung der Aufgabenträger für die Erfassung der Daten getroffen werden, die von außerhalb auf die Unternehmung zukommen. Vorläufig wird sich die Bestimmung der Aufgabenträger nach der Methode der "isolierten Fixierung mit

---

75) Zwar gilt, daß die Maschine im allgemeinen keine Fehler verursacht, wenn die Vorgaben richtig sind; aber einerseits sind Maschinen störanfällig und andererseits wird die Verbindung zwischen den Maschinen noch weitgehend durch den Menschen hergestellt.

Integration von Erfassung und Eingabe" richten. Je mehr es jedoch gelingt, durch Kooperation oder Einflußnahme zu erreichen, daß mit der Fixierung gleichzeitig die Erfassung durchgeführt wird, desto mehr richtet sich die Bestimmung nach der Methode der "integrierten Fixierung und Erfassung" mit nachfolgender Eingabe.

Bei der sinkenden Tendenz der Kosten für Kauf oder Miete für Geräte und Übertragungsleitungen werden aber auch hier beide Methoden durch die "Integration von Fixierung, Erfassung und Eingabe" abzulösen sein.

5533. Die Bestimmung der einzusetzenden Aufgabenträger

Nach erfolgter Festlegung der im konkreten Fall möglichen Erfassungsmethoden sind die im einzelnen dazu benötigten, gegebenenfalls alternativen Aufgabenträger, insbesondere die Sachmittel, zu bestimmen. Dabei sind die vorab ermittelten Problembedingungen so zu beachten, daß organisatorische und wirtschaftliche Gesichtspunkte nicht verletzt werden.

Abhängig vom Integrationsgrad der in Frage kommenden Methode(n) wird eine unterschiedliche Anzahl von Teilvorgängen zur realtechnischen Bewältigung anstehen. Die einzelnen Teilvorgänge je Methode lassen sich anhand des Erfassungsschemas (Abb. 3, siehe Seite 54) ermitteln. In einem Katalog (Tab. 3) sind zu den typisierten Teilvorgängen die möglichen Realvorgänge (Tätigkeiten) aufgeführt. Die in diesen Realvorgängen einzusetzenden Sachmitteltypen können in einer dem derzeitigen Angebot entsprechenden Auswahl ebenfalls dieser Tabelle entnommen werden wie die dazugehörigen Datenträger.

Bei der Dimensionierung des Verfahrens, d. h. der Auswahl konkreter Sachmittel anhand von Leistungsmerkmalen, ist zu beachten, daß durch entsprechende Gestaltung der Arbeitsabläufe vor und während der Verarbeitung die Leistungsanforderungen an die Geräte reduziert oder die erreichbaren Gesamtleistungen erhöht werden können. Es ist hierbei vor allem daran gedacht, den Umfang der zu erfassenden Daten einzuschränken. Dies wird erreicht, indem sowohl ein Teil der für die Verarbeitung benötigten Daten, die Leitdaten, als auch lediglich in der Ausgabe benötigte Daten (z. B. die Kundenanschrift) vorerfaßt werden. Möglichkeiten hierzu bestehen in der Bildung von bei der effektiven Erfassung duplizierbaren Konstanten (über Matrizkarten, festeinstellbare mechanische oder elektronische Konstantengeber usw.) als auch im Aufbau von Stammdateien, aus denen relativ konstant bleibende Daten vor oder während der Verarbeitung über Schlüsselbegriffe abgerufen werden können. In all den Fällen, in denen die Verrichtung sowieso die Benutzung von Rechen- oder Schreibmaschinen erfordert, kann die Erfassung simultan über angeschlossene Codiergeräte erfolgen und somit ein eigener Arbeitstakt vermieden werden.

In diesem Zusammenhang ist auch die Möglichkeit der Positionierung von Einzeldaten zu erwähnen. Die Identifizierung von bestimmten Angaben kann dadurch wesentlich vereinfacht werden. Es ist durch die Lochkartentechnik selbstverständlich geworden, durch Reservierung einzelner Stellen für bestimmte Begriffe "Felder" zu bilden. Dieses Prinzip der Positionierung, das bei Identifikationsdaten allgemein angewendet wird, kann auch bei Bestellformularen, u. a. auf die Artikelangaben, angewendet werden. Durch Vordruck einer Artikelkurzbezeichnung entfällt die Angabe des Klartextes und der Artikelnummer, die durch die Position des Feldes auf dem Beleg bestimmt ist. Im Falle maschinell zu lesender Belege wird auf diese Weise der Umfang der zu erfassenden Daten vermindert und das Ergebnis des Verfahrens insgesamt wesentlich verbessert.

Die Bestimmung der im Einzelfall geeigneten Sachmittel ist nach Möglichkeit durch Leistungs-, Kosten- und Wirtschaftlichkeitsberechnungen zu unterstützen. Die dabei zu berücksichtigenden Kriterien sind bei der Behandlung des Einflusses wirtschaftlicher Überlegungen auf die realtechnische Gestaltung bereits dargestellt worden.

Tab. 3: Katalog der typisierten Teilvorgänge (Tätigkeiten) im Vorfeld der Automatisierten Datenverarbeitung

Teil-vorgang	Funktionstyp	Tätigkeit	Art der Realtechnik	Typische Sachmittel	Typische Datenträger (Tätigkeitsobjekt)
a_1	Fixierung	Schreiben	manuell	Bleistift etc.	Beleg
			mechanisiert	Seriell- und Paralleldrucker	Beleg, Journal- und Additionsstreifen
b_1	Erfassung	Schreiben Markieren	manuell	Bleistift etc.	Klarschriftbeleg
			mechanisiert	Codiergeräte wie Schreib- und Additionsmaschine mit maschinenlesbarem Typensatz	Klarschriftbeleg
b_2	Fixierung und Erfassung	Schreiben Markieren	manuell	Bleistift	Klarschriftbeleg
			mechanisiert	Codiergeräte	Markierungsbeleg Zeichenlochkarte
			automatisiert	Drucker	
c_1	Erfassung	Lochen, MB-Beschriftung	mechanisiert	Locher, Prüfer, Stanzer	Lochkarte, -streifen, Lochstreifenkarte
				MB-Erfassungsstation, Erfassungssysteme, Kombination Magnetplatte, -band	Magnetband, -kassetten
		Schreiben		Schreib- oder Additionsmaschine mit maschinenlesbarem Typensatz	Klarschriftbeleg, -streifen

Teil-vorgang	Funktionstyp	Tätigkeit	Art der Realtechnik	Typische Sachmittel	Typische Datenträger (Tätigkeitsobjekt)
c_2	Transformation	Zeichenlochung	automatisiert	Doppler mit Zeichen-locheinrichtung	Zeichenlochkarte (evtl. vorerfaßt)
		MB-Pooling		Magnetbandumsetzer	MB, -kassetten
c_3	Fixierung und Erfassung	Lochen	manuell	Handlocher, Loch-streifenstanzer	LK, LS, LSK
			mechanisiert	Motorlocher	LK, LS, LSK
			automatisiert	Synchronlocher	
		MB-Beschriften	mechanisiert	MB-Station mit Tastatur	MB, MB-Kassette
			automatisiert	MB-Station im Ver-bundanschluß	MB, MB-Kassette
		Schreiben	manuell	Bleistift etc.	Klarschriftbeleg
			mechanisiert	Schreibmaschine, Imprintergerät	Klarschriftbeleg, -streifen
			automatisiert	Drucker	Klarschriftbeleg, -streifen
		Markieren	manuell	Bleistift	Markierungsbeleg
			automatisiert	Drucker	Markierungsbeleg
d_1	Erfassung und Eingabe	Eingeben (Eintasten)	mechanisiert	Datenstation mit Tastatur (Drucker, Bildschirm)	
d_2	Eingabe	Einlesen	automatisiert	Leser für LK, LS, MB Klarschriftbelege, Plastikkarten, Magnet-konten, Magnetetiketten, Journalstreifen	
d_3	Fixierung und Erfassung und Eingabe	Eingeben (Eintasten)	mechanisiert	Datenstation mit Tastatur und/oder Lichtgriffel (Bild-schirm, Drucker)	
		Abfühlen Abtasten	automatisiert	Zähler, Meßwert-geber	

6. Datenerfassung und Integration

61. Die Kennzeichen und Ziele der Integration

An verschiedenen Stellen, besonders in dem Beispiel "Datenerfassung im Zahlungsverkehr der Kreditinstitute", wurde betont, daß die Probleme der Datenerfassung in vielen Bereichen von der einzelnen informationsverarbeitenden Einheit nur unvollkommen gelöst werden können, daß vielmehr erst die einmalige Erfassung, verbunden mit dem Austausch von einheitlich formatisierten Daten zwischen den Wirtschaftseinheiten, dem Streben nach optimaler Gestaltung der Datenerfassung gerecht wird. Die durch eine solche Integration aufgeworfenen Probleme sollen hier näher erörtert werden.

Der Begriff Integration, vom Wortstamm des lateinischen "integrare = wiederherstellen, erneuern, wiederanfangen" abgeleitet, wird in vielen Lebensbereichen verwandt. So wird von integrierten Volkswirtschaften, Waffensystemen, Marktordnungen usw. gesprochen. In jüngerer Zeit wird festgestellt, daß die Integration das besonders auffallende Kriterium der automatisierten Datenverarbeitung ist. Die verschiedenen Anwendungen dieses Begriffs haben gemein, daß damit einmal der Prozeß im Sinne von Integrieren und zum anderen der Zustand, als Zielvorstellung oder nach vollzogenem Prozeß, im Sinne von Integriertsein bezeichnet wird. Inhalt eines jeden Integrationsprozesses ist die Vereinheitlichung oder Angleichung von Einzelsystemen unter Herstellung von Wechselbeziehungen zwecks Strukturierung eines übergeordneten Gesamtsystems (76).

Soll nun die Datenverarbeitung verschiedener im Informationsaustausch stehender Organisations- oder Wirtschaftseinheiten zu einem Gesamtsystem strukturiert werden, so resultiert daraus für die Datenerfassung die konkrete Forderung: einmalige Erfassung von Daten zur Nutzung für alle Verarbeitungsaufgaben, für die diese Daten benötigt werden.

Es ist naheliegend, daß diese Betrachtungsweise bisher vornehmlich auf den internen Gestaltungsbereich der unternehmungseigenen Datenverarbeitungsstelle und deren Aufgaben gerichtet war, obgleich hier ein voll befriedigender Zustand auf lange Sicht noch nicht erreicht ist.

---

76) Vgl. hierzu auch Lehmann, Helmut: Integration. In: Handwörterbuch der Organisation, hrsg. von Erwin Grochla, Stuttgart 1969, Spalte 769.

Folgerichtig muß diese Betrachtungsweise auch auf den Bereich außerhalb der Unternehmung, d. h. auf den Informationsaustausch mit anderen Unternehmungen und öffentlichen Institutionen, angewandt werden. In beiden Fällen richtet sich das Augenmerk auf den Fluß der Daten: Daten entstehen als Ergebnis eines Arbeitsprozesses in der einen Unternehmung (oder Abteilung) und gehen im Wege des Informationsaustausches als "originäre" Daten in den Verarbeitungsprozeß einer anderen Unternehmung (oder Abteilung) ein. Wird bedacht, daß diese Daten nach abgeschlossener Verarbeitung bereits in einer verschlüsselten Form vorlagen oder vorliegen könnten, die eine Eingabe ohne vorherige Transformation in einen zweiten Verarbeitungsprozeß bei einer anderen Unternehmung gestattet, so ergibt sich als Möglichkeit und zugleich als Problem die Darstellung und Bereitstellung der Daten für alle Verarbeitungsprozesse bis hin zur Direktkommunikation zwischen Datenverarbeitungsanlagen als Zielvorstellung. Dies heißt aber mit anderen Worten, daß die Informationsbeziehungen zwischen den verschiedenen Organisationseinheiten Gegenstand integrierender Gestaltung sind.

Ein Informations-(Daten-) Austausch findet statt im internen Bereich einer Organisationseinheit zwischen den einzelnen Abteilungen oder im externen Bereich zwischen Lieferanten und Abnehmern, Kreditinstituten sowie öffentlichen Institutionen oder sonstigen privaten Organisationen. Die Unterscheidung von internem und externem Datenaustausch und damit interner und externer Integration orientiert sich sowohl an den rechtlich-organisatorischen als auch an den räumlichen Grenzen.

Die Zwecksetzung selbst ist zwar in beiden Fällen die gleiche, doch können aufgrund der unterschiedlichen Durchsetzbarkeit die Problemstellung und damit auch die Lösungswege differieren.

62. Die organisatorisch-technischen Bedingungen

Wird im dargestellten Rahmen der betrieblichen Datenverarbeitung eine Integration der Informationsflüsse angestrebt, so sind zunächst Einflußfaktoren sachlicher, technisch-organisatorischer Art zu berücksichtigen. Soweit diese Faktoren den unternehmungseigenen Bereich betreffen, ist die Unternehmung meist in der Lage, sie bis zu einem gewissen Grade zu beeinflussen, d. h. sie kann die realtechnischen Verhältnisse strukturieren, die eine informationelle Integration ermöglichen sollen.

621. Die Datenstruktur

Als Einflußfaktor von grundlegender Bedeutung für Integrationsbemühungen im zwischen- oder innerbetrieblichen Bereich erweist sich die Struktur der bei den miteinander kommunizierenden Stellen entstehenden Daten. Gegenstand einer integrationsorientierten Strukturanalyse werden vor allem solche Daten sein müssen, die einmal wiederholt Objekt separater Verarbeitungsprozesse sind und zum anderen bei den einzelnen im Informationsaustausch stehenden Partnern verschiedene Organisationsbereiche berühren. Eine Integration der Informationsflüsse wird daher sowohl auf die Verarbeitung selbst als auch von dort auf die davorliegende Erfassung zurückwirken. Das bedeutet, daß die Daten jeder anschließenden Verarbeitung unmittelbar zugänglich sein müssen. Die sich daraus ergebenden Fragen der Datenorganisation sind von erheblicher Bedeutung; sie werden deshalb später gesondert behandelt.

Schwierigkeiten, die sich einer informationellen Integration entgegenstellen, können daraus entstehen, daß die potentiellen Partner aus der Tatsache der Zugehörigkeit zu verschiedenen Organisationsbereichen heraus den Daten unterschiedliche Bedeutung zumessen. Die daraus resultierende abweichende Kooperationsbereitschaft bei der Integration ist somit durchaus sachlich begründet und kann als objektiver Faktor durch entsprechende strukturelle Analysen genau abgegrenzt werden. Organisatorische Kompromisse, die hier meist unvermeidlich sind, sollten allein auf sachlichen und wirtschaftlichen Überlegungen basieren.

Neben der Art der Daten bestimmen Zeitpunkt und Umfang des Datenanfalls die Integrationsmöglichkeiten. Der Umfang der zu bestimmten Zeitpunkten auszutauschenden Datenmengen wird die Art der Übertragung, d.h., ob materiell mittels eines Datenträgers oder energetisch ohne Datenträger, und damit auch die Methode der Erfassung in bestimmten Grenzen vorbestimmen. Auch wird sich die Dimensionierung der bei der Übertragung und Erfassung einzusetzenden Sachmittel nach dem Datenumfang zu richten haben. Überlegungen werden deshalb dahingehend anzustellen sein, wie das auszutauschende Datenvolumen - unter Wahrung seines Informationsgehaltes - möglichst klein gehalten werden kann. Dies ist zunächst durch sinnvolle Definition von einheitlichen Schlüsseln für bestimmte Sachverhalte (einzelne Merkmalsbegriffe, Texte) möglich. Der Weg zur informationellen Integration führt demnach auch in diesem Zusammenhang über eine Vereinheitlichung in der Datenorganisation.

Eine andere Möglichkeit zur Beschränkung des zu übertragenden Datenvolumens bietet sich in der strikten Anwendung des Prinzips der

Einmalerfassung. Dadurch wird vermieden, daß Daten, die für mehrere Aufgabenstellungen benötigt werden, jedes Mal erneut erfaßt oder übertragen werden müssen, sei es als Bewegungsdaten für verschiedene Arbeitsgebiete oder als Stammdaten für mehrere Programmläufe im gleichen Verarbeitungskomplex. In diesem Zusammenhang wird das Problem des Aufbaus von Datenbanken akut. Datenbanken zeichnen sich durch besondere Organisation der Speicherung und des Zugriffs aus und haben den Zweck, die einmalige Erfassung wiederholt benötigter Daten sowie eine sinnvolle Verknüpfung der einzelnen Datenelemente zu ermöglichen. Wirtschaftlich vertretbar ist der Aufbau von Datenbanken in vielen Fällen nur, wenn Sachmittel verfügbar sind, die bei günstigen Zugriffszeiten geringere Speicherkosten verursachen als bisher. Auf organisatorisch anderem Gebiet liegt dagegen die Frage, ob sich eine Verminderung des Datenumfangs durch Auswählen und Verdichten von Einzeldaten (Datenselektion und -reduktion) erreichen läßt.

622. Die Datenformatisierung

Voraussetzung jeglicher informationellen Integration ist eine bei allen Kommunikationspartnern angepaßte Organisation im Datenbereich. Die hierauf abzielende Formatisierung muß sich gleichermaßen auf die Darstellung der Daten und deren satzweise Zusammenstellung erstrecken. In diesem Zusammenhang ist auch sicherzustellen, daß Daten im Verlauf der Kommunikation weder verlorengehen noch verfälscht werden können.

6221. Die Datendarstellung

Die Vereinheitlichung der Datendarstellung ist von grundlegender Bedeutung. Die Darstellung umfaßt sowohl die Frage der Datenträger als auch die der eigentlichen Darstellungsform (Code).

Datenträger, soweit sie der Gruppe der nur maschinell lesbaren angehören, sind in ihren formalen und materiellen Spezifikationen international bereits weitgehend einheitlich festgelegt worden. Dies trifft vor allem für Lochkarten in Standardausführung, Lochstreifen und Magnetbänder zu (77). Parallel dazu sind auch entsprechende Codes vereinbart worden (z. B. Lochkarten- und Lochstreifen-Codes, Maschinen-Codes) wie sie auch für Magnetbänder verwendet werden (78). Weitgehende Freiheit besteht bei den Datenträgern dieser Gruppe nur noch beim Aufbau der Datensätze.

---

77) Innerhalb der Bundesrepublik bemüht sich insbesondere der Fachnormenausschuß für Informationsverarbeitung (FNI) im Deutschen Normenausschuß (DNA) um eine Normung im Bereich Informationsaustausch und -verarbeitung. Bisherige Ergebnisse dieser Arbeit sind die Normen DIN 66018 (Entwurf) "Lochkarten für Informationsverarbeitung, Maße, Anforderungen, Prüfung"; DIN 66010 "Magnetbandtechnik für Informationsverarbeitung, Begriffe" (vor allem bezüglich der technischen Prüfung der Magnetbänder); DIN 66011 (Entwurf) "Magnetbänder für Informationsverarbeitung, Mechanische und elektromagnetische Eigenschaften, Bandmarken"; DIN 66016 Blatt 1 "Lochstreifen, Nennbreite 17" "; DIN 66016 Blatt 2 "Lochstreifen, Nennbreite 25" ". Alle diese Normen oder Normentwürfe lehnen sich an von der ISO ausgearbeitete Empfehlungen an.

78) DIN 66003 "Informationsverarbeitung, 7-Bit-Code" (entspricht USASCII-7 - United States of America Standard Code for Information Interchange -, der amerikanische Bundesnorm ist); DIN 66004 Blatt 1 "Informationsverarbeitung, Darstellung des 7-Bit-Code auf Datenträgern, Lochstreifen"; DIN 66004 Blatt 3 (Entwurf) "Informationsverarbeitung, Darstellung des 7-Bit-Code auf Datenträgern, Magnetband"; DIN 66005 (Entwurf) "Informationsverarbeitung. Platzsparende Darstellung von rein numerischen Daten auf Magnetband"; DIN 66006 "Informationsverarbeitung, Darstellung von ALGOL-Symbolen auf 5-Spur-Lochstreifen und 80spaltigen Lochkarten"; DIN 66013 "Informationsverarbeitung, Auf 7 Spuren mit 8 bits/mm beschriebenes Magnetband"; DIN 66014 Blatt 1 "Informationsverarbeitung. Auf 9 Spuren mit 8 bits/mm beschriebenes Magnetband"; DIN 66014 Blatt 2 "Informationsverarbeitung. Auf 9 Spuren mit Wechselschrift beschriebenes Magnetband, Bitdichte 32 bits/mm"; DIN 66023 "Numerische Steuerung von Arbeitsmaschinen, Code für 5-Spur-Lochstreifen" ; DIN 66024 (Entwurf) "Numerische Steuerung von Arbeitsmaschinen, Code für 8-Spur-Lochstreifen". Auch diese Normen oder Normentwürfe sind weitgehend mit ISO-Empfehlungen abgestimmt. Schließlich sei erwähnt, daß der 5-Spur-Fernschreib-Code auf internationaler Ebene durch das Comité Consultatif International Télégraphique et Téléphonique (CCITT) festgelegt worden ist.

Größere Gestaltungsfreiheit in formaler Hinsicht bieten hingegen die Klarschriftbelege aus der Gruppe der personell und maschinell lesbaren Datenträger. Innerhalb bestimmter, fabrikatbedingter Grenzen können diese in der Größe variiert und damit speziellen Informationsbedürfnissen angepaßt werden. Je nach der Leistungsfähigkeit der eingesetzten Beleglesemaschinen bestehen Wahlmöglichkeiten hinsichtlich Zeichen- und Schriftart und -typ (Markierungen, Handschrift, Maschinenschrifttypen). Für einen integrierenden inner- oder zwischenbetrieblichen Datenaustausch sind aber auch hier Vereinbarungen über Art der Zeichen, Größe sowie Anordnung der Daten bzw. Felder unumgänglich. Versuche hierzu sind vorhanden (79).

Als bescheidene Ansätze müssen die Bemühungen angesehen werden, die Vordruckgestaltung im nicht maschinellen Bereich, also Datenträger der nur personell lesbaren Art, zu vereinheitlichen. Als Beispiele hierfür können die Empfehlungen des Fachausschusses Informationsverarbeitung im Deutschen Normenausschuß über Gestaltung von Rechnungen (DIN 4991), Bestellungen (DIN 4992), Bestellungsannahmen (DIN 4993) und Lieferscheinen (DIN 4994) genannt werden, die indessen noch nicht auf die Bedürfnisse der maschinellen Datenverarbeitung zugeschnitten sind.

Andere Bestrebungen nach einheitlicher Vordruckgestaltung sind seitens einzelner Institutionen des öffentlichen oder privaten Bereichs mit besonderer Interessenlage zu beobachten. Allerdings werden in diesen Fällen die Interessen der Kommunikationspartner nicht immer gebührend berücksichtigt; mitunter laufen die Bestrebungen diesen sogar zuwider. Beispiele für überbetriebliche organisatorische Regelungen liefern die Vorschriften der Bundespost über die Größe von Briefumschlägen und den Aufbau der Anschriften sowie der Kreditinstitute über die zwangsweise Verwendung ausschließlich ihrer oder entsprechend gestalteter eigener Vordrucke.

6222. Die Datensätze

Tauschen die Kommunikationspartner Daten mit dem Ziel aus, sie maschinell zu verarbeiten, wobei auf Senderseite die Datenausgabe bzw. -erzeugung ebenfalls maschinell erfolgen kann, so ist es unumgänglich, zusätzlich Vereinbarungen über die einheitliche syntaktische Gestaltung der Informationseinheiten, die Gegenstand der Kommunikation sind und den an früherer Stelle definierten "Erfas-

79) Z. B. DIN 66008 "Schrift A für die maschinelle optische Zeichenerkennung" Blatt 1 - 4 (Blatt 4 zur Zeit noch Entwurf).

sungseinheiten" entsprechen, zu treffen. Diese Notwendigkeit gilt für jede Art von Datenträger. Inhalt dieses Teils der Formatisierung ist einmal die einheitliche Zusammenfassung von Zeichen zu Feldern und dieser Felder wiederum zu Segmenten und Sätzen. Zum anderen müssen Abmachungen über den Modus der Identifizierung der zu verarbeitenden Einzeldaten, d. h. die Festlegung der Benennungen und Ordnungsbegriffe, getroffen werden. Die in diesem Zusammenhang auftauchenden Nomenklaturfragen beziehen sich vor allem auf die Konzipierung einheitlicher Nummernsysteme (-schlüssel). Durch Bildung numerischer Schlüsselbegriffe sollen einzelne Objekte, die Gegenstand der Verarbeitung sind, identifiziert und/oder klassifiziert (gruppiert oder sortiert) werden können.

Nummernsysteme sollen Begriffe, die sich auf Objekte des betrieblichen oder administrativen Geschehens beziehen, eindeutig und rationell definieren. Grundsätzlich können Begriffe mit jeder Art von Symbolen verschlüsselt werden. Im betrieblichen Bereich jedoch wird im allgemeinen eine Ziffernverschlüsselung vorgezogen; gegebenenfalls kann diese durch Buchstabenkombinationen erweitert werden. Numerische Schlüsselsysteme werden meist deshalb gewählt, weil mit ihnen erhebliche Vorteile im Hinblick auf Sortier- und Verarbeitungsgeschwindigkeit, Bedarf an Speicherstellen, Umfang der Erfassungs- bzw. Eingabetastaturen und Prüfbarkeit verbunden sind.

Der Aufbau eines Nummernsystems hat unter der Maßgabe zu erfolgen, die Stellenzahl je Begriff möglichst klein zu halten. Den Ausschlag wird hier aber stets die konkrete Aufgabenstellung geben. Durch diese wird bestimmt, ob die einzelnen Schlüssel nur eine Identifikation (über eine laufende Nummer), nur eine Klassifikation (über eine Gruppennummer) oder beides ermöglichen sollen. Es kann aber auch gefordert sein, daß mit Schlüsselbegriffen Kontroll- oder Selektionsmöglichkeiten geschaffen werden. Durch verschiedene Methoden ist es möglich, diese unterschiedlichen Zwecke miteinander zu verknüpfen. Numerische Schlüsselsysteme tragen in besonderer Weise dazu bei, daß anstatt heterogener Ordnungsbegriffe oder umfangreicher Texte nur homogene Schlüsselnummern zu erfassen und zu verarbeiten sind. Der Umfang des Datengesamts kann auf diese Weise nicht unerheblich reduziert werden, wodurch Datenerfassung und -verarbeitung quantitativ entlastet und die Fehlergefahr vermindert wird.

Die Verschiedenartigkeit möglicher Systematiken von Nummernschlüsseln kann durch eine Reihe von Beispielen verdeutlicht werden:

a) Material-Nummernsystem mit der systematischen Festlegung der Materialhauptgruppen und der unsystematisierten Bezeichnung der Materialuntergruppen;

b) Werkstattauftrags-Nummernsystem mit systematischer Gruppierung der ausführenden Werkstatt und des Kostenträgers sowie der teilsystematisierten Festlegung der Auftragsnummer und der unsystematisierten Fixierung der Arbeitsvorgänge;

c) Artikel-Nummernsystem mit der systematischen Bezeichnung von Werk und Sparte, der unsystematisierten Festlegung von Artikel-Kenn-Nummern, für die systematisierte Einzelangaben in einer Artikelmatrixdatei festgelegt sind.

Bei der Schaffung von überbetrieblichen Nummernsystemen muß berücksichtigt werden, daß mit der Vergrößerung des Benutzerkreises im allgemeinen eine Vergrößerung der Schlüsselsysteme und damit der Stellenzahl verbunden ist. Wegen der Nachteile, die damit für die einzelne Unternehmung verbunden sind, dürfen sich solche Vereinheitlichungsbestrebungen nur auf das wirklich Wesentliche erstrecken, indem beispielsweise bei einer für eine Branche vorgesehenen einheitlichen Artikelkennzeichnung nur die Artikelhauptgruppen einbezogen, dagegen die Untergruppen betriebsindividuell gekennzeichnet werden. Das Feld, auf dem eine Vereinheitlichung der Nummernsysteme betrieben werden kann, ist sehr weit. So sind zum Beispiel die Vereinheitlichungserfolge im Zahlungsverkehr der Banken zu erwähnen (Fixierung von Bankleitzahlen und Textschlüsseln), die Festlegung von Kontenrahmen und Kontenplänen für das Rechnungswesen, die Schaffung einer Versicherungsnummer für die gesetzliche Rentenversicherung, die Bestrebungen, Personalkennzahlen im Bundesgebiet einzuführen oder auf medizinischem Gebiet einen Diagnoseschlüssel zu entwickeln, der für Ärzte, Krankenhäuser und Krankenkassen eine Orientierungshilfe darstellen würde.

Nummernsysteme tragen wesentlich dazu bei, Einzeldaten (Ordnungskriterien und Verarbeitungsdaten) rationell zu Datensätzen zusammenzufügen. Da die Logik im Satzaufbau für die nachfolgende maschinelle Verarbeitung bindend ist, empfiehlt es sich, bei der syntaktischen Gestaltung der Datensätze bereits zukünftige Informationsbedürfnisse zu berücksichtigen. Nachträgliche Änderungen im Satzaufbau sind meist mit erheblichem Aufwand verbunden.

Im Datensatz sind je Satzart im einzelnen die Positionen und die Folge der Felder der Einzeldaten sowie deren jeweilige Länge in Stellen (Zeichen) festzulegen. Da die Datensätze gleichzeitig als Erfassungseinheiten zu betrachten sind, bestimmen deren Inhalt und Aufbau den Umfang und die Form und vielfach auch die Reihenfolge der zu erfassenden Daten.

Bei der Gestaltung der Datensätze ist weiterhin zu berücksichtigen, ob sie als einmal erfaßte Einheiten mehreren Verarbeitungsaufgaben zugeführt werden sollen. Dabei ist es belanglos, ob die Verarbeitung durch eigenständige oder integrierte Programme erfolgt. In jedem Fall ist die erforderliche Dateneinheit in Form eines einheitlich formatisierten Satzes bereitzustellen. Bei der Festlegung eines Satzes können Stellen dafür vorgesehen werden, daß je Programmdurchlauf Zwischen- oder Endergebnisse abgespeichert werden können, die anschließend benötigt werden. Folgeprogramme können damit auf die Ergebnisse der Vorprogramme zugreifen, ohne daß neu berechnet oder zusätzlich eingegeben werden muß.

Im technischen Bereich ist für eine einheitliche Kennzeichnung in der Regel eine Normung der technischen Größen als Voraussetzung zu nennen. In der Materialwirtschaft wird die Vereinheitlichung von Nummernsystemen um so leichter durchzuführen sein, je einheitlicher ein Produkt ist, und um so schwieriger, je mehr Varianten eine Rolle spielen. Schließlich sei auf die Möglichkeit von einheitlichen Nummernsystemen in der Dokumentation von Konstruktionsplänen, bei der Registrierung von Patenten und Warenzeichen sowie bei der Dokumentation allgemein verwendbarer Programme der Computerhersteller hingewiesen.

623. Die Bedeutung der Realtechnik für den Datenaustausch

Das Spektrum der Integrationsmöglichkeiten im Rahmen inner- und zwischenbetrieblicher Datenverarbeitung bestimmt sich weiterhin nach den realtechnischen Einrichtungen, wie sie bei den einzelnen in Frage kommenden Kommunikationspartnern schon vorhanden oder in Investitionsplänen vorgesehen sind. Die installierten oder geplanten Sachmittel legen durch Arbeitsweise und Leistungscharakteristik fest, inwieweit eine Vereinheitlichung in der Datenformatisierung wirtschaftlich durchführbar ist. Die Arbeitsweise ist mit dafür ausschlaggebend, ob die auf fremden Geräten erstellten Datenträger nach Größe, Code und sonstigen Formatspezifikationen verarbeitbar sind. Diese Eigenschaften werden allgemein unter dem Begriff 'Kompatibilität' zusammengefaßt.

Die in diesem Zusammenhang kritischen Geräte befinden sich an den Schnittstellen zwischen den Organisationsbereichen der potentiellen Partner. Die Realisierbarkeit des Datenaustausches wird durch diesen Teil der Realtechnik bedingt. Im einzelnen kann es sich bei diesen Sachmitteln handeln um Übertragseinrichtungen, Daten-Endeinrichtungen und um Eingabe- sowie Ausgabegeräte der Datenverarbeitungsanlagen.

Erhebliche Bedeutung kommt bei der integrativen Gestaltung der Informationsbeziehungen den dazu benötigten Kommunikationsmitteln selbst zu. Zwei Formen der Kommunikation können unterschieden werden: Der Datenträgertransport und die Datenübertragung. Die Eignung der diversen Datenträger zur Beförderung über größere Entfernungen ist dabei unterschiedlich. Als relativ problemlos kann der Versand von Klarschrift-Datenträgern gelten, der ohne spezielle Verpackung auf dem normalen Postweg erfolgen kann. Dagegen wirft die Beförderung der übrigen für die Datenerfassung in Betracht kommenden Datenträger, also Lochstreifen, Lochkarten und Magnetbänder, gewisse Probleme im Hinblick auf Behältnisse, Gewicht oder Raumbedarf auf. Am einfachsten gestaltet sich noch der Datentransport bei Lochstreifen, die durch ihr geringes Gewicht bei günstiger Speicherdichte kaum besondere Transportbehältnisse erfordern. Unbedingt notwendig sind Spezialbehältnisse jedoch für die Beförderung von Lochkarten, die auch gegen nur leichte mechanische Beschädigungen (Knicke, Kerben) zu schützen sind, und für Magnetbänder.

Für die zweite Form der Kommunikation, der Datenübertragung als datenträgerlose Datenübermittlung, steht heute bereits eine Reihe von öffentlichen Übertragungswegen zur Verfügung. Die verschiedenen von der Deutschen Bundespost eingerichteten Fernmeldewege für Datenübertragung unterscheiden sich hinsichtlich Übertragungsgeschwindigkeit, Fehlersicherheit und Mietkosten (80).

Bei der Planung und Einführung der datenträgerlosen Datenübermittlung ist zu beachten, daß im Bereich der Bundesrepublik Deutschland im Grundsatz allein der Deutschen Bundespost das Recht zusteht, Fernmeldeanlagen, einschließlich solcher für den Datenaustausch, zu errichten und zu betreiben (81). Errichtung und Betrieb eigener Fernübertragungsanlagen sind daher genehmigungspflichtig. Andererseits sind bei der Benutzung des öffentlichen Fernmeldenetzes und der übrigen posteigenen Leitungen die Vorschriften der Deutschen Bundespost einzuhalten. Ein Anschluß an Postleitungen jeglicher Art ist entweder über posteigene oder von der Post genehmigte Datenübertragungseinrichtungen, sogenannte Modems möglich. Die Zuständigkeit der Deutschen Bundespost endet an der Schnittstelle zwischen diesen Modems und der Daten-Endeinrichtung des Benutzers. Zu einem Datenübertragungssystem gehören folgende Komponenten:

- die Daten-Endeinrichtung,
  die beim Benutzer steht und zum eigentlichen Senden und Empfan-

80) Siehe hierzu die Merkblätter A bis E und Z und die zugehörigen technischen Vorschriften, hrsg. vom Fernmeldetechnischen Zentralamt, Darmstadt, Referat VIII B, Stand Februar 1966.

81) Vgl. § 1 des Fernmeldeanlagengesetzes.

gen bzw. der Ein- und Ausgabe der Daten dient. Ein- und Ausgabe können mittels Datenträger (Lochkarte, -streifen, Magnetband) oder datenträgerlos durch direkten Anschluß an Datenverarbeitungsanlagen erfolgen;

- die Datenübertragungseinrichtung (Modem) für Signalumsetzung, eventuell auch Fehlerschutz;

- der Übertragungsweg.
  Seitens der Bundespost stehen als Übertragungswege zur Verfügung: Telegraphenleitungen, Fernsprechleitungen und Leitungen mit höherer Bandbreite als Fernsprechbandbreite. Alle Fernmeldewege können über Wählnetze oder festgeschaltete Leitungen hergestellt werden.

Bei Einhaltung bestimmter Normvorschriften ist es möglich, Daten-Endgeräte unterschiedlichen Fabrikats an die Postmodems anzuschließen. Befinden sich Daten-End- und Datenübertragungseinrichtung am gleichen Ort, so wird auch von "Daten-Endstelle" gesprochen.

Die Schaffung neuer wirtschaftlicher und sicherer Kommunikationsmittel wird die zukünftigen Möglichkeiten für den Datenaustausch wesentlich beeinflussen. Zu denken ist hier einmal an den weiteren Ausbau eines nach Kosten und Übertragungsleistung günstigen Datenübertragungsnetzes durch die Deutsche Bundespost. Zum anderen werden durch die Hersteller Datenträger zu entwickeln sein, die sicher in der Speicherung und problemlos in der Beförderung sind sowie ausreichende Speicherkapazität besitzen. Diese Datenträger, denkbar sind zum Beispiel Magnetbandkassetten, müßten am Ort der Datenentstehung erstellt werden können und eingabefähig sein, damit sachlich unnötige Transformationen entfallen. Eingabegeräte müßten daher mit angeboten werden. Nicht zuletzt müßten für diese Datenträger internationale Normen eingeführt werden, um einen Datenaustausch zwischen Benutzern von Datenerfassungs- und Eingabegeräten unterschiedlichen Fabrikats zu ermöglichen. Die Entwicklung und Einführung von Datenträgern, die in der Speichertechnik oder im Code von bisherigen Lösungen abweichen und für die eine größere nationale oder internationale Verbreitung nicht zu erwarten ist, erscheint unter diesem Gesichtspunkt nicht als sinnvoll. Hemmend auf eine internationale Normung kann sich die Konkurrenzsituation zwischen den Herstellern auswirken. Sinnvoll wäre es, wenn sich geeignete objektive Gremien mit den Fragen der Normung in bezug auf externe Integration befassen würden. Je früher dies der Fall ist, desto weniger individuelle Lösungen sind in der Praxis realisiert, die eine Vereinheitlichung erschweren oder sogar scheitern lassen.

624. Die Bereitschaft zur Integration

Der Erfolg der Integrationsbemühungen hängt außer von den bisher erwähnten Faktoren noch von einer Reihe weiterer Einflüsse ab, die vor allem dadurch gekennzeichnet sind, daß der einzelne am Informationsaustausch interessierte Partner nicht oder nur sehr begrenzt auf sie einwirken kann. Sie haben ihre Ursachen in den Kommunikationspartnern selbst und sind somit subjektiver Art. Letztlich schlagen sich diese Einflußgrößen in der Bereitschaft zur Kooperation bei den Integrationsbestrebungen nieder. Praktisch gesehen erfordert die Kooperation Kompromißbereitschaft bei der unumgänglichen Regelung formatbestimmender Einzelheiten wie Datenträgerart und -größe, Darstellungsform der Daten sowie begriffliche Benennungen. Es ist offensichtlich, daß sich die Integrationsbereitschaft wesentlich nach der Interessenlage bestimmt, in der sich der einzelne potentielle Partner gerade befindet. Diese kann im konkreten Fall auf zwei verschiedene Ziele ausgerichtet sein: Entweder möglichst viel Nutzen aus den Integrationsvereinbarungen zu ziehen oder keine Nachteile, gleich welcher Art, daraus zu erleiden. Meist werden sich Vor- und Nachteile in der Integration gegenüberstehen, so daß es auf die individuelle Einschätzung des gesamten Sachverhalts ankommt, die naturgemäß von Unternehmung zu Unternehmung unterschiedlich ausfällt, Eine Beurteilung wird aber schon allein dadurch erschwert, daß die Auswirkungen häufig schwer nachzuweisen und noch schwerer zu quantifizieren sind. Als nachteilig gelten zusätzlicher laufender oder auch einmaliger Aufwand aufgrund organisatorischer Umstellungen. Im einzelnen können diese bedingt sein durch Anschaffung neuer Formularsätze, neuer oder umgerüsteter Erfassungsgeräte (z. B. Schreibmaschinen, Zeilendrucker). Stehen Vor- und Nachteile im Einzelfall in keinem günstigen Verhältnis zueinander, dann wird die Markt- oder anderweitig bedingte Machtstellung eines Partners den Ausschlag dafür geben, ob Integrationsbestrebungen im angestrebten Umfang oder überhaupt durchgesetzt werden können.

Nicht selten beruhen die den Informationsaustausch betreffenden Regelungen nicht auf Vereinbarungen zwischen den Parteien, sondern auf einseitiger Festsetzung eines Partners oder einer bestimmten Gruppe von Partnern. Es bleibt in solchen Fällen den potentiellen Geschäftspartnern überlassen, ob sie Informationen austauschen und sich den Vorschriften beugen, d. h. Geschäfte abschließen wollen oder nicht. Es kann aber auch der Fall eintreten, daß der Geschäfts- und damit Informationspartner gar keine andere Wahl hat, als mit dem einseitige Regelungen treffenden Unternehmen in Verbindung zu treten. In diesem Zusammenhang kann nicht übersehen werden, daß sich in der Praxis die Fälle häufen, in denen Unternehmungen ihre Machtstellung dazu benutzen, Teilaufgaben, die aus der besonderen eigenen Organisation resultieren, auf die Geschäftspartner abzuwälzen, ohne daß diesen auch nur geringer Nutzen daraus erwächst. Derartige Forderungen sind als Eingriff von außen in die Organisation des Partners zu verstehen und nicht als Maßnahmen externer Integration. Als Beispiele hierfür seien angeführt,die vielfach geforderte Angabe der von Abnehmern eingeführten Lieferantennummer auf Auftragsbestätigung und Rechnung, das Vorschreiben der Verwendung bestimmter Vordrucke (Rechnungsschreibung auf vom Besteller übersandten Rechnungsformularen) oder der Benutzung bestimmter Zahlungswege oder Zahlungsmittel. Die Überwälzung von Funktionen kann soweit gehen, daß verlangt wird, Belege in bestimmter Weise zu codieren (Ausgliederung der Erfassung).

Maßnahmen zur Durchsetzung externer Integration können auch von übergeordneten privaten Interessengruppen, zum Beispiel Unternehmungsverbänden, eingeleitet werden, wenn damit dem Gesamtinteresse gedient ist. Das allgemeine Wohl eines Wirtschaftsgebietes oder der gesamten Volkswirtschaft kann externe Integrationsmaßnahmen durch Eingreifen öffentlicher Körperschaften, der Gemeinden, der Länder oder des Bundes angebracht erscheinen lassen. Umgekehrt muß auch darauf hingewirkt werden, daß bereits bestehende integrationshemmende Verordnungen und Gesetze als solche erkannt und geändert werden.

63. Die Entwicklungstendenzen der Integration

Sachmittel werden zukünftig in immer stärkerem Maße zur Erledigung von Aufgaben der Informationsverarbeitung ('information handling') eingesetzt werden. Eine besondere Bedeutung wird dabei der automatisierten Datenverarbeitung mit allen Anwendungen des numerischen oder nichtnumerischen Bereichs zukommen. Anhaltspunkte für diese Entwicklung liefern einmal die zum Teil bereits chronische Personalknappheit sowie die tendenziell steigenden Personalkosten und zum zweiten der wachsende Umfang der zu bewältigenden Arbeiten mit dem häufig immer dringender werdenden Bedarf an zeitnahen entscheidungsrelevanten Daten. Ein Zunehmen des Arbeitsumfangs für die maschinelle Datenverarbeitung ist im Verwaltungsbereich zu beobachten, wobei die Aktualität der Verarbeitungsergebnisse besonders im kommerziellen Sektor der Verwaltung gefordert wird. Die darin begründeten Tendenzen werden dazu führen, daß auch kleinere Organisationseinheiten in der Wirtschaft und in der öffentlichen Verwaltung sich der Mittel bedienen müssen, die die automatisierte Datenverarbeitung bietet.

In der Anwendung der automatisierten Datenverarbeitung kann ein Zwang liegen, dem sich die einzelne Organisationseinheit auch angesichts hoher kostenmäßiger Belastung oft nicht entziehen kann. Der Ausweg aus diesem Dilemma kann in der Integration der Informationsflüsse gefunden werden, wenn dadurch zumindest die gesamtwirtschaftlich erwünschte Kostenkumulation aufgrund mehrmaligen Erbringens der gleichen Leistung (insbesondere Erfassung) vermieden wird. Das Ergebnis dieser Entwicklung wird sich nicht zuletzt in der zentralen Speicherung von Daten niederschlagen, die einer Vielzahl von räumlich verstreuten Stellen zugänglich sind.

Bedingt durch den von der automatisierten Datenverarbeitung ausgehenden Kostendruck wird die Integrierung von Komplexen der Datenverarbeitung auf zwischen- oder überbetrieblicher Ebene auf lange Sicht unumgänglich sein. Die dabei im Einzelfall zu lösenden technischen und organisatorischen Probleme betreffen vor allem die Verhütung von Fehlern bei der Erfassung und die Sicherung gegen ein Verändern der Daten während der Übertragung oder der Speicherung, sei es aufgrund unbefugten Eingriffs oder fehlerhaften Funktionierens der Sachmittel.

Ein weiteres Problem stellt sich in der Aufrechterhaltung einer ausreichenden Flexibilität der Verfahren. In der Praxis bewährt es sich immer wieder, wenn im Ablauf Ansatzpunkte vorgesehen werden, die manuelle Eingriffe erlauben. Unvorhergesehene Fehler und Ausnahmefälle lassen sich dann reibungsloser behandeln.

Die Bedeutung der genannten Probleme muß im Lichte einer charakteristischen, mit der Integration zwangsläufig verbundenen Wirkung gesehen werden. Die Integration ermöglicht es zwar, die wiederholte Erfüllung bestimmter Aufgaben zu vermeiden. Demgegenüber muß erwartet werden, daß im jeweiligen Integrationssystem begründete organisatorische Unzulänglichkeiten sowie durch die Erfassung verursachte Fehler sich durch die Beteiligung einer Vielzahl von Verarbeitern mehrfach auswirken. Die dadurch notwendig werdenden Maßnahmen führen aber wieder zu unerwünschter Arbeitsdoppelung. Es ist daher unumgänglich, daß für die Erfassung unter Berücksichtigung der mit der Integration verbundenen Folgen im Fehlerbereich solche Methoden und Sachmittel gewählt werden, die den Umfang an selbständig und personell auszuführenden Tätigkeiten und damit Fehlerquellen auf ein Mindestmaß herabsetzen.

Literaturverzeichnis

a) Selbständige Bücher und Schriften

Bense, Max: Semiotik. Allgemeine Theorie der Zeichen. Baden-Baden 1967.

datel-Dienste der Deutschen Bundespost Merkblatt Z: Datenübertragung über Fernmeldewege der Deutschen Bundespost - Probleme und Möglichkeiten. Stand Febr. 1966, hrsg. vom Fernmeldetechnischen Zentralamt Darmstadt - Referat VIII B.

Diebold European Research Program: Developments in Data Capture Devices 1965 - 1975, Document No. E 33 Technology Report, February 1967.

Fachbegriffe und Sinnbilder der Datenverarbeitung. München 1968.

IBM Corporation: Retail IMPACT - Inventory Management Program and Control Application Description. IBM Corporation 1965, NY 10601.

Jaeggi, Urs; Wiedemann, Herbert: Der Angestellte im automatisierten Büro. Schriftenreihe des Bundesministeriums für Arbeit und Sozialordnung, Heft 10. Stuttgart 1963.

Kern, Werner: Operations Research - Eine Einführung in die Optimierungskunde. 2. Auflage, Stuttgart 1966.

Klaus, Georg: Erkenntnistheorie und Kybernetik. 3. Auflage. Berlin 1969.

Korte, G.: Fertigungszentralen - Automatisierte Datenerfassung in Fertigungszentralen. Hamburg 1965.

Kosiol, Erich: Die Unternehmung als wirtschaftliches Aktionszentrum - Einführung in die Betriebswirtschaftslehre. rowohlts deutsche enzyklopädie Band 256/257. Reinbek b. Hamburg 1966.

Levin, Howard S.: Die Automation und das Büro. Die Auswirkungen der Technik unserer Zeit auf den Bürobetrieb. Frankfurt a. M. 1957.

Mrachacz, Hans-Peter; Bauer, Richard: Daten optimal erfassen. München 1970.

Pietzsch, Jürgen: Die Information in der industriellen Unternehmung. Köln und Opladen 1964.

Schwarz, H.-O.: Lochstreifen in Büro und Betrieb. München 1965.

Studienkreis Dr. Meller: Die Gliederung der Datenverarbeitungsstelle und ihre Einordnung in die Organisation der Unternehmung. Wiesbaden 1967.

b) Beiträge in Sammelwerken

Baldus, Theodor: Datenerfassung. In: Handwörterbuch der Organisation, hrsg. von Erwin Grochla. Stuttgart 1969, Spalte 361-366.

Eicken, W.: Der Lochstreifen als Datenträger. In: Handbuch der maschinellen Datenverarbeitung, Beitrag 8/2/1. Stuttgart 1964.

Grochla, Erwin: Möglichkeiten einer Steigerung der Wirtschaftlichkeit im Büro. In: Bürowirtschaftliche Forschung, hrsg. von Erich Kosiol. Berlin 1961, S. 41 - 73.

Kazmierczak, Helmut: Automatische Zeichenerkennung. In: Kybernetik, Brücke zwischen den Wissenschaften, hrsg. von Helmar Frank, 3. Auflage. Frankfurt a.M. 1964, S. 139 - 148.

Lehmann, Helmut: Integration. In: Handwörterbuch der Organisation, hrsg. von Erwin Grochla. Stuttgart 1969, Spalte 768 - 774.

McGuire, William H.: How Optical Character Recognition Can Eleminate the Input Bottleneck. In: Data Processing, Volume XII, Boston, Mass. 1967, S. 241 - 246.

Meller, Friedrich; Reinhardt, Ludwig: Elektronische Datenverarbeitungsanlagen. Entwicklung der letzten 5 Jahre und zukünftige Erwartungen. In: Die elektronische Datenverarbeitung. Forschung - Anwendung - Ausbildung, hrsg. vom Ausschuß für wirtschaftliche Verwaltung (AWV), Berlin 1964, S. 13 - 44.

Roschmann, K.-H.: Dezentrale Datenerfassung im Fertigungsbetrieb. In: Handbuch der maschinellen Datenverarbeitung, Beitrag 2/5/8.

Szyperski, Norbert: Analyse der Merkmale und Formen der Büroarbeit. In: Bürowirtschaftliche Forschung, hrsg. von Erich Kosiol. Berlin 1961, S. 75 - 132.

Zwicker, E.: Funktionsmodelle des Gehörs. In: Kybernetik, Brücke zwischen den Wissenschaften, hrsg. von Helmar Frank, 3. Auflage. Frankfurt a.M. 1964, S. 133 - 138.

c) Aufsätze in Zeitschriften

Ackermann, Herbert: Vor der Datenverarbeitung steht die Datenerfassung. In: Technik und Forschung, 16. Jahrgang 1968, Nr. 67, S. 265 - 266.

Ackermann, Herbert: Periphere Datenerfassung. In: Das rationelle Büro, 17. Jahrgang 1966, Nr. 12 Dezember, S. 11 - 16.

Arbeitskreis des Betriebswirtschaftlichen Ausschusses des Verbandes der Chemischen Industrie e. V., Frankfurt a. M.: Ordnungsmäßigkeit der Buchführung beim Einsatz datenverarbeitender Anlagen. In: Die Wirtschaftsprüfung, 16. Jahrgang 1963, Nr. 5 März, S. 109 - 119.

Bakis, Raimo: Die automatische Zeichenerkennung. Die Verarbeitung akustischer Sprachsignale, das Lesen gedruckter Texte und andere neue Kommunikationsmedien. In: IBM-Nachrichten, 18. Jahrgang 1968, Nr. 187 Februar, S. 13-18.

Becker, Karl A.: Das Aufbereiten der Urbelege in automatisierten Datenverarbeitungssystemen. In: ADL-Nachrichten, 9. Jahrgang 1964, Nr. 33.

Blau, Helmut: Die automatische Handschriftenlesung. Gestern Zukunft - Heute Wirklichkeit. In: Bürotechnik und Automation, 8. Jahrgang 1967, Nr. 1, S. 474.

Boje, A.: Moderne Verfahren der Datenerfassung und Datenausgabe. In: Der Betrieb, 21. Jahrgang 1968 - Beilage 20, S. 4-8.

Bolek, Franz: Datenerfassung mit Lochstreifentechnik und elektronische Auswertung im Fertigungsbereich. In: Automatisierung, 11. Jahrgang 1966, Nr. 11, S. 9 - 15.

Bruchschmidt, H.: Schreibende Zeitmeßgeräte zur automatischen Datenerfassung. In: TZ für praktische Metallbearbeitung, Jahrgang 1965, S. 413 und 467.

Brückner, R.; Rabe, D.: Neue Wege der Datenerfassung - Markierungsleser IBM 1231 und 1232. In: IBM-Nachrichten, 14. Jahrgang 1964, Nr. 169 Dezember, S. 2478 ff.

Christodoulopoulos, A. F.: Zentrale oder dezentrale Datenerfassung im Großhandel. In: Bürotechnik und Automation, 10. Jahrgang 1969, Nr. 3, S. 112 - 115.

Claus, Karl: Automation des Zahlungsverkehrs. In: Das rationelle Kreditinstitut, Beiheft zu Der Volkswirt, Jahrgang 1966, Nr. 39 S. 19 - 21.

Claus, Karl: Automatisierung des Zahlungsverkehrs. In: Sparkasse, 86. Jahrgang, Heft 5, S. 162 - 163.

Claus, Karl: Die Grundlagen der maschinellen optischen Beleglesung im zwischenbetrieblichen Zahlungsverkehr. In: Betriebswirtschaftliche Blätter für die Praxis der Sparkassen und Girozentralen, 15. Jahrgang, Heft 4, April 1966, S. 45 - 58.

Claus, Karl: Der bargeldlose Zahlungsverkehr auf dem Wege zur Automation. In: Zeitschrift für das gesamte Kreditwesen, Heft 19/1966 vom 1. Okt. 1966, S. 956 - 958.

de Beauclair, W.: Zahlenprüfgeräte zur Sicherung des richtigen Bedruckens von Belegen bei der direkten Belegverarbeitung. In: ZfD, 4. Jahrgang 1966, Nr. 5, S. 270.

de Beauclair, W.: Aus der Praxis der Datenverarbeitung. In: Automatik, Jahrgang 1963
1. Automatisierungsgerechte Belege S. 65,
2. Zur Fälschungssicherheit maschinenlesbarer Schriften S. 193,
3. Schrifttypen für maschinelles Lesen S. 437.

de Beauclair, W.; Gaede, G.: Das Klarschriftleseverfahren der Deutschen Bundespost - Ein Beispiel für rationelle Verarbeitung von Großzahlungseingängen. In: ZfD, 6. Jahrgang 1968, Nr. 2 April, S. 95 - 115.

Dieball, H.: Zum Problem der Datenerfassung. In: Der Betrieb, 19. Jahrgang 1966, Nr. 2, S. 45.

Dieball, H.: Möglichkeiten und Bedeutung der Datenerfassung. In: Bürotechnik und Organisation, 14. Jahrgang 1966, Nr. 2, S. 104.

Frank, G.: Aufbewahrung von Belegen auf Magnetband. In: Die Wirtschaftsprüfung, 17. Jahrgang 1964, Nr. 8, S. 207.

Fricke, K.: Datenerfassung und Fertigungssteuerung in der Textilindustrie, in: Zeitschrift für die gesamte Textilindustrie, Jahrgang 1964, Nr. 7, S. 587.

Fritz, Eugen: Druck und Papier bei der Belegverarbeitung. In: IBM-Nachrichten, 13. Jahrgang 1963, Nr. 163, Nov., S. 2114-2115.

Fuchs, L.: Datenerfassung, Datenaufbereitung, Datenausgabe. In: Produktion, Jahrgang 1965, Nr. 8, S. 20.

Gater, R.: Elektronische Datenverarbeitung - Gegenwartsproblem aller Bürotätigen. In: Das neuzeitliche Büro, Beilage zu: Der Betrieb, 20. Jahrgang 1967, Nr. 39 September, S. 2.

Geisler, Linus: Erfassung von Lungenfunktionsdaten mit IBM-Markierungslesern. In: IBM-Nachrichten, 19. Jahrgang 1969, Nr. 195 Juni, S. 674 - 676.

Grochla, Erwin: Die Bedeutung der automatisierten Datenverarbeitung für die Unternehmungsführung. In: IBM-Nachrichten, 18. Jahrgang 1968, Nr. 188 April, S. 84 - 90.

Grochla, Erwin: Zum Wesen der Automation. In: ZfB, 34. Jahrgang 1964, S. 662.

Gsell, P.: Sind die Möglichkeiten der konventionellen Datenerfassung immer voll ausgeschöpft? In: Bürotechnik und Automation, 8. Jahrgang 1967, Nr. 1 Januar, S. 18 - 20.

Günther, K.: Rationelle Wege der Datenerfassung. In: ZfD, 5. Jahrgang 1967, Nr. 2 April, S. 101 - 109.

Hartmann, P.: Sprache und Technik. In: IBM-Nachrichten, 17. Jahrgang 1967, Nr. 181 Februar, S. 362 - 370.

Heinrich, Lutz J.: Die Datenerfassung - ein ungelöstes Problem der Datenverarbeitung. In: Der Betrieb, 18. Jahrgang 1965, Nr. 38, S. 1369 - 1371.

Heinrich, Lutz J.: Mittlere Datentechnik. Gegenstand und Instrument von Unternehmer-Entscheidungen. In: Die Arbeitsvorbereitung, Zeitschrift für Fertigungs- und Arbeitsorganisation, 7. Jahrgang 1970, Nr. 4, S. 134 - 138.

Hering, Manfred: Der Ablochbeleg als Vordruck. In: Das rationelle Büro, 16. Jahrgang 1965, Nr. 1 Januar, S. 36 - 38.

Hofmann, P.: Was heißt eigentlich ... ? In: Bürotechnik und Automation, 8. Jahrgang 1967, S. 33.

Jakobsen, Hans: Datentransport statt Belegtransport im Überweisungs- und Einzugsverkehr der Kreditinstitute. In: Bürotechnik und Automation, 3. Jahrgang 1962, Nr. 7 Juli, S. 204 - 210.

Kappel, F. R.: Die Revolution in der Datenermittlung und Datenverarbeitung: Alle Führungskräfte sind davon betroffen. In: Fortschrittliche Betriebsführung, Jahrgang 1967, Heft 3/4, S. 66-69.

Kainz: Erfassung und Regeln von Steuerungsdaten. Sonderdruck aus TZ für praktische Metallverarbeitung. Stuttgart-Vaihingen 1967. (Verlag Großmann).

Kleitz, Horst: Die optische Datenerfassungsstation IBM 2760. Ein neues Bindeglied zwischen Mensch und Maschine. In: IBM-Nachrichten, 18. Jahrgang 1968, Nr. 191 Oktober, S. 384 - 387.

Klingberg, Günter: Datenerfassung auf Magnetband (Teil I). In: IBM-Nachrichten, 19. Jahrgang 1969, Nr. 193 Februar, S. 553-558.

Klingberg, Günter: Datenerfassung auf Magnetband (Teil II). In: IBM-Nachrichten, 19. Jahrgang 1969, Nr. 194 April, S. 628-634.

Knörzer, Gustav: Dezentrale Datenerfassung mit Lochstreifen bei der WMF. In: ADL-Nachrichten, 10. Jahrg. 1965, Nr. 38, S. 658-666.

Krüger, J.: Dezentrale Datenerfassung unter Anwendung der 6-Kanal-Lochstreifentechnik. In: Bürotechnik und Automation, 9. Jahrgang 1968, Nr. 3 März, S. 102 - 106.

Langel, G.: Neues System zur Betriebsdatenerfassung. In: Betriebsausrüstung, Jahrgang 1968, Nr. 5, S. 32 - 33.

Lehmann, Kurt: Elektronische Datenerfassung und -verarbeitung in einem gemischten Hüttenwerk. In: Stahl und Eisen, 84. Jahrgang 1964, Heft 8, 9. April, S. 453-460.

Leonhardi, E.: Entwicklung, Stand und Möglichkeiten der Datenerfassung. In: Elektronische Datenverarbeitung, 11. Jahrgang 1969, Nr. 9, S. 403 - 408.

Lorenzen, Johannes F.: Die Datenerfassung - ein ungelöstes Problem der Datenverarbeitung? In: Der Betrieb, 21. Jahrgang 1968, Nr. 2, S. 52 - 54.

Meller, Friedrich und Reinhard, Ludwig: Elektronische Datenverarbeitungsanlagen. Entwicklungen der letzten 5 Jahre und zukünftige Erwartungen. Sonderdruck aus: "Die elektronische Datenverarbeitung." Forschungs-Anwendung, Ausbildung. Berlin 1964.

Menne, X.: Lochkarte oder Magnetband zur Datenerfassung. In: Elektronische Datenverarbeitung, 11. Jahrgang 1969, Nr. 9, S. 409 - 415.

Mierzowski: Apparate und Anlagen, Lesemaschinen für die optische Schrift A. In: Elektronische Rechenanlagen, 9. Jahrgang 1967, Nr. 2 April, S. 93.

Mierzowski: Optische Zeichenerkennung - Wege zu einer einheitlichen Schrift für lichtelektrisch lesbare Belege. In: VDI-Zeitung 107, 1965, Nr. 20, S. 861 - 862.

Minz, Günther: Zur Frage der Aufbewahrung von Belegen auf Magnetband. In: Die Wirtschaftsprüfung, 17. Jahrgang 1964, Nr. 10, S. 258.

Nowak, Richard: Die Einsatzmöglichkeit von Klarschriftlesern im Zahlungsverkehr. In: Das rationelle Büro, 17. Jahrgang 1966, Nr. 3 März, S. 26 - 28.

Nowak, Richard: Direkteingabe und Datenfernübertragung, neue Wege der Datenerfassung beim Einsatz elektronischer Datenverarbeitungsanlagen. In: Betriebswirtschaftliche Blätter für die Praxis der Sparkassen- und Girozentralen, 15. Jahrgang, Heft 2, S. 27 - 30; Heft 4, S. 58 - 61; Heft 7, S. 105 - 108; Heft 9, S. 125 - 129; 16. Jahrgang, Heft 1, S. 9 - 14.

Nowak, Richard; Zeitler, Roland: Datenerfassung auf Magnetband. In: Betriebswirtschaftliche Blätter für die Praxis der Sparkassen- und Girozentralen, 18. Jahrgang, Heft 3, S. 60 - 66.

Olf, Friedrich: Maschinen lesen Handschriften (Teil I). In: IBM-Nachrichten, 17. Jahrgang 1967, Nr. 181 Februar, S. 422 - 428.

Olf, Friedrich: Maschinen lesen Handschriften (Teil II). In: IBM-Nachrichten, 17. Jahrgang 1967, Nr. 182 April, S. 486 - 493.

Peez, Leonhard: Klarschriftleser, Magnetschriftleser oder Markierungsleser. In: Das rationelle Büro, 16. Jahrgang 1965, Nr. 1 Januar, S. 31 - 36.

Queisser-Rumohr: Halbautomatische Belegerstellung mit automatischer Datenerfassung und Fernübertragung. In: ADL-Nachrichten, 12. Jahrgang 1967, Nr. 47 April/Juni, S. 624 ff.

Raab, Kurt: Markierungsleser IBM 1232 bei der Rheinland Versicherungs-AG. In: IBM-Nachrichten, 19. Jahrgang 1969, Nr. 195 Juni, S. 683 - 686.

Schade, H.: Zur Normung von Schriftzeichen für maschinelle Zeichenerkennung. In: Bürotechnik und Automation, 5. Jahrgang 1964, Nr. 12, S. 409.

Schneider, Günter: Wirtschaftliche Datenerfassung - eine Organisationsstudie aus der Fertigungsindustrie. In: Zeitschrift für das gesamte Rechnungswesen, 12. Jahrgang 1966, November-Heft, S. 281 - 286.

Schneider, Günter: Stand und Entwicklung der Datenerfassung. In: Zeitschrift für das gesamte Rechnungswesen, 13. Jahrgang 1967 Heft 5, S. 105 - 110.

Schramm, Herbert W.: Datenerfassung - Ein Engpaß. Überblick über die Methoden, Mittel und Trends in der Datenerfassung für die elektronische Datenverarbeitung. In: Elektronische Datenverarbeitung, 11. Jahrgang 1969, Nr. 8, S. 379 - 386.

Simon, Günter: Datenerfassungssystem IBM 357. In: IBM-Nachrichten, 11. Jahrgang 1961, Nr. 150 Mai, S. 1457 - 1460.

Simon, Günter: Datenerfassungssystem IBM 357. In: IBM-Nachrichten, 12. Jahrgang 1962, Nr. 155 Mai, S. 1743 - 1745.

Simon, Günter: Neue Systeme zur Datenerfassung und Datenfernverarbeitung. In: IBM-Nachrichten, 13. Jahrgang 1963, Nr. 162 Oktober, S. 2068.

Stubenrecht, Alfred: Hannover-Messe 66. Neue Geräte für die Datenerfassung. In: ZfD, 4. Jahrgang 1966, S. 139 ff.

Stubenrecht, Alfred: Datenerfassung - Wünsche an die Hersteller aus der Sicht der Organisationspraxis. In: ZfD, 4. Jahrgang 1966, Nr. 6, S. 324.

Stubenrecht, Alfred: Datenerfassung - Eine Übersicht nach der Hannover-Messe 1968. In: ZfD, 6. Jahrg. 1968, Nr. 3 Juni, S. 174-193.

Studienkreis "Rechnungswesen und automatische Datenverarbeitung" des Betriebswirtschaftlichen Instituts für Organisation und Automation an der Universität zu Köln: Ordnungsmäßigkeit der externen Rechnungslegung beim Einsatz automatischer Datenverarbeitungsanlagen. In: Der Betrieb, 19. Jahrgang 1966, Nr. 39, S. 1485 - 1486.

Stulle, Peter: Mehrfunktionsbelegleser IBM 1287 - Der Beginn eines neuen Abschnitts der Datenerfassung. In: IBM-Nachrichten, 16. Jahrgang 1966, Nr. 180 Dezember, S. 335 - 343.

Ulbricht, W.: Daten besser erfassen, übertragen, verarbeiten. In: Betriebsausrüstung, Oktober 1967, Nr. 10, S. 44.

Wagner, Günter: Ein Nummernsystem für alle. In: Data Report, 3. Jahrgang 1968, Heft 3 September, S. 2 - 6.

Winckel, F.: Sprache als Werkzeug. In: IBM-Nachrichten, 17. Jahrgang 1967, Nr. 183 Juni, S. 506 - 514.

d) Sonstiges

Briggs, F. B.: "Computer-Controlled Chromatographs". Control Engineering (1967) September, 77 - 80.

DIN 19226: Regelungstechnik und Steuerungstechnik. Begriffe und Benennungen. Mai 1968.

DIN 44300: Informationsverarbeitung. Begriffe, Entwurf. August 1968.

DIN 66007: "Schrift CMC-7 für die maschinelle magnetische Zeichenerkennung, Zeichen und Nennmaße". November 1967.

DIN 66008: "Schrift für die maschinelle optische Zeichenerkennung". Blatt 1-4.

Frenzel, P. J.: "Ein Kleinrechner zum Anschluß an mehrere Massenspektrometer". Vortrag auf der Tagung "Automation und Analytik", Wien 1968.

Harris, E. B.; Hickerson, J. F.; Morgan, M. W.: "Use of a Real-Time Monitoring Computer for Gas Chromatography and Mass Spectrometry Analysis".

Hites, R. A.; Biemann, K.: "Computer Recording and Processing of Low Resolution Mass Spectra". International Mass Spectrometry Conference.

ISO-Entwurf Nr. 199: "Alphanumeric Character Sets for Optical Recognition ..." Juni 1966.

Koch, Arnd: "Massenspektrometric und Datenverarbeitung". Referat, Privatmitteilung.

Schumann, Werner Th.: Fortschritte in der Datenerfassung. In: Industriekurier vom 22. 2. 1968.

Statistisches Bundesamt, Wiesbaden: Presseinformationen des Statistischen Bundesamt, Wiesbaden: "Volkszählung, 27. Mai," Nr. 1-27.